本书编委会

主　　编　许安标

副 主 编　袁　杰　张桂龙

参编人员　刘海涛　宋　芳　黄海华　张晓莹　马建帅
张　涛　齐　冰　卢家婧　李　辉　迟　涛
李慎秋　曹　阳　贺佐琪　周玉超　苏云龙

中华人民共和国法律释义丛书

中华人民共和国行政处罚法

释义

主编◎许安标

中国民主法制出版社

图书在版编目（CIP）数据

《中华人民共和国行政处罚法》释义／许安标主编．
—北京：中国民主法制出版社，2021.4

ISBN 978-7-5162-2551-6

Ⅰ.①中… Ⅱ.①许… Ⅲ.①行政处罚法—法律解释
—中国 Ⅳ.①D922.112.5

中国版本图书馆 CIP 数据核字（2021）第 051708 号

图书出品人： 刘海涛
出 版 统 筹： 乔先彪
责 任 编 辑： 陈　曦　贾萌萌
图 书 策 划： 刘　卫

书　　名／《中华人民共和国行政处罚法》释义
作　　者／许安标　主编

出版·发行／中国民主法制出版社
地址／北京市丰台区右安门外玉林里 7 号（100069）
电话／010-57258080　57514499（系统发行）　63292520（编辑室）
传真／010-84815841
http://www.npcpub.com
E-mail:mzfz@npcpub.com
经销／新华书店
开本／16 开　710 毫米×1000 毫米
印张／15.5　**字数**／249 千字
版本／2021 年 6 月第 1 版　2021 年 6 月第 1 次印刷
印刷／北京飞帆印刷有限公司

书号／ISBN 978-7-5162-2551-6
定价／48.00 元

前　言

2021年1月22日，国家主席习近平签署第七十号主席令，公布第十三届全国人大常委会第二十五次会议修订通过的行政处罚法，自2021年7月15日起施行。栗战书委员长指出，修改行政处罚法，严格处罚程序和执法责任，推动法治政府建设。

行政处罚是行政执法的重要内容，是国家法律责任制度的重要组成部分，是行政机关有效实施行政管理，保障法律、法规贯彻施行的重要手段。行政处罚法于1996年3月17日由第八届全国人大第四次会议通过，2009年和2017年先后两次采用修正形式作了个别条文修改，此次采用修订形式进行第三次修改。在开启全面建设社会主义现代化国家新征程之际，修订通过行政处罚法，是深入贯彻落实习近平法治思想和以习近平同志为核心的党中央决策部署，在法治轨道上推进国家治理体系和治理能力现代化的重大举措；是深入推进依法行政，促进严格规范公正文明执法，推动法治政府建设率先突破的迫切需要；是加快完善中国特色社会主义法律体系，健全规范共同行政行为、行政程序法律制度的必然要求。修订后的行政处罚法坚持和完善行政处罚制度，在推进全面依法治国进程中具有重要意义。

为了配合对修订后的行政处罚法的学习、宣传，帮助广大读者准确理解法律规定，保证法律贯彻落实，我们编写了这本释义。本书由许安标同志任主编，袁杰、张桂龙同志任副主编，张桂龙、黄海华同志统稿，袁杰同志审稿，许安标同志审定。本书力求准确、详尽、通俗地解释每个条文的含义和立法背景。因时间和水平有限，如有不妥和疏漏之处，敬请批评指正。

编者

2021年4月

目　　录

第三部分 附　录

中华人民共和国主席令

第七十号

《中华人民共和国行政处罚法》已由中华人民共和国第十三届全国人民代表大会常务委员会第二十五次会议于 2021 年 1 月 22 日修订通过，现予公布，自 2021 年 7 月 15 日起施行。

中华人民共和国主席　习近平

2021 年 1 月 22 日

中华人民共和国行政处罚法

（1996年3月17日第八届全国人民代表大会第四次会议通过　根据2009年8月27日第十一届全国人民代表大会常务委员会第十次会议《关于修改部分法律的决定》第一次修正　根据2017年9月1日第十二届全国人民代表大会常务委员会第二十九次会议《关于修改〈中华人民共和国法官法〉等八部法律的决定》第二次修正　2021年1月22日第十三届全国人民代表大会常务委员会第二十五次会议修订）

目　　录

第一章　总　　则

第一条　为了规范行政处罚的设定和实施，保障和监督行政机关有效实施行政管理，维护公共利益和社会秩序，保护公民、法人或者其他组织的合法权益，根据宪法，制定本法。

第二条 行政处罚是指行政机关依法对违反行政管理秩序的公民、法人或者其他组织，以减损权益或者增加义务的方式予以惩戒的行为。

第三条 行政处罚的设定和实施，适用本法。

第四条 公民、法人或者其他组织违反行政管理秩序的行为，应当给予行政处罚的，依照本法由法律、法规、规章规定，并由行政机关依照本法规定的程序实施。

第五条 行政处罚遵循公正、公开的原则。

设定和实施行政处罚必须以事实为依据，与违法行为的事实、性质、情节以及社会危害程度相当。

对违法行为给予行政处罚的规定必须公布；未经公布的，不得作为行政处罚的依据。

第六条 实施行政处罚，纠正违法行为，应当坚持处罚与教育相结合，教育公民、法人或者其他组织自觉守法。

第七条 公民、法人或者其他组织对行政机关所给予的行政处罚，享有陈述权、申辩权；对行政处罚不服的，有权依法申请行政复议或者提起行政诉讼。

公民、法人或者其他组织因行政机关违法给予行政处罚受到损害的，有权依法提出赔偿要求。

第八条 公民、法人或者其他组织因违法行为受到行政处罚，其违法行为对他人造成损害的，应当依法承担民事责任。

违法行为构成犯罪，应当依法追究刑事责任的，不得以行政处罚代替刑事处罚。

第二章 行政处罚的种类和设定

第九条 行政处罚的种类：

（一）警告、通报批评；

（二）罚款、没收违法所得、没收非法财物；

（三）暂扣许可证件、降低资质等级、吊销许可证件；

（四）限制开展生产经营活动、责令停产停业、责令关闭、限制从业；

（五）行政拘留；

（六）法律、行政法规规定的其他行政处罚。

第十条 法律可以设定各种行政处罚。

限制人身自由的行政处罚，只能由法律设定。

第十一条 行政法规可以设定除限制人身自由以外的行政处罚。

法律对违法行为已经作出行政处罚规定，行政法规需要作出具体规定的，必须在法律规定的给予行政处罚的行为、种类和幅度的范围内规定。

法律对违法行为未作出行政处罚规定，行政法规为实施法律，可以补充设定行政处罚。拟补充设定行政处罚的，应当通过听证会、论证会等形式广泛听取意见，并向制定机关作出书面说明。行政法规报送备案时，应当说明补充设定行政处罚的情况。

第十二条 地方性法规可以设定除限制人身自由、吊销营业执照以外的行政处罚。

法律、行政法规对违法行为已经作出行政处罚规定，地方性法规需要作出具体规定的，必须在法律、行政法规规定的给予行政处罚的行为、种类和幅度的范围内规定。

法律、行政法规对违法行为未作出行政处罚规定，地方性法规为实施法律、行政法规，可以补充设定行政处罚。拟补充设定行政处罚的，应当通过听证会、论证会等形式广泛听取意见，并向制定机关作出书面说明。地方性法规报送备案时，应当说明补充设定行政处罚的情况。

第十三条 国务院部门规章可以在法律、行政法规规定的给予行政处罚的行为、种类和幅度的范围内作出具体规定。

尚未制定法律、行政法规的，国务院部门规章对违反行政管理秩序的行为，可以设定警告、通报批评或者一定数额罚款的行政处罚。罚款的限额由国务院规定。

第十四条 地方政府规章可以在法律、法规规定的给予行政处罚的行为、种类和幅度的范围内作出具体规定。

尚未制定法律、法规的，地方政府规章对违反行政管理秩序的行为，可以设定警告、通报批评或者一定数额罚款的行政处罚。罚款的限额由省、自治区、直辖市人民代表大会常务委员会规定。

第十五条 国务院部门和省、自治区、直辖市人民政府及其有关部门应当定期组织评估行政处罚的实施情况和必要性，对不适当的行政处罚事项及种类、罚款数额等，应当提出修改或者废止的建议。

第十六条 除法律、法规、规章外，其他规范性文件不得设定行政处罚。

第三章 行政处罚的实施机关

第十七条 行政处罚由具有行政处罚权的行政机关在法定职权范围内实施。

第十八条 国家在城市管理、市场监管、生态环境、文化市场、交通运输、应急管理、农业等领域推行建立综合行政执法制度，相对集中行政处罚权。

国务院或者省、自治区、直辖市人民政府可以决定一个行政机关行使有关行政机关的行政处罚权。

限制人身自由的行政处罚权只能由公安机关和法律规定的其他机关行使。

第十九条 法律、法规授权的具有管理公共事务职能的组织可以在法定授权范围内实施行政处罚。

第二十条 行政机关依照法律、法规、规章的规定，可以在其法定权限内书面委托符合本法第二十一条规定条件的组织实施行政处罚。行政机关不得委托其他组织或者个人实施行政处罚。

委托书应当载明委托的具体事项、权限、期限等内容。委托行政机关和受委托组织应当将委托书向社会公布。

委托行政机关对受委托组织实施行政处罚的行为应当负责监督，并对该行为的后果承担法律责任。

受委托组织在委托范围内，以委托行政机关名义实施行政处罚；不得再委托其他组织或者个人实施行政处罚。

第二十一条 受委托组织必须符合以下条件：

（一）依法成立并具有管理公共事务职能；

（二）有熟悉有关法律、法规、规章和业务并取得行政执法资格的工作人员；

（三）需要进行技术检查或者技术鉴定的，应当有条件组织进行相应的技术检查或者技术鉴定。

第四章　行政处罚的管辖和适用

第二十二条　行政处罚由违法行为发生地的行政机关管辖。法律、行政法规、部门规章另有规定的，从其规定。

第二十三条　行政处罚由县级以上地方人民政府具有行政处罚权的行政机关管辖。法律、行政法规另有规定的，从其规定。

第二十四条　省、自治区、直辖市根据当地实际情况，可以决定将基层管理迫切需要的县级人民政府部门的行政处罚权交由能够有效承接的乡镇人民政府、街道办事处行使，并定期组织评估。决定应当公布。

承接行政处罚权的乡镇人民政府、街道办事处应当加强执法能力建设，按照规定范围、依照法定程序实施行政处罚。

有关地方人民政府及其部门应当加强组织协调、业务指导、执法监督，建立健全行政处罚协调配合机制，完善评议、考核制度。

第二十五条　两个以上行政机关都有管辖权的，由最先立案的行政机关管辖。

对管辖发生争议的，应当协商解决，协商不成的，报请共同的上一级行政机关指定管辖；也可以直接由共同的上一级行政机关指定管辖。

第二十六条　行政机关因实施行政处罚的需要，可以向有关机关提出协助请求。协助事项属于被请求机关职权范围内的，应当依法予以协助。

第二十七条　违法行为涉嫌犯罪的，行政机关应当及时将案件移送司法机关，依法追究刑事责任。对依法不需要追究刑事责任或者免予刑事处罚，但应当给予行政处罚的，司法机关应当及时将案件移送有关行政机关。

行政处罚实施机关与司法机关之间应当加强协调配合，建立健全案件移送制度，加强证据材料移交、接收衔接，完善案件处理信息通报机制。

第二十八条　行政机关实施行政处罚时，应当责令当事人改正或者限期改正违法行为。

当事人有违法所得，除依法应当退赔的外，应当予以没收。违法所得是指实施违法行为所取得的款项。法律、行政法规、部门规章对违法所得的计算另有规定的，从其规定。

第二十九条　对当事人的同一个违法行为，不得给予两次以上罚款的行政处罚。同一个违法行为违反多个法律规范应当给予罚款处罚的，按照罚款数额高的规定处罚。

第三十条 不满十四周岁的未成年人有违法行为的，不予行政处罚，责令监护人加以管教；已满十四周岁不满十八周岁的未成年人有违法行为的，应当从轻或者减轻行政处罚。

第三十一条 精神病人、智力残疾人在不能辨认或者不能控制自己行为时有违法行为的，不予行政处罚，但应当责令其监护人严加看管和治疗。间歇性精神病人在精神正常时有违法行为的，应当给予行政处罚。尚未完全丧失辨认或者控制自己行为能力的精神病人、智力残疾人有违法行为的，可以从轻或者减轻行政处罚。

第三十二条 当事人有下列情形之一，应当从轻或者减轻行政处罚：

（一）主动消除或者减轻违法行为危害后果的；

（二）受他人胁迫或者诱骗实施违法行为的；

（三）主动供述行政机关尚未掌握的违法行为的；

（四）配合行政机关查处违法行为有立功表现的；

（五）法律、法规、规章规定其他应当从轻或者减轻行政处罚的。

第三十三条 违法行为轻微并及时改正，没有造成危害后果的，不予行政处罚。初次违法且危害后果轻微并及时改正的，可以不予行政处罚。

当事人有证据足以证明没有主观过错的，不予行政处罚。法律、行政法规另有规定的，从其规定。

对当事人的违法行为依法不予行政处罚的，行政机关应当对当事人进行教育。

第三十四条 行政机关可以依法制定行政处罚裁量基准，规范行使行政处罚裁量权。行政处罚裁量基准应当向社会公布。

第三十五条 违法行为构成犯罪，人民法院判处拘役或者有期徒刑时，行政机关已经给予当事人行政拘留的，应当依法折抵相应刑期。

违法行为构成犯罪，人民法院判处罚金时，行政机关已经给予当事人罚款的，应当折抵相应罚金；行政机关尚未给予当事人罚款的，不再给予罚款。

第三十六条 违法行为在二年内未被发现的，不再给予行政处罚；涉及公民生命健康安全、金融安全且有危害后果的，上述期限延长至五年。法律另有规定的除外。

前款规定的期限，从违法行为发生之日起计算；违法行为有连续或者继续状态的，从行为终了之日起计算。

第三十七条 实施行政处罚，适用违法行为发生时的法律、法规、规章的规定。但是，作出行政处罚决定时，法律、法规、规章已被修改或者废止，且新的规定处罚较轻或者不认为是违法的，适用新的规定。

第三十八条 行政处罚没有依据或者实施主体不具有行政主体资格的，行政处罚无效。

违反法定程序构成重大且明显违法的，行政处罚无效。

第五章 行政处罚的决定

第一节 一般规定

第三十九条 行政处罚的实施机关、立案依据、实施程序和救济渠道等信息应当公示。

第四十条 公民、法人或者其他组织违反行政管理秩序的行为，依法应当给予行政处罚的，行政机关必须查明事实；违法事实不清、证据不足的，不得给予行政处罚。

第四十一条 行政机关依照法律、行政法规规定利用电子技术监控设备收集、固定违法事实的，应当经过法制和技术审核，确保电子技术监控设备符合标准、设置合理、标志明显，设置地点应当向社会公布。

电子技术监控设备记录违法事实应当真实、清晰、完整、准确。行政机关应当审核记录内容是否符合要求；未经审核或者经审核不符合要求的，不得作为行政处罚的证据。

行政机关应当及时告知当事人违法事实，并采取信息化手段或者其他措施，为当事人查询、陈述和申辩提供便利。不得限制或者变相限制当事人享有的陈述权、申辩权。

第四十二条 行政处罚应当由具有行政执法资格的执法人员实施。执法人员不得少于两人，法律另有规定的除外。

执法人员应当文明执法，尊重和保护当事人合法权益。

第四十三条 执法人员与案件有直接利害关系或者有其他关系可能影响公正执法的，应当回避。

当事人认为执法人员与案件有直接利害关系或者有其他关系可能影响公正执法的，有权申请回避。

当事人提出回避申请的，行政机关应当依法审查，由行政机关负责人决定。决定作出之前，不停止调查。

第四十四条 行政机关在作出行政处罚决定之前，应当告知当事人拟作出的行政处罚内容及事实、理由、依据，并告知当事人依法享有的陈述、申辩、要求听证等权利。

第四十五条 当事人有权进行陈述和申辩。行政机关必须充分听取当事人的意见，对当事人提出的事实、理由和证据，应当进行复核；当事人提出的事实、理由或者证据成立的，行政机关应当采纳。

行政机关不得因当事人陈述、申辩而给予更重的处罚。

第四十六条 证据包括：

（一）书证；

（二）物证；

（三）视听资料；

（四）电子数据；

（五）证人证言；

（六）当事人的陈述；

（七）鉴定意见；

（八）勘验笔录、现场笔录。

证据必须经查证属实，方可作为认定案件事实的根据。

以非法手段取得的证据，不得作为认定案件事实的根据。

第四十七条 行政机关应当依法以文字、音像等形式，对行政处罚的启动、调查取证、审核、决定、送达、执行等进行全过程记录，归档保存。

第四十八条 具有一定社会影响的行政处罚决定应当依法公开。

公开的行政处罚决定被依法变更、撤销、确认违法或者确认无效的，行政机关应当在三日内撤回行政处罚决定信息并公开说明理由。

第四十九条 发生重大传染病疫情等突发事件，为了控制、减轻和消除突发事件引起的社会危害，行政机关对违反突发事件应对措施的行为，依法快速、从重处罚。

第五十条 行政机关及其工作人员对实施行政处罚过程中知悉的国家秘密、商业秘密或者个人隐私，应当依法予以保密。

第二节 简易程序

第五十一条 违法事实确凿并有法定依据，对公民处以二百元以下、对法人或者其他组织处以三千元以下罚款或者警告的行政处罚的，可以当场作出行政处罚决定。法律另有规定的，从其规定。

第五十二条 执法人员当场作出行政处罚决定的，应当向当事人出示执法证件，填写预定格式、编有号码的行政处罚决定书，并当场交付当事人。当事人拒绝签收的，应当在行政处罚决定书上注明。

前款规定的行政处罚决定书应当载明当事人的违法行为，行政处罚的种类和依据、罚款数额、时间、地点，申请行政复议、提起行政诉讼的途径和期限以及行政机关名称，并由执法人员签名或者盖章。

执法人员当场作出的行政处罚决定，应当报所属行政机关备案。

第五十三条 对当场作出的行政处罚决定，当事人应当依照本法第六十七条至第六十九条的规定履行。

第三节 普通程序

第五十四条 除本法第五十一条规定的可以当场作出的行政处罚外，行政机关发现公民、法人或者其他组织有依法应当给予行政处罚的行为的，必须全面、客观、公正地调查，收集有关证据；必要时，依照法律、法规的规定，可以进行检查。

符合立案标准的，行政机关应当及时立案。

第五十五条 执法人员在调查或者进行检查时，应当主动向当事人或者有关人员出示执法证件。当事人或者有关人员有权要求执法人员出示执法证件。执法人员不出示执法证件的，当事人或者有关人员有权拒绝接受调查或者检查。

当事人或者有关人员应当如实回答询问，并协助调查或者检查，不得拒绝或者阻挠。询问或者检查应当制作笔录。

第五十六条 行政机关在收集证据时，可以采取抽样取证的方法；在证据可能灭失或者以后难以取得的情况下，经行政机关负责人批准，可以先行登记保存，并应当在七日内及时作出处理决定，在此期间，当事人或者有关人员不得销毁或者转移证据。

第五十七条 调查终结，行政机关负责人应当对调查结果进行审查，根据不同情况，分别作出如下决定：

（一）确有应受行政处罚的违法行为的，根据情节轻重及具体情况，作出行政处罚决定；

（二）违法行为轻微，依法可以不予行政处罚的，不予行政处罚；

（三）违法事实不能成立的，不予行政处罚；

（四）违法行为涉嫌犯罪的，移送司法机关。

对情节复杂或者重大违法行为给予行政处罚，行政机关负责人应当集体讨论决定。

第五十八条 有下列情形之一，在行政机关负责人作出行政处罚的决定之前，应当由从事行政处罚决定法制审核的人员进行法制审核；未经法制审核或者审核未通过的，不得作出决定：

（一）涉及重大公共利益的；

（二）直接关系当事人或者第三人重大权益，经过听证程序的；

（三）案件情况疑难复杂、涉及多个法律关系的；

（四）法律、法规规定应当进行法制审核的其他情形。

行政机关中初次从事行政处罚决定法制审核的人员，应当通过国家统一法律职业资格考试取得法律职业资格。

第五十九条 行政机关依照本法第五十七条的规定给予行政处罚，应当制作行政处罚决定书。行政处罚决定书应当载明下列事项：

（一）当事人的姓名或者名称、地址；

（二）违反法律、法规、规章的事实和证据；

（三）行政处罚的种类和依据；

（四）行政处罚的履行方式和期限；

（五）申请行政复议、提起行政诉讼的途径和期限；

（六）作出行政处罚决定的行政机关名称和作出决定的日期。

行政处罚决定书必须盖有作出行政处罚决定的行政机关的印章。

第六十条 行政机关应当自行政处罚案件立案之日起九十日内作出行政处罚决定。法律、法规、规章另有规定的，从其规定。

第六十一条 行政处罚决定书应当在宣告后当场交付当事人；当事人不在场的，行政机关应当在七日内依照《中华人民共和国民事诉讼法》的有关规定，将行政处罚决定书送达当事人。

当事人同意并签订确认书的，行政机关可以采用传真、电子邮件等方式，将行政处罚决定书等送达当事人。

第六十二条 行政机关及其执法人员在作出行政处罚决定之前，未依照本法第四十四条、第四十五条的规定向当事人告知拟作出的行政处罚内容及事实、理由、依据，或者拒绝听取当事人的陈述、申辩，不得作出行政处罚决定；当事人明确放弃陈述或者申辩权利的除外。

第四节 听证程序

第六十三条 行政机关拟作出下列行政处罚决定，应当告知当事人有要求听证的权利，当事人要求听证的，行政机关应当组织听证：

（一）较大数额罚款；

（二）没收较大数额违法所得、没收较大价值非法财物；

（三）降低资质等级、吊销许可证件；

（四）责令停产停业、责令关闭、限制从业；

（五）其他较重的行政处罚；

（六）法律、法规、规章规定的其他情形。

当事人不承担行政机关组织听证的费用。

第六十四条 听证应当依照以下程序组织：

（一）当事人要求听证的，应当在行政机关告知后五日内提出；

（二）行政机关应当在举行听证的七日前，通知当事人及有关人员听证的时间、地点；

（三）除涉及国家秘密、商业秘密或者个人隐私依法予以保密外，听证公开举行；

（四）听证由行政机关指定的非本案调查人员主持；当事人认为主持人与

本案有直接利害关系的，有权申请回避；

（五）当事人可以亲自参加听证，也可以委托一至二人代理；

（六）当事人及其代理人无正当理由拒不出席听证或者未经许可中途退出听证的，视为放弃听证权利，行政机关终止听证；

（七）举行听证时，调查人员提出当事人违法的事实、证据和行政处罚建议，当事人进行申辩和质证；

（八）听证应当制作笔录。笔录应当交当事人或者其代理人核对无误后签字或者盖章。当事人或者其代理人拒绝签字或者盖章的，由听证主持人在笔录中注明。

第六十五条　听证结束后，行政机关应当根据听证笔录，依照本法第五十七条的规定，作出决定。

第六章　行政处罚的执行

第六十六条　行政处罚决定依法作出后，当事人应当在行政处罚决定书载明的期限内，予以履行。

当事人确有经济困难，需要延期或者分期缴纳罚款的，经当事人申请和行政机关批准，可以暂缓或者分期缴纳。

第六十七条　作出罚款决定的行政机关应当与收缴罚款的机构分离。

除依照本法第六十八条、第六十九条的规定当场收缴的罚款外，作出行政处罚决定的行政机关及其执法人员不得自行收缴罚款。

当事人应当自收到行政处罚决定书之日起十五日内，到指定的银行或者通过电子支付系统缴纳罚款。银行应当收受罚款，并将罚款直接上缴国库。

第六十八条　依照本法第五十一条的规定当场作出行政处罚决定，有下列情形之一，执法人员可以当场收缴罚款：

（一）依法给予一百元以下罚款的；

（二）不当场收缴事后难以执行的。

第六十九条　在边远、水上、交通不便地区，行政机关及其执法人员依照本法第五十一条、第五十七条的规定作出罚款决定后，当事人到指定的银行或者通过电子支付系统缴纳罚款确有困难，经当事人提出，行政机关及其执法人员可以当场收缴罚款。

第七十条 行政机关及其执法人员当场收缴罚款的，必须向当事人出具国务院财政部门或者省、自治区、直辖市人民政府财政部门统一制发的专用票据；不出具财政部门统一制发的专用票据的，当事人有权拒绝缴纳罚款。

第七十一条 执法人员当场收缴的罚款，应当自收缴罚款之日起二日内，交至行政机关；在水上当场收缴的罚款，应当自抵岸之日起二日内交至行政机关；行政机关应当在二日内将罚款缴付指定的银行。

第七十二条 当事人逾期不履行行政处罚决定的，作出行政处罚决定的行政机关可以采取下列措施：

（一）到期不缴纳罚款的，每日按罚款数额的百分之三加处罚款，加处罚款的数额不得超出罚款的数额；

（二）根据法律规定，将查封、扣押的财物拍卖、依法处理或者将冻结的存款、汇款划拨抵缴罚款；

（三）根据法律规定，采取其他行政强制执行方式；

（四）依照《中华人民共和国行政强制法》的规定申请人民法院强制执行。

行政机关批准延期、分期缴纳罚款的，申请人民法院强制执行的期限，自暂缓或者分期缴纳罚款期限结束之日起计算。

第七十三条 当事人对行政处罚决定不服，申请行政复议或者提起行政诉讼的，行政处罚不停止执行，法律另有规定的除外。

当事人对限制人身自由的行政处罚决定不服，申请行政复议或者提起行政诉讼的，可以向作出决定的机关提出暂缓执行申请。符合法律规定情形的，应当暂缓执行。

当事人申请行政复议或者提起行政诉讼的，加处罚款的数额在行政复议或者行政诉讼期间不予计算。

第七十四条 除依法应当予以销毁的物品外，依法没收的非法财物必须按照国家规定公开拍卖或者按照国家有关规定处理。

罚款、没收的违法所得或者没收非法财物拍卖的款项，必须全部上缴国库，任何行政机关或者个人不得以任何形式截留、私分或者变相私分。

罚款、没收的违法所得或者没收非法财物拍卖的款项，不得同作出行政处罚决定的行政机关及其工作人员的考核、考评直接或者变相挂钩。除依法应当退还、退赔的外，财政部门不得以任何形式向作出行政处罚决定的行政机关返还罚款、没收的违法所得或者没收非法财物拍卖的款项。

第七十五条 行政机关应当建立健全对行政处罚的监督制度。县级以上人民政府应当定期组织开展行政执法评议、考核，加强对行政处罚的监督检查，规范和保障行政处罚的实施。

行政机关实施行政处罚应当接受社会监督。公民、法人或者其他组织对行政机关实施行政处罚的行为，有权申诉或者检举；行政机关应当认真审查，发现有错误的，应当主动改正。

第七章 法律责任

第七十六条 行政机关实施行政处罚，有下列情形之一，由上级行政机关或者有关机关责令改正，对直接负责的主管人员和其他直接责任人员依法给予处分：

（一）没有法定的行政处罚依据的；

（二）擅自改变行政处罚种类、幅度的；

（三）违反法定的行政处罚程序的；

（四）违反本法第二十条关于委托处罚的规定的；

（五）执法人员未取得执法证件的。

行政机关对符合立案标准的案件不及时立案的，依照前款规定予以处理。

第七十七条 行政机关对当事人进行处罚不使用罚款、没收财物单据或者使用非法定部门制发的罚款、没收财物单据的，当事人有权拒绝，并有权予以检举，由上级行政机关或者有关机关对使用的非法单据予以收缴销毁，对直接负责的主管人员和其他直接责任人员依法给予处分。

第七十八条 行政机关违反本法第六十七条的规定自行收缴罚款的，财政部门违反本法第七十四条的规定向行政机关返还罚款、没收的违法所得或者拍卖款项的，由上级行政机关或者有关机关责令改正，对直接负责的主管人员和其他直接责任人员依法给予处分。

第七十九条 行政机关截留、私分或者变相私分罚款、没收的违法所得或者财物的，由财政部门或者有关机关予以追缴，对直接负责的主管人员和其他直接责任人员依法给予处分；情节严重构成犯罪的，依法追究刑事责任。

执法人员利用职务上的便利，索取或者收受他人财物、将收缴罚款据为己有，构成犯罪的，依法追究刑事责任；情节轻微不构成犯罪的，依法给予处分。

第八十条 行政机关使用或者损毁查封、扣押的财物，对当事人造成损失的，应当依法予以赔偿，对直接负责的主管人员和其他直接责任人员依法给予处分。

第八十一条 行政机关违法实施检查措施或者执行措施，给公民人身或者财产造成损害、给法人或者其他组织造成损失的，应当依法予以赔偿，对直接负责的主管人员和其他直接责任人员依法给予处分；情节严重构成犯罪的，依法追究刑事责任。

第八十二条 行政机关对应当依法移交司法机关追究刑事责任的案件不移交，以行政处罚代替刑事处罚，由上级行政机关或者有关机关责令改正，对直接负责的主管人员和其他直接责任人员依法给予处分；情节严重构成犯罪的，依法追究刑事责任。

第八十三条 行政机关对应当予以制止和处罚的违法行为不予制止、处罚，致使公民、法人或者其他组织的合法权益、公共利益和社会秩序遭受损害的，对直接负责的主管人员和其他直接责任人员依法给予处分；情节严重构成犯罪的，依法追究刑事责任。

第八章　附　　则

第八十四条 外国人、无国籍人、外国组织在中华人民共和国领域内有违法行为，应当给予行政处罚的，适用本法，法律另有规定的除外。

第八十五条 本法中“二日”“三日”“五日”“七日”的规定是指工作日，不含法定节假日。

第八十六条 本法自2021年7月15日起施行。

第一部分

导　读

行政处罚法修改情况与内容介绍

2021年1月22日，国家主席习近平签署第七十号主席令，公布第十三届全国人大常委会第二十五次会议修订通过的行政处罚法，自2021年7月15日起施行。

一、修改的主要过程

行政处罚法是1996年3月17日由第八届全国人大第四次会议通过，并自1996年10月1日起施行。2009年和2017年先后两次采用修正形式对行政处罚法作了个别条文修改。此次采用修订形式对行政处罚法进行第三次修改，主要过程如下：

（一）列入规划

1996年制定的行政处罚法颁布施行以来，对增强行政机关及其工作人员依法行政理念，依法惩处各类行政违法行为，推动解决乱处罚问题，保护公民、法人、其他组织合法权益等发挥了重要作用，积累了宝贵经验，同时，行政执法实践中也提出了一些新问题。党的十八大以来，以习近平同志为核心的党中央推进全面依法治国，深化行政执法体制改革，建立权责统一、权威高效的行政执法体制；完善行政执法程序，坚持严格规范公正文明执法。为贯彻落实党中央重大改革决策部署，推进国家治理体系和治理能力现代化，加强法治政府建设，完善行政处罚制度，解决执法实践中遇到的突出问题，有必要修改行政处罚法。近年来，一些全国人大代表、政协委员提出修改行政处罚法的议案、建议和提案，有关方面也陆续提出修改行政处罚法的意见和建议。2018年，行政处罚法修改列入《十三届全国人大常委会立法规划》第一类项目。

（二）研究起草

全国人大常委会法制工作委员会于2018年启动行政处罚法的修改工作，先后到北京、江西、广东、内蒙古、天津、河南等地进行调研，多次召开座谈会，听取中央和地方有关部门、地方人大、乡镇街道、专家学者、律师、企业、协会等的意见；通过上海虹桥街道基层立法联系点走访基层执法部门了解实际情况，委托部分国务院部门、地方人大、基层立法联系点收集法律实施过程中存在的突出问题；通过课题委托、专题研究等方式，认真研究相关问题。

2019 年 10 月，在广泛征求意见和深入研究的基础上形成修改草案征求意见稿，书面征求中央有关部门、31 个省（区、市）和部分设区的市人大常委会法制工作机构、基层立法联系点以及部分高等院校、科研单位等的意见。召开座谈会，专门听取部分省、直辖市人大常委会法制工作机构主要负责同志意见。分别召开中央政法委、中央改革办、中央依法治国办、中央编办以及部分国务院部门、法院系统同志参加的座谈会，再次征求意见。就征求意见稿中的主要问题与有关部门交换意见，共同研究。根据各方面意见，对征求意见稿进一步修改完善，形成了行政处罚法修订草案。

（三）审议修改

2020 年 6 月，行政处罚法修订草案由全国人大常委会委员长会议提请第十三届全国人大常委会第二十次会议进行第一次审议。2020 年 10 月，第十三届全国人大常委会第二十二次会议对修订草案进行了第二次审议。2021 年 1 月，第十三届全国人大常委会第二十五次会议对修订草案进行了第三次审议，并通过了修订后的行政处罚法。

审议修改过程中，全国人大常委会法制工作委员会将修订草案印发中央有关部门、31 个省（区、市）和部分设区的市人大常委会、基层立法联系点以及部分高等院校、科研单位等征求意见，两次在中国人大网公布修订草案全文征求社会公众的意见。全国人大宪法和法律委员会、全国人大常委会法制工作委员会先后到辽宁、四川、广东、北京、河北、上海等地进行调研，多次召开座谈会，听取部分全国人大代表、中央和地方有关部门、地方人大、乡镇街道、基层立法联系点、专家学者、律师、企业、协会等的意见，实地了解综合行政执法、乡镇街道行使行政处罚权、行政处罚信息化建设等情况；通过专题研究等方式，认真研究相关问题，并就修订草案中的主要问题与有关部门交换意见，共同研究。根据常委会组成人员的审议意见和各方面意见，对修订草案进一步修改完善。

二、修改的重要意义

行政处罚是行政执法的重要内容，是国家法律责任制度的重要组成部分，是行政机关有效实施行政管理，保障法律、法规贯彻施行的重要手段。在新的历史时期，对行政处罚法进行修改完善，健全完善行政处罚制度，具有重要意义。

1. 修改行政处罚法，是深入贯彻落实习近平法治思想和党中央决策部署，在法治轨道上推进国家治理体系和治理能力现代化的重要举措。党的十八大以来，以习近平同志为核心的党中央从坚持和发展中国特色社会主义的全局和战略高度定位法治、布局法治、厉行法治，把全面依法治国纳入“四个全面”战略布局，创造性地提出了全面依法治国的一系列新理念新思想新战略，领导和推动我国社会主义法治建设发生历史性变革、取得历史性成就，形成了习近平法治思想。修改行政处罚法，以习近平法治思想为根本遵循，体现和巩固法治政府建设、行政执法领域的重大改革成果，坚持和细化处罚法定、公开公正、过罚相当、处罚与教育相结合等法治原则，从全面依法治国的高度规范行政处罚行为、完善行政处罚程序、加大重点领域行政处罚力度，保障行政处罚权在法治轨道上有序运行，推进国家治理体系和治理能力现代化。

2. 修改行政处罚法，是深入推进依法行政，促进严格规范公正文明执法，推动法治政府建设率先突破的迫切需要。党的十九大报告中提出，建设法治政府，推进依法行政，严格规范公正文明执法。到 2035 年，法治国家、法治政府、法治社会基本建成。中共中央印发的《法治中国建设规划（2020—2025年)》中进一步提出，到 2025 年，职责明确、依法行政的政府治理体系日益健全；要求把政府活动全面纳入法治轨道。修改行政处罚法，围绕行政处罚权这一政府重要职权和法治政府建设的重要环节，从设定和实施两个方面，进一步提高行政处罚制度的系统性、整体性、协同性，为行政权定好规矩、划明界限，为推进严格规范公正文明执法注入法治力量，为深入推进依法行政、推动法治政府建设率先突破提供法律保障。

3. 修改行政处罚法，是加快完善中国特色社会主义法律体系，健全规范共同行政行为、行政程序法律制度的必然要求。习近平总书记在中央全面依法治国工作会议上的讲话中要求，加快完善中国特色社会主义法律体系，使之更加科学完备、统一权威。中共中央印发的《法治中国建设规划（2020—2025 年）》中提出，健全规范共同行政行为的法律法规，研究制定行政程序法。行政处罚法是规范共同行政行为的重要法律，行政处罚程序是行政程序法律制度的重要组成部分。修改行政处罚法，构建系统完备、科学规范、运行有效的行政处罚制度体系，是加快完善中国特色社会主义法律体系，健全规范共同行政行为、行政程序法律制度的必然要求。

三、修改的指导思想和主要考虑

行政处罚法修改工作坚持以习近平新时代中国特色社会主义思想特别是习近平法治思想为指导，深入贯彻党的十九大和十九届二中、三中、四中、五中全会精神，适应推进全面依法治国的需要，落实完善行政执法体制、严格规范公正文明执法等改革要求，推动法治政府建设，推进国家治理体系和治理能力现代化。

行政处罚法修改工作主要把握以下几点：一是贯彻落实党中央重大决策部署，立法主动适应改革需要，体现和巩固行政执法领域中取得的重大改革成果。二是坚持问题导向，适应实践需要，扩大行政处罚设定权限，增加行政处罚实施评估制度，完善行政处罚和刑事司法衔接机制，加大重点领域行政处罚力度。三是坚持权由法定的法治原则，规范行政处罚活动，保护当事人合法权益，增加综合行政执法，赋予乡镇街道行政处罚权，完善行政处罚程序，严格行政执法责任，更好地保障严格规范公正文明执法。四是坚持处罚与教育相结合，健全行政处罚适用规则，保障行政执法既有力度又有温度。五是把握通用性，从行政处罚法是行政处罚领域的通用规范出发，认真总结实践经验，发展和完善行政处罚的实体和程序规则，为单行法律、法规设定行政处罚和行政机关实施行政处罚提供基本遵循。

四、修改的主要内容

此次修改是在原行政处罚法规定的基本原则、主要制度和基本框架的基础上，立足新情况、解决新问题、适应新要求，在新的历史阶段对行政处罚制度作了补充完善，主要修改内容如下：

（一）扩大行政处罚设定权限

一是扩大地方性法规的行政处罚设定权限。多年来，一些地方人大同志反映，原行政处罚法中有关地方性法规设定行政处罚的规定限制过严，地方保障法律法规实施的手段受限，建议扩大地方性法规的行政处罚设定权限。为维护国家法治统一、充分发挥地方性法规在地方治理中的积极作用，增加规定：法律、行政法规对违法行为未作出行政处罚规定，地方性法规为实施法律、行政法规，可以补充设定行政处罚。

二是扩大行政法规的行政处罚设定权限。审议修改过程中，司法部建议对行政法规补充设定行政处罚也作出相应规定。据此，增加规定：法律对违法行为未作出行政处罚规定，行政法规为实施法律，可以补充设定行政处罚。

三是增加行政法规、地方性法规补充设定行政处罚的约束性要求。审议修改过程中，有的提出，适当扩大行政法规、地方性法规设定行政处罚的权限是必要的，建议进一步完善程序，增加约束性要求。据此，增加规定：行政法规、地方性法规拟补充设定行政处罚的，应当通过听证会、论证会等形式广泛听取意见，并向制定机关作出书面说明；行政法规、地方性法规报送备案时，应当说明补充设定行政处罚的情况。

四是增加行政处罚实施评估制度。审议修改过程中，有的提出，为简政放权、优化营商环境，应当定期对已经设定的行政处罚进行评估，减少不必要的行政处罚事项，调整不合理的行政处罚种类、罚款数额等。据此，增加规定：国务院部门和省、自治区、直辖市人民政府及其有关部门应当定期组织评估行政处罚的实施情况和必要性，对不适当的行政处罚事项及种类、罚款数额等，应当提出修改或者废止的建议。

另外，在审议修改过程中，有的提出，尽管法律、行政法规已经较为完备，但在行政管理方面仍有空白之处，特别是互联网金融、网约车等一些亟须规范的新兴事物，规章发挥了重要作用。据此，在保留对规章设定权严格规范的基础上，增加可以设定“通报批评”行政处罚种类。

（二）推进行政执法体制改革

一是增加综合行政执法制度，推动解决多头执法、重复执法和执法力量分散等问题。根据党和国家机构改革、行政执法体制改革要求，明确综合行政执法的法律地位，同时考虑到综合行政执法改革正在推进过程中，需要根据实践总结完善，立法应当为改革探索留有空间，增加规定：国家在城市管理、市场监管、生态环境、文化市场、交通运输、应急管理、农业等领域推行建立综合行政执法制度，相对集中行政处罚权。

二是增加行政处罚权下放乡镇街道，推动执法重心下移。根据基层整合审批服务执法力量改革要求，推进行政执法权限和力量向基层延伸和下沉，同时为满足基层执法需求，保障行政处罚权“放得下、接得住、管得好、有监督”，增加规定：明确省、自治区、直辖市根据当地实际情况，可以决定将基层管理迫切需要的县级人民政府部门的行政处罚权交由能够有效承接的乡镇人民政府、街道办事处行使，并定期组织评估。决定应当公布。强调承接行政处罚权的乡镇人民政府、街道办事处应当加强执法能力建设，按照规定范围、依照法定程序实施行政处罚；要求有关地方人民政府及其部门加强组织协调、业务指导、执法监督，建立健全行政处罚协调配合机制，完善评议、考核制度。

三是完善行政处罚和刑事司法衔接机制，推动行政处罚和刑事处罚有效对接。根据健全行政执法和刑事司法衔接机制改革要求，增加规定：强调行政处罚实施机关与司法机关之间应当加强协调配合，建立健全案件移送制度，加强证据材料移交、接收衔接，完善案件处理信息通报机制；明确对依法不需要追究刑事责任或者免予刑事处罚，但应当给予行政处罚的，司法机关应当及时将案件移送有关行政机关；明确违法行为构成犯罪，人民法院判处罚金时，行政机关尚未给予当事人罚款的，不再给予罚款。

四是落实行政执法人员持证上岗和资格管理制度要求，完善相关规定。根据严格实行行政执法人员持证上岗和资格管理制度改革要求，增加规定：明确行政处罚应当由具有行政执法资格的执法人员实施；要求受委托组织必须有取得行政执法资格的工作人员；强调执法人员在调查或者进行检查时，应当主动向当事人或者有关人员出示执法证件，当事人或者有关人员有权要求执法人员出示执法证件；明确执法人员不出示执法证件的，当事人或者有关人员有权拒绝接受调查或者检查。

（三）保障行政执法既有力度又有温度

一方面，为保障行政执法有力度，解决重大违法行为违法成本低、惩处力度不够等问题，主要作以下修改：

一是增加行政处罚的定义，明确行政处罚是指行政机关依法对违反行政管理秩序的公民、法人或者其他组织，以减损权益或者增加义务的方式予以惩戒的行为，为认定行政处罚提供判断标准，解决行政处罚界限不清问题。

二是补充列举行政处罚种类，将现行法律、法规中已经明确规定，行政执法实践中常用的行政处罚种类纳入行政处罚法，增加列举通报批评、降低资质等级、限制开展生产经营活动、限制从业等行政处罚种类。

三是完善没收违法所得制度，增加规定：当事人有违法所得，除依法应当退赔的外，应当予以没收；违法所得是指实施违法行为所取得的款项，法律、行政法规、部门规章另有规定的除外。

四是延长重点领域违法行为追责期限，违法行为涉及公民生命健康安全、金融安全且有危害后果的，追责期限由 2 年延长至 5 年。

五是完善一事不再罚款制度，增加规定：同一个违法行为违反多个法律规范应当给予罚款处罚的，按照罚款数额高的规定处罚。

六是强化行政执法保障，明确当事人不得拒绝依法进行的调查或者检查，县级以上人民政府应当保障行政处罚的实施。

另一方面，为保障行政执法有温度，实行无错不罚、小错轻罚，强化教育功能和文明执法，主要作以下修改：

一是完善从轻、减轻、不予行政处罚的法定情形，增加规定：没有主观过错不罚，明确当事人有证据足以证明没有主观过错的，不予行政处罚，法律、行政法规另有规定的，从其规定；首违可以不罚，明确初次违法且危害后果轻微并及时改正的，可以不予行政处罚；智力残疾人在不能辨认或者不能控制自己行为时有违法行为的，不予行政处罚；当事人有主动供述行政机关尚未掌握的违法行为等情形的，应当从轻或者减轻行政处罚；尚未完全丧失辨认或者控制自己行为能力的精神病人、智力残疾人有违法行为的，可以从轻或者减轻行政处罚。

二是强化教育功能，增加规定：对当事人的违法行为依法不予行政处罚的，行政机关应当对当事人进行教育。

三是增加行政处罚裁量基准，规定行政机关可以依法制定行政处罚裁量基准，规范行使行政处罚裁量权；行政处罚裁量基准应当向社会公布。

四是增加从旧兼从轻适用规则，规定实施行政处罚适用违法行为发生时的法律、法规、规章的规定，但是作出行政处罚决定时，法律、法规、规章已被修改或者废止且新的规定处罚较轻或者不认为是违法的，适用新的规定。

五是强化当事人陈述、申辩权利保护，明确行政机关不得因当事人陈述、申辩而给予更重的处罚。

六是增加文明执法要求，规定执法人员应当文明执法，尊重和保护当事人合法权益。

（四）完善行政处罚程序

一是将行政执法“三项制度”纳入行政处罚法，增加行政执法公示制度、执法全过程记录制度，完善重大执法决定法制审核制度。增加公示、公开要求，规定行政处罚的实施机关、立案依据、实施程序和救济渠道等信息应当公示，具有一定社会影响的行政处罚决定应当依法公开，公开的行政处罚决定被依法变更、撤销、确认违法或者确认无效的，行政机关应当在3日内撤回行政处罚决定信息并公开说明理由；体现全过程记录，规定行政机关应当依法以文字、音像等形式，对行政处罚的启动、调查取证、审核、决定、送达、执行等进行全过程记录，归档保存；细化法制审核要求，列明适用情形，规定未经法制审核或者审核未通过的，不得作出决定。

二是规范非现场执法，强化当事人合法权益的保护，增加规定：行政机关依照法律、行政法规规定利用电子技术监控设备收集、固定违法事实的，应当经过法制和技术审核，确保电子技术监控设备符合标准、设置合理、标志明显，设置地点应当向社会公布；电子技术监控设备记录违法事实应当真实、清晰、完整、准确，行政机关应当审核记录内容是否符合要求，未经审核或者经审核不符合要求的，不得作为行政处罚的证据；行政机关应当及时告知当事人违法事实，并采取信息化手段或者其他措施，为当事人查询、陈述和申辩提供便利，不得限制或者变相限制当事人享有的陈述权、申辩权。

三是增加疫情防控有关行政处罚程序，规定发生重大传染病疫情等突发事件，为了控制、减轻和消除突发事件引起的社会危害，行政机关对违反突发事件应对措施的行为，依法快速、从重处罚。

四是从严把握委托实施行政处罚，坚持依法委托，防止滥处罚，增加规定：委托应当采用书面形式，委托书应当载明委托的具体事项、权限、期限等内容，委托行政机关和受委托组织应当将委托书向社会公布。

五是增加行政处罚协助制度，规定行政机关因实施行政处罚的需要，可以向有关机关提出协助请求；协助事项属于被请求机关职权范围内的，应当依法予以协助。

六是完善回避制度，细化回避情形，增加规定：当事人认为执法人员与案件有直接利害关系或者有其他关系可能影响公正执法的，有权申请回避。当事人提出回避申请的，行政机关应当依法审查，由行政机关负责人决定；决定作出之前，不停止调查。

七是完善告知程序，明确行政机关在作出行政处罚决定之前，应当告知当事人拟作出的行政处罚内容，解决因告知不全，影响当事人行使陈述权、申辩权问题。

八是适应行政执法实际需要，将适用简易程序的罚款数额由 50 元以下和 1000 元以下，分别提高至 200 元以下和 3000 元以下。

九是总结实践经验，完善行政处罚普通程序：增加立案程序，规定符合立案标准的，行政机关应当及时立案；完善集体讨论制度，明确对情节复杂或者重大违法行为给予行政处罚，行政机关负责人应当集体讨论决定；增加电子送达，解决行政处罚文书送达难问题，规定当事人同意并签订确认书的，行政机关可以采用传真、电子邮件等方式，将行政处罚决定书等送达当事人。

十是完善听证程序，解决听证率偏低问题：扩大听证范围，将没收较大数额违法所得、没收较大价值非法财物、降低资质等级、责令关闭、限制从业以及其他较重的行政处罚纳入听证范围；完善听证组织程序，适当延长听证申请期限；强化听证笔录的效力，明确行政机关应当根据听证笔录作出决定。

（五）强化行政处罚执行

一是完善罚款处罚执行制度，推动解决罚款执行中的问题：明确当事人可以通过电子支付系统缴纳罚款；适应行政执法实际需要，将行政机关当场收缴的罚款数额由 20 元以下提高至 100 元以下；明确行政机关批准延期、分期缴纳罚款的，申请人民法院强制执行的期限，自暂缓或者分期缴纳罚款期限结束之日起计算；明确当事人申请行政复议或者提起行政诉讼的，加处罚款的数额在行政复议或者行政诉讼期间不予计算；明确加处罚款的数额不得超出罚款的数额。

二是与行政强制法相衔接，规定当事人逾期不履行行政处罚决定的，行政机关可以根据法律规定实施行政强制执行。

三是与治安管理处罚法相衔接，规定当事人对限制人身自由的行政处罚决定不服，申请行政复议或者提起行政诉讼的，可以向作出决定的机关提出暂缓执行申请；符合法律规定情形的，应当暂缓执行。

（六）严格行政执法责任

一是完善行政处罚的管辖制度，明确两个以上行政机关都有管辖权的，由最先立案的行政机关管辖。要求对管辖发生争议的，应当协商解决，协商不成的，报请共同的上一级行政机关指定管辖；也可以直接由共同的上一级行政机关指定管辖。

二是增加作出行政处罚决定期限，防止行政处罚案件久拖不决，规定行政机关应当自行政处罚案件立案之日起 90 日内作出行政处罚决定，法律、法规、规章另有规定的除外。

三是完善行政处罚决定无效制度，明确行政处罚没有依据或者实施主体不具有行政主体资格的，行政处罚无效；违反法定程序构成重大且明显违法的，行政处罚无效。

四是完善收支两条线制度，增加规定：罚款、没收的违法所得或者没收非法财物拍卖的款项，不得同作出行政处罚决定的行政机关及其工作人员的考核、考评直接或者变相挂钩。

五是增加评议、考核，强化社会监督，规定县级以上人民政府应当定期组织开展行政执法评议、考核，明确行政机关实施行政处罚应当接受社会监督，扩大公民、法人、其他组织申诉或者检举范围。

六是对行政机关有该立案不立案、该制止违法行为不制止、该处罚不处罚、该移送司法机关不移送等情形的，加大追责力度、扩大追责范围。

此外，还健全了两人执法、证据规则、适用范围等行政处罚制度。

第二部分

释　义

第一章 总 则

第一条 为了规范行政处罚的设定和实施，保障和监督行政机关有效实施行政管理，维护公共利益和社会秩序，保护公民、法人或者其他组织的合法权益，根据宪法，制定本法。

【释义】本条是关于立法目的和立法依据的规定。

一、关于立法目的

根据本条的规定，行政处罚法的立法目的包括以下四个方面：一是规范行政处罚的设定和实施；二是保障和监督行政机关有效实施行政管理；三是维护公共利益和社会秩序；四是保护公民、法人或者其他组织的合法权益。其中，规范行政处罚的设定和实施，是制定行政处罚法的直接目的；保障和监督行政机关有效实施行政管理，维护公共利益和社会秩序以及保护公民、法人或者其他组织的合法权益，是制定行政处罚法的重要任务，也是推进全面依法治国、建设法治政府、依法行政以及推进国家治理体系和治理能力现代化的重要体现。

（一）规范行政处罚的设定和实施

行政处罚是国家法律责任体系的重要组成部分，是行政机关依法对违反行政管理秩序的行为给予惩戒的一种行政措施。与其他行政措施相比，行政处罚在行政管理中具有特殊的功能和作用，可以直接限制或者剥夺违法行为人的人身自由、市场准入、生产经营、财产等权利。因此，对行政处罚的设定和实施，需要予以必要的规范，明确相应的条件和要求，既要满足维护行政管理秩序的客观需要，也要防止行政处罚的滥设滥用，确保行政处罚的设定和实施在法治的轨道上运行。首先，要规范行政处罚的设定行为。所谓“设定行为”，是指对违反行政法律规范的行政违法行为创设行政处罚的行为。本法对此作了明确规定，设定行政处罚必须符合本法规定的主体、权限和要求。其次，要规范行政处罚的实施行为。所谓“实施行为”，是指行政机关有权给予公民、法人或者其他组织什么样的行政处罚予以惩戒的行为。本法对行政处罚的种类作了明确规定，行政机关只能在法律、行政法规规定的行政处罚种类的范围内实施行政处罚。同时，本法还对行政处罚的实施机关、行政处罚权的相对集中、委托实施行政处罚、行政处罚的管辖与适用、行政处罚的决定程序、行政处罚的执行措施等作了详细规定。新修订的行政处罚法进一步完善了实施行政处罚的程序性规定，保障行政处罚依照法定条件、种类、幅度和程序规范实施。

（二）保障和监督行政机关有效实施行政管理

制定行政处罚法以规范行政处罚的设定和实施，就是既要保障行政机关有效实施行政管理，满足维护行政管理秩序的客观需要，也要对行政机关的执法活动进行监督，切实维护公共利益和社会秩序，保护公民、法人或者其他组织的合法权益。例如，本法明确规定行政处罚由具有行政处罚权的行政机关在法定职权范围内实施，同时还对授权、委托实施行政处罚作了明确规定。这既为行政机关和有关组织依法实施行政处罚提供了法律保障，也避免和防止实践中随意扩大处罚主体，不具备行政处罚权的行政机关和有关组织滥施处罚的问题。

（三）维护公共利益和社会秩序

行政处罚作为行政管理的一种措施，处罚本身不是目的，而是一种手段。对违反行政管理秩序的行为依法实施行政处罚，就是坚持处罚与教育相结合，通过行政处罚的方式制裁违法行为，以达到行政机关有效实施行政管理，维护公共利益和社会秩序的目的。本法有多处规定体现了维护公共利益和社会秩序的立法目的，例如本法明确规定行政处罚决定依法作出后当事人应当在行政处罚决定书载明的期限内予以履行；为了保证行政机关有效实施行政处罚，本法赋予行政机关非现场执法、当场处罚等相应职权。

（四）保护公民、法人或者其他组织的合法权益

对违反行政管理秩序的行为实施行政处罚，既要有效制裁违法行为，也要注意保护公民、法人或者其他组织的合法权益，防止乱处罚。本法严格规定行政处罚的设定权和行使行政处罚权的主体资格，从法律制度上防范行政机关的侵权行为，以避免有些执法人员用手中的处罚权做交易，以权谋私。本法有关行政处罚程序的规定，尤其注重保障当事人的合法权益。例如，本法明确规定，行政机关在作出行政处罚决定之前，应当告知当事人拟作出的行政处罚内容及事实、理由、依据，并告知当事人依法享有的陈述、申辩、要求听证等权利。

当事人有权进行陈述和申辩，行政机关必须充分听取当事人的意见，对当事人提出的事实、理由和证据，应当进行复核；当事人提出的事实、理由或者证据成立的，行政机关应当采纳。行政机关不得因当事人陈述、申辩而给予更重的处罚。行政机关拟作出较大数额罚款、责令停产停业、降低资质等级、吊销许可证件等行政处罚决定，应当告知当事人有要求听证的权利，当事人要求听证的，行政机关应当组织听证等。

二、关于立法依据

宪法是国家的根本法，具有最高的法律效力和法律权威，一切法律、行政法规和地方性法规都不得同宪法相抵触。全国各族人民、一切国家机关和武装力量、各政党和各社会团体、各企业事业组织，都必须以宪法为根本的活动准则，并且负有维护宪法尊严、保证宪法实施的职责。宪法规定了国家的根本制度、公民的基本权利和义务、国家机构的组成和运行的基本原则等国家和社会生活最基本的问题，是制定法律、法规的依据，也是制定行政处罚法的依据。作为行政管理领域的通用性、基础性法律，行政处罚法主要规范行政处罚的设定和实施，应当遵循宪法规定的基本原则、基本制度、基本精神，符合宪法规定的保护公民合法权益以及行政机关职权法定等要求。

第二条　行政处罚是指行政机关依法对违反行政管理秩序的公民、法人或者其他组织，以减损权益或者增加义务的方式予以惩戒的行为。

【释义】本条是关于行政处罚定义的规定。

行政处罚是行政机关有效实施行政管理的重要措施，也是行政执法领域普遍运用的重要手段。长期以来，由于缺乏行政处罚的定义，在执法实践中产生了一些问题和困惑。例如，行政机关作出某项行政行为，当事人认为属于行政处罚，应当按照行政处罚法的规定享有陈述申辩、要求听证、行政复议、行政诉讼等权利，而行政机关则认为不属于行政处罚，无须按照行政处罚法的规定保障这些权利。这次修订本法，是否需要规定行政处罚的定义，以及怎样规定行政处罚的定义，成为修订工作的一个焦点问题。经过反复研究论证、修改完善，本条对行政处罚的定义作了规定，即“行政处罚是指行政机关依法对违反行政管理秩序的公民、法人或者其他组织，以减损权益或者增加义务的方式予以惩戒的行为”。根据这一规定，行政处罚包含以下几个方面的内容：

一是行政处罚的实施主体。行政处罚的实施主体是行政机关。根据宪法和法律的规定，我国的国家机构分为权力机关、行政机关、军事机关、监察机关、审判机关、检察机关。行政处罚由行政机关实施，其他机关不是行政处罚的实施主体。行政机关又分为两大类：一是各级人民政府及其派出机构；二是各级人民政府工作部门。同时，根据本法和其他法律、法规的规定，除了人民政府及其工作部门外，法律、法规授权的具有管理公共事务职能的组织，也可以实施行政处罚；行政机关依照法律、法规、规章的规定，可以委托符合条件的具有管理公共事务职能的组织以委托行政机关的名义实施行政处罚。

二是行政处罚的适用对象。行政处罚的适用对象是违反行政管理秩序的公民、法人或者其他组织。在行政法律关系中，与行政机关相对应的主体，是行政相对人，即公民、法人或者其他组织。对行政相对人实施行政处罚，其条件是行政相对人有违反行政管理秩序的行为。所谓行政管理秩序，是指建立在法律、法规、规章基础上的生产秩序、工作秩序、生活秩序。违反行政管理秩序的行为，实际上也就是违反有关行政管理法律规范的行为，是行政违法行为。公民、法人或者其他组织有违反行政管理秩序行为的，由行政机关依法给予行政处罚。

三是行政处罚的具体内容。行政处罚的内容是减损权益或者增加义务。所谓减损权益，是指削减、限制或者剥夺公民、法人或者其他组织的人身、财产等权益。如申诫罚、财产罚、人身罚、资格罚，分别减损了名誉权、财产权、人身自由权以及相关资格权益。所谓增加义务，是指公民、法人或者其他组织在原有义务之外，额外新增的必须履行的义务。对于行政相对人来讲，无论是减损权益，还是增加义务，都是一种不利负担，不是权益缩小了、搞没了，就是支出增加了、负担加重了。

四是行政处罚的法律性质。行政处罚的法律性质，有两个方面。一是制裁性行为。行政处罚不同于行政许可，行政许可属于赋权性行为，即行政机关根据公民、法人或者其他组织的申请，经依法审查，准予其从事特定活动的行为。通过行政许可，行政相对人获得了原来没有的权利。而行政处罚属于制裁性行为，即行政机关依法对违反行政管理秩序的公民、法人或者其他组织予以制裁，制裁的内容是减损权益或者增加义务，原来可以做的事不可以再做了，原来不需要做的事必须要做了。需要注意的是，本条使用“惩戒”的概念，既体现对违反行政管理秩序的公民、法人或者其他组织的一种制裁，也体现对包括受到制裁的违法行为人在内的所有行政相对人的一种警示和教育，以实现处罚与教育相结合，教育公民、法人或者其他组织自觉守法的目的。二是可诉性行政行为。为了有效实施行政管理，维护公共利益和社会秩序，保护公民、法人或者其他组织的合法权益，行政机关可以采取多种行政行为，其中有的行政行为具有终局性、指导性，不能通过行政诉讼渠道解决争议。行政处罚属于可诉性行政行为，当事人对行政机关所给予的行政处罚，享有陈述、申辩的权利，对行政处罚决定不服的，有权依法申请行政复议或者提起行政诉讼。

第三条　行政处罚的设定和实施，适用本法。

【释义】本条是关于适用范围的规定。

所谓适用范围，也称“效力范围”，是指法律在什么地域、什么时间、对什么人发生效力，包括空间效力范围、时间效力范围、对人的效力范围三个方面。法律的适用范围问题，是每一部法律都需要明确的基本事项。按照立法惯例，有关时间效力的问题，即法律的生效、失效时间，通常规定于“附则”部分，本法“附则”第86条规定：“本法自2021年7月15日起施行。”即修订后的本法自2021年7月15日起生效。本法作为我国行政管理领域的通用性法律，从两个方面对行政处罚作了规范。

一、关于行政处罚的设定

根据本条的规定，行政处罚的设定，适用本法。本法从以下三个方面对行政处罚的设定作了规定：

一是法律、行政法规可以规定行政处罚的种类。除了本法第9条第1项至第5项明确规定的行政处罚种类外，法律、行政法规还可以规定其他行政处罚。换言之，法律、行政法规之外的地方性法规、部门规章、地方政府规章，只能在法律、行政法规规定的行政处罚种类范围内设定行政处罚，而不得在法律、行政法规之外增加规定行政处罚种类。

二是法律、法规、规章可以设定行政处罚。其中，法律可以设定各种行政处罚，限制人身自由的行政处罚，只能由法律设定；行政法规可以设定除限制人身自由以外的行政处罚，地方性法规可以设定除限制人身自由、吊销营业执照以外的行政处罚；法律或者行政法规对违法行为已经作出行政处罚规定，行政法规、地方性法规需要作出具体规定的，必须在法律或者行政法规规定的给予行政处罚的行为、种类和幅度的范围内规定；法律或者行政法规对违法行为未作出行政处罚规定，行政法规或者地方性法规为实施法律或者行政法规，可以补充设定行政处罚；部门规章、地方政府规章可以在法律、法规规定的给予行政处罚的行为、种类和幅度的范围内作出具体规定，尚未制定法律、法规的，规章对违反行政管理秩序的行为，可以设定警告、通报批评或者一定数额罚款的行政处罚。

三是其他规范性文件不得设定行政处罚。本法第 16 条明确规定，除法律、法规、规章外，其他规范性文件不得设定行政处罚。

二、关于行政处罚的实施

根据本条的规定，行政处罚的实施，适用本法。本法主要从以下几个方面对行政处罚的实施作了规定：

一是行政处罚的实施主体。行政处罚由具有行政处罚权的行政机关在法定职权范围内实施。国家在城市管理、市场监管、生态环境、文化市场、交通运输、应急管理、农业等领域推行建立综合行政执法制度，相对集中行政处罚权。国务院或者省、自治区、直辖市人民政府可以决定一个行政机关行使有关行政机关的行政处罚权。限制人身自由的行政处罚权只能由公安机关和法律规定的其他机关行使。除了行政机关外，本法还对授权实施行政处罚、委托实施行政处罚作了规定，即法律、法规授权的具有管理公共事务职能的组织可以在法定授权范围内实施行政处罚；行政机关依照法律、法规、规章的规定，可以在其法定权限内书面委托符合条件的组织实施行政处罚，委托行政机关对受委托组织实施行政处罚的行为应当负责监督，并对该行为的后果承担法律责任。行政处罚实施主体不具有行政主体资格的，行政处罚无效。

二是行政处罚的管辖。行政处罚由违法行为发生地的行政机关管辖；法律、行政法规、部门规章另有规定的，从其规定。行政处罚由县级以上地方人民政府具有行政处罚权的行政机关管辖；法律、行政法规另有规定的，从其规定。两个以上行政机关都有管辖权的，由最先立案的行政机关管辖。对管辖发生争议的，应当协商解决，协商不成的，报请共同的上一级行政机关指定管辖；也可以直接由共同的上一级行政机关指定管辖。行政机关因实施行政处罚的需要，可以向有关机关提出协助请求，协助事项属于被请求机关职权范围内的，应当依法予以协助。行政处罚实施机关与司法机关之间应当加强协调配合，建立健全案件移送制度，加强证据材料移交、接收衔接，完善案件处理信息通报机制。

三是行政处罚的适用规则。行政机关实施行政处罚时，应当责令当事人改正或者限期改正违法行为；当事人有违法所得，除依法应当退赔的外，应当予以没收；违法所得是指实施违法行为所取得的款项，法律、行政法规、部门规章对违法所得的计算另有规定的，从其规定。对当事人的同一个违法行为，不得给予两次以上罚款的行政处罚，同一个违法行为违反多个法律规范应当给予罚款处罚的，按照罚款数额高的规定处罚。当事人有下列情形之一，应当从轻或者减轻行政处罚：主动消除或者减轻违法行为危害后果的；受他人胁迫或者诱骗实施违法行为的；主动供述行政机关尚未掌握的违法行为的；配合行政机关查处违法行为有立功表现的；法律、法规、规章规定其他应当从轻或者减轻行政处罚的。违法行为轻微并及时改正，没有造成危害后果的，不予行政处罚；初次违法且危害后果轻微并及时改正的，可以不予行政处罚。当事人有证据足以证明没有主观过错的，不予行政处罚；法律、行政法规另有规定的，从其规定。对当事人的违法行为依法不予行政处罚的，行政机关应当对当事人进行教育。违法行为在 2 年内未被发现的，不再给予行政处罚；涉及公民生命健康安全、金融安全且有危害后果的，上述期限延长至 5 年；法律另有规定的除外。上述期限从违法行为发生之日起计算，违法行为有连续或者继续状态的，从行为终了之日起计算。实施行政处罚，适用违法行为发生时的法律、法规、规章的规定，但作出行政处罚决定时法律、法规、规章已被修改或者废止，且新的规定处罚较轻或者不认为是违法的，适用新的规定。

四是行政处罚的程序。行政机关实施行政处罚，应当依照本法规定的程序实施。本法第五章“行政处罚的决定”分三节对实施行政处罚的程序作了较为全面、系统的规定，包括行政处罚的实施机关、立案依据、实施程序和救济渠道等信息应当公示。对于依法应当给予行政处罚的行为，行政机关必须查明事实；违法事实不清、证据不足的，不得给予行政处罚。证据必须经查证属实，方可作为认定案件事实的根据；以非法手段取得的证据，不得作为认定案件事实的根据。行政处罚应当由具有行政执法资格的执法人员实施，且不得少于两人，法律另有规定的除外；执法人员在调查或者进行检查时，应当主动向当事人或者有关人员出示执法证件；执法人员应当文明执法，尊重和保护当事人合法权益；执法人员与案件有直接利害关系或者有其他关系可能影响公正执法的，应当回避。行政机关在作出行政处罚决定之前，应当告知当事人拟作出的行政处罚内容及事实、理由、依据，并告知当事人依法享有的陈述、申辩、要求听证等权利。当事人进行有权陈述和申辩；行政机关必须充分听取当事人的意见，对当事人提出的事实、理由和证据，应当进行复核；当事人提出的事实、理由或者证据成立的，行政机关应当采纳；行政机关不得因当事人陈述、申辩而给予更重的处罚。具有一定社会影响的行政处罚决定应当依法公开。违法事实确凿并有法定依据，对公民处以 200 元以下、对法人或者其他组织处以 3000 元以下罚款或者警告的行政处罚的，可以当场作出行政处罚决定；法律另有规定的，从其规定。对于涉及重大公共利益等情形的案件，在行政机关负责人作出行政处罚的决定之前，应当由从事行政处罚决定法制审核的人员进行法制审核；未经法制审核或者审核未通过的，不得作出决定。对于拟作出给予较大数额罚款等行政处罚决定的案件，行政机关应当告知当事人有要求听证的权利，当事人要求听证的，行政机关应当组织听证，并根据听证笔录依法作出决定。行政机关依法给予行政处罚的，应当制作行政处罚决定书，并载明行政处罚的种类和依据等事项。行政处罚决定书必须盖有作出行政处罚决定的行政机关的印章。行政处罚决定书应当在宣告后当场交付当事人；当事人不在场的，行政机关应当在 7 日内依照民事诉讼法的有关规定，将行政处罚决定书送达当事人。

五是行政处罚的执行。行政处罚决定依法作出后，当事人应当在行政处罚决定书载明的期限内，予以履行；当事人确有经济困难，需要延期或者分期缴纳罚款的，经当事人申请和行政机关批准，可以暂缓或者分期缴纳。作出罚款决定的行政机关应当与收缴罚款的机构分离；除依法当场收缴的罚款外，作出行政处罚决定的行政机关及其执法人员不得自行收缴罚款。当事人应当自收到行政处罚决定书之日起 15 日内，到指定的银行或者通过电子支付系统缴纳罚款；银行应当收受罚款，并将罚款直接上缴国库。当事人逾期不履行行政处罚决定的，作出行政处罚决定的行政机关可以依法采取加处罚款、拍卖查封或者扣押的财物抵缴罚款、申请强制执行等措施。

第四条　公民、法人或者其他组织违反行政管理秩序的行为，应当给予行政处罚的，依照本法由法律、法规、规章规定，并由行政机关依照本法规定的程序实施。

【释义】本条是关于行政处罚法定原则的规定。

行政处罚是一种带有惩戒性质的行政措施，直接关系到公民、法人或者其他组织的合法权益，必须严格依照法律规定进行，遵循处罚法定原则。所谓处罚法定原则，就是行政机关对公民、法人或者其他组织实施行政处罚，必须有明确的法律依据，并且严格按照法定程序进行。处罚法定原则是行政处罚中最重要的原则，不仅适用于行政处罚的实施阶段，也适用于行政处罚的设定阶段。对于行政处罚程序的设计、行政机关的程序义务的履行、公民程序权利的保障等，都要严格遵循这一原则。依照本条的规定，处罚法定原则，包括以下几个方面的要求。

一、行政处罚的依据法定

所谓依据法定，是指行政机关实施行政处罚，必须有明确的法定依据，法无明文规定不处罚。根据本条的规定，公民、法人或者其他组织违反行政管理秩序的行为，应当给予行政处罚的，依照本法由法律、法规或者规章规定。可见，并不是所有违反行政管理秩序的行为，都要给予行政处罚，只有那些已经由法律、法规或者规章明文规定应当给予行政处罚的行为，才能给予行政处罚。如果公民、法人或者其他组织有违反行政管理秩序的行为，但法律、法规或者规章没有明文规定给予行政处罚，也不得给予行政处罚。需要注意的是，本法还规定了“不予行政处罚”的情形，如不满 14 周岁的未成年人有违法行为的，违法行为轻微并及时改正、没有造成危害后果的等，就不能给予行政处罚。根据本法第 38 条第 1 款中的规定，行政处罚没有依据的，行政处罚无效。

二、行政处罚的对象法定

所谓对象法定，是指给予行政处罚的对象，是违反行政管理秩序的行为。处罚对象法定，实际上是要明确行政处罚的适用对象，即与行政机关实施行政管理相对应的主体，也就是行政相对人，包括公民、法人或者其他组织。行政机关与其内部工作人员之间的关系，不适用行政处罚，如行政机关的工作人员违反了相关规章制度，可以根据情况依法给予行政处分，但不给予行政处罚。同时，行政处罚的适用对象，还必须是实施了违反行政管理秩序的行为，且这种行为是客观存在的侵犯行政管理秩序的违法行为。违反行政管理秩序的行为，应当区分不同情况给予不同的处理。如果违反行政管理秩序的行为十分严重，构成犯罪的，应当根据刑法的规定追究刑事责任，给予刑事处罚，而不能以罚代刑，适用行政处罚。因此，必须是尚不构成犯罪的违法行为。违法行为构成犯罪，首先应当追究刑事责任；人民法院已经判了罚金，行政机关就不能再处罚款；如果行政机关已经先处以罚款，那么法院判处罚金时，罚款就要折抵相应的罚金。又如，法院已经判了徒刑，就不能再处行政拘留了，如果已先处了行政拘留，那么判处拘役或者有期徒刑时，要折抵相应的刑期。但是，在某些情况下，判了刑罚后，还需要给予行政处罚，如吊销当事人的许可证件，因为这是专属于行政机关的职权。

三、行政处罚的主体法定

所谓主体法定，是指实施行政处罚的主体及其职权，是法律明文规定的。行政处罚由有权设定行政处罚的国家机关在职权范围内设定，无权设定的不得设定，也不得越权设定。根据本法的规定，除下列机关和组织外，其他任何机关、组织和个人，都不得行使行政处罚权：一是法律、法规、规章规定行使处罚权的行政机关；二是法律、法规授权的具有管理公共事务职能的组织；三是根据法律、法规或者规章的规定，行政机关可以委托符合条件的组织实施处罚。根据本法第 38 条第 1 款中的规定，行政处罚实施主体不具有行政主体资格的，行政处罚无效。

四、行政处罚的程序法定

所谓程序法定，即行政机关实施行政处罚，应当依照法定程序进行。根据本条关于“由行政机关依照本法规定的程序实施”的规定，“法定程序”主要是指本法规定的实施行政处罚的程序，同时也包括其他法律、法规或者规章规定的实施行政处罚的程序。本法作为行政处罚领域的通用性法律，对实施行政处罚的程序作了较为全面、系统的规定，如信息公开、办案期限、调查取证、执法人员、处罚事前告知、当事人陈述申辩、法制审核、组织听证、送达处罚决定书等，行政机关应当严格履行，否则会影响其作出的行政处罚决定。程序法定的基本要求，就是行政机关实施行政处罚要做到“程序合法”，严格依照法定程序办理行政处罚案件。根据本法第 38 条第 2 款中的规定，违反法定程序构成重大且明确违法的，行政处罚无效。

第五条 行政处罚遵循公正、公开的原则。

设定和实施行政处罚必须以事实为依据，与违法行为的事实、性质、情节以及社会危害程度相当。

对违法行为给予行政处罚的规定必须公布；未经公布的，不得作为行政处罚的依据。

【释义】本条是关于行政处罚公正公开、过罚相当原则的规定。

一、关于公正、公开原则

根据本条第 1 款规定，行政处罚应当遵循公正、公开的原则。

一是公正原则。所谓公正，就是指公平正义、不偏不私，平等对待各方当事人，平等、公正适用法律。为了确保行政处罚体现公正原则，本法规定了若干具体措施，例如，规定对当事人的同一违法行为，不得给予两次以上罚款的处罚；设定和实施行政处罚必须以事实为依据，与违法行为的事实、性质、情节以及社会危害程度相当；实行罚款处罚与罚金、行政拘留与拘役或者有期徒刑折抵制度；实行案件调查人员与处罚决定人员相分离的原则；设立处罚过程中执法人员回避制度；建立行政处罚裁量基准制度，统一行政处罚裁量尺度；设置较重行政处罚听证程序等。

在执法实践中，应当注意行政处罚显失公正的问题。所谓显失公正，是指行政机关及其工作人员和法律、法规授权的组织以及受委托的组织在法律、法规规定的范围和幅度内，所作出的行政行为明显不适当。也就是说，该行政处罚决定虽然在形式上合法，但是存在明显的不合理性。行政处罚明显的不合理、不恰当，违背了法律、法规设立行政处罚的目的。行政处罚显失公正主要有以下几种情形：一是同责不同罚。法律面前人人平等是我国法律的一项基本原则，对公民、法人或者其他组织违反行政管理秩序的行为，性质、情节相同的，应当给予相同的行政处罚。如果对同样责任者给予不同的行政处罚，就违反了法律面前人人平等的法律原则，损害了行政机关的权威。二是同一案件中，重责轻罚或者轻责重罚。这就使得被处罚者难以心服口服，甚至产生对抗社会的心理，不仅不能解决问题，还会激化矛盾，对社会稳定造成不利影响。又如在同一案件中，对不同当事人的陈述权、申辩权、要求听证权，采取不平等的对待。三是未考虑应当考虑的因素。主要是指行政机关在作出行政处罚决定时，没有考虑到基本的法定因素或者一般的常理因素，如违法情节、认错态度、是否过失等。

二是公开原则。所谓公开，是指实施行政处罚的依据、过程和决定等都是公开的，而不是秘密的。公开原则是公正原则的必然要求和必要保障。本法有不少规定都体现了行政处罚公开原则，例如本条第3款明确规定："对违法行为给予行政处罚的规定必须公布；未经公布的，不得作为行政处罚的依据。"第39条规定，行政处罚的实施机关、立案依据、实施程序和救济渠道等信息应当公示。第44条对行政机关的告知义务作出规定："行政机关在作出行政处罚决定之前，应当告知当事人拟作出的行政处罚内容及事实、理由、依据，并告知当事人依法享有的陈述、申辩、要求听证等权利。"第62条进一步规定，行政机关及其执法人员在作出行政处罚决定之前，未依照本法第44条、第45条的规定向当事人告知拟作出的行政处罚内容及事实、理由、依据，或者拒绝听取当事人的陈述、申辩，不得作出行政处罚决定；当事人明确放弃陈述或者申辩权利的除外。第64条第3项对听证的公开作出规定，"除涉及国家秘密、商业秘密或者个人隐私依法予以保密外，听证公开举行"。第48条第1款规定，具有一定社会影响的行政处罚决定应当依法公开。

二、关于过罚相当原则

所谓过罚相当，是指对违反行政管理秩序的公民、法人或者其他组织，处以行政处罚的种类、幅度等应当与其违法行为相适应。过罚相当原则，就是要求在设定和实施行政处罚时，必须以事实为依据，与违法行为的事实、性质、情节以及社会危害程度相当，不能畸轻畸重。一般来说，行政机关在对违法行为实施行政处罚时，需要综合考虑以下几方面因素：构成违法行为的事实是否需要给予行政处罚；违法行为是否属于行政处罚的范畴；违法行为的情节轻重，是否属于情节严重应该给予刑事处罚的行为，或者情节轻微不够行政处罚的行为；违法行为的社会危害程度，是严重危害社会还是危害程度不大；等等。此外，本法还规定了不予行政处罚、从轻减轻行政处罚等制度，如第33条第2款规定："当事人有证据足以证明没有主观过错的，不予行政处罚。法律、行政法规另有规定的，从其规定。"以切实保障行政处罚过罚相当原则得到遵循，体现在实施行政处罚的具体过程和环节之中。

第六条　实施行政处罚，纠正违法行为，应当坚持处罚与教育相结合，教育公民、法人或者其他组织自觉守法。

【释义】本条是关于处罚与教育相结合原则的规定。

所谓处罚与教育相结合，是指行政机关实施行政处罚，在惩罚违反行政管理秩序的公民、法人或者其他组织的同时，也要教育违法行为人以及其他公民、法人或者其他组织吸取教训，不再实施违法行为。坚持处罚与教育相结合，是行政机关实施行政处罚应当遵循的一项重要原则。

行政机关实施行政处罚，纠正违法行为，不仅要通过给予违法行为人在人身自由、财产权益上的制裁，更要通过执法部门的宣传教育，督促行为人增强法治观念，自觉守法。行政机关作为行政执法主体，其保障法律贯彻实施的手段之一，就是对违法行为实施行政处罚，但给予行政处罚，决不单纯是为了惩罚。行政处罚不是目的，而是一种手段。"惩前毖后""治病救人"是一项重要的政策，同样适用于行政执法领域。本法多处规定也体现了处罚和教育相结合的原则，如第33条中规定，违法行为轻微并及时改正，没有造成危害后果的，不予行政处罚；初次违法且危害后果轻微并及时改正的，可以不予行政处罚。对当事人的违法行为依法不予行政处罚的，行政机关应当对当事人进行教育。

行政机关应当把处罚的手段与教育的目的结合起来，特别是对一般的违法者给予行政处罚，更应强调教育，对违法者和广大人民进行教育，提高其法治观念，使广大公民能够自觉地遵守法律、维护法律，保障法律的实施，维护公共利益和社会秩序，防止违法和犯罪。保障法律贯彻实施，离不开对法治的宣传教育。行政机关应当认真落实"谁执法谁普法"责任制，广泛开展法治宣传教育活动，使广大人民群众了解法律、掌握法律，法律也才能有群众基础。对少数违法分子，要依法给予行政处罚，更要注重宣传教育，在实施行政处罚时，处罚与教育二者不可偏废，既不能以罚代教，也不能以教代罚。只有坚持处罚与教育并重的原则，才能真正达到实施行政处罚的目的。

第七条　公民、法人或者其他组织对行政机关所给予的行政处罚，享有陈述权、申辩权；对行政处罚不服的，有权依法申请行政复议或者提起行政诉讼。

公民、法人或者其他组织因行政机关违法给予行政处罚受到损害的，有权依法提出赔偿要求。

【释义】本条是关于保障受到行政处罚的公民、法人或者其他组织有关权利的规定。

权利保护和有权利必有救济是贯穿行政处罚法始终的基本原则。受到行政处罚的公民、法人或者其他组织即行政相对人的合法权利受法律保护，这些权利包括陈述权、申辩权、行政复议权、行政诉讼权和因违法处罚受到损害可以提出赔偿要求的权利等。

一、关于陈述权和申辩权

陈述，是指当事人为自己的行为进行客观描述和说明。申辩，是指当事人为自己的行为申述理由和辩解。根据本条和本法第 45 条规定，行政机关给予当事人行政处罚的，当事人有权就自己的行为进行陈述和申辩，内容包括违法事实的存在与否、主观状态、情节轻重、处罚是否适当等，以说明或者证明没有违法事实的存在，或者不应受到某一种类或某种程度的处罚。根据本法第 44 条的规定，在行政处罚决定作出之前，当事人即可行使陈述权和申辩权。

保障当事人的陈述权和申辩权，有利于保障当事人的合法权益不受侵害，也有利于保障行政机关依法行使职权，自由裁量符合法定原则，避免行政处罚决定出现偏差。陈述权、申辩权作为当事人一项重要程序权利，本法规定了相应的机制予以保护。一是行政机关有告知义务。根据本法第 44 条的规定，行政机关拟对当事人给予行政处罚的，在作出行政处罚决定之前要明确告知其违法事实、将给予处罚的内容、理由、依据等，使当事人有条件有可能为自己的行为进行陈述和申辩；行政机关应当同时告知当事人享有陈述、申辩等权利。二是行政机关有听取和复核义务。根据本法第45条的规定，对当事人的陈述和申辩意见，行政机关应当充分听取，对其提出的事实、理由和证据应当全面分析，认真研究，进行复核。当事人提出的事实、理由或者证据成立的，行政机关应当采纳。三是行政机关不得因当事人陈述申辩而加重处罚。为了切实保障当事人的陈述权、申辩权，本法第45条第2款明确规定，行政机关不得因当事人陈述、申辩而给予更重的处罚。所谓“更重的处罚”，是指不得重于本法第44条中规定的“拟作出的行政处罚”。

这次修改行政处罚法，根据行政执法信息技术广泛应用的实际情况，结合实践中反映的实际问题，为进一步保障好行政相对人的合法权益，本法第41条增加规定，在利用电子技术监控设备收集、固定违法事实而进行行政处罚的案件中，行政机关应当及时告知当事人违法事实，并采取信息化手段或者其他措施，为当事人查询、陈述和申辩提供便利。不得限制或者变相限制当事人享有的陈述权、申辩权。

二、关于申请行政复议、提起行政诉讼的权利

根据本条第1款中的规定，公民、法人或者其他组织对行政处罚不服的，有权依法申请行政复议或者提起行政诉讼。复议权和诉讼权是行政相对人在受到行政处罚之后所依法享有的救济权利。根据我国行政复议法的规定，行政复议是指公民、法人或者其他组织认为行政行为侵犯其合法权益，向行政机关提出复议申请，行政机关依法受理，进行重新审查，并依法作出复议决定的活动。复议是在行政体系内为受处罚的当事人提供的救济措施，具有高效、便捷，对当事人不收取任何费用的优点。对当事人提起行政复议的，复议机关应对被申请复议的行政行为的合法性和适当性进行审查，对行政行为明显不当的，可以变更。行政复议机关履行行政复议职责，应当遵循合法、公正、公开、及时、便民的原则，坚持有错必纠，保障法律、法规的正确实施。行政复议并非最终的救济手段，对行政复议不服的，当事人还可以依法提起行政诉讼。同时，由于行政复议是在行政体系内进行的，为免除当事人产生行政复议机关受理行政案件可能有失公正，难以保护自身权益的疑虑，法律给予当事人救济措施的选择权，即可以依照法律规定，不经复议程序而直接采取司法救济措施，向人民法院提起诉讼。

根据我国行政诉讼法的规定，行政诉讼是指公民、法人或者其他组织认为行政机关和行政机关工作人员的行政行为侵犯其合法权益，有权向人民法院提起诉讼，人民法院依法审理并作出裁判的活动。我国的行政诉讼实行两审终审制，行政机关对行政行为的合法性进行审查。行政相对人提起行政诉讼，适用行政诉讼法的规定。国家保护当事人申请行政复议和提起行政诉讼的权利。

三、关于请求行政赔偿权

根据本条第 2 款的规定，公民、法人或者其他组织因行政机关违法给予行政处罚受到损害的，有权依法提出赔偿要求。行政赔偿是指行政机关在执行行政职务，进行行政处罚，违法侵害了公民、法人或者其他组织的合法权益时，国家给予受害人一定赔偿的行为。请求和获得赔偿应当依法。根据我国国家赔偿法的规定，侵犯人身权的行政赔偿范围包括：违法拘留或者违法采取限制公民人身自由的行政强制措施的；非法拘禁或者以其他方法非法剥夺公民人身自由的；以殴打、虐待等行为或者唆使、放纵他人以殴打、虐待等行为造成公民身体伤害或者死亡的；违法使用武器、警械造成公民身体伤害或者死亡的；等等。侵犯财产权的行政赔偿范围包括：违法实施罚款、吊销许可证和执照、责令停产、没收财物等行政处罚的；违法对财产采取查封、扣押、冻结等行政强制措施的；违法征收、征用财产的；等等。行政机关违法实施行政处罚的，受损害的当事人有权依法提出赔偿要求。请求赔偿应当符合国家赔偿法关于请求人和赔偿义务机关、赔偿程序以及赔偿方式和计算标准的规定。

第八条　公民、法人或者其他组织因违法行为受到行政处罚，其违法行为对他人造成损害的，应当依法承担民事责任。

违法行为构成犯罪，应当依法追究刑事责任的，不得以行政处罚代替刑事处罚。

【释义】本条是关于违法行为人应承担民事责任和刑事责任的规定。

公民、法人或者其他组织违反行政管理秩序的行为，同时触犯民事法律、刑事法律规定的，应当依法承担民事责任、刑事责任。

根据本条第 1 款的规定，公民、法人或者其他组织在因其违法行为受到处罚，承担行政责任的同时，其行为对其他人造成损害的，应同时依法承担民事责任。比如，车辆驾驶人因闯红灯违反了交通规则，应受行政处罚，同时又因闯红灯行为而撞伤正在过马路的行人，对行人造成了损害，那么违章者应当同时按照我国民法典的规定承担民事责任。受损害者有权向违法行为人提出民事赔偿请求。

本条第 2 款规定，违法行为构成犯罪，应当依法追究刑事责任的，不得以行政处罚代替刑事处罚。这一规定有两层含义：一是违法行为构成犯罪的，行为人应当依法承担刑事责任。犯罪是最严重的违法行为，为不放纵犯罪，任何违法行为人都不得以承担行政责任或者民事责任为由而逃脱应承担的刑事责任。二是禁止以罚代刑，即不能用行政处罚来代替追究刑事责任。基于上述原则，行政机关在查处违法行为时，发现该违法行为触犯刑事法律，可能构成犯罪的，应当依法向司法机关移交案件，由司法机关追究违法行为人的刑事责任，不得以行政处罚代替刑事处罚。多年来，我国行政处罚实践中或多或少地存在着以罚代刑的情况，在行刑衔接方面也暴露出一些问题。这次修改行政处罚法，坚持问题导向，在第 27 条中规定，违法行为涉嫌犯罪的，行政机关应当及时将案件移送司法机关，依法追究刑事责任；行政处罚实施机关与司法机关之间应当加强协调配合，建立健全案件移送制度，加强证据材料移交、接收衔接，完善案件处理信息通报机制。同时，在现有法律规定的行政处罚罚款应当折抵相应罚金，对已给予拘留行政处罚的在判处拘役和有期徒刑时应当折抵相应刑期规定的基础上，本法第 35 条中增加规定，违法行为构成犯罪，行政机关尚未给予当事人罚款的，不再给予罚款的行政处罚。为了进一步惩治以罚代刑行为，本法第 82 条对原法第 61 条作了修改，规定：行政机关对应当依法移交司法机关追究刑事责任的案件不移交，以行政处罚代替刑事处罚，由上级行政机关或者有关机关责令改正，对直接负责的主管人员和其他直接责任人员依法给予处分；情节严重构成犯罪的，依法追究刑事责任。新的规定删去了“行政机关为牟取本单位私利”“拒不改正”的前置条件，加大了追责力度，从制度设计上进一步做好了与刑法规定的衔接。

第二章　行政处罚的种类和设定

第九条　行政处罚的种类：

（一）警告、通报批评；

（二）罚款、没收违法所得、没收非法财物；

（三）暂扣许可证件、降低资质等级、吊销许可证件；

（四）限制开展生产经营活动、责令停产停业、责令关闭、限制从业；

（五）行政拘留；

（六）法律、行政法规规定的其他行政处罚。

【释义】本条是关于行政处罚种类的规定。

我国实行行政主导的行政处罚体制，行政处罚是行政机关实施行政管理的重要手段，也是行政执法中最为活跃、常用的执法措施。本法有关行政处罚种类的规定，对行政处罚行为具有指引、规范等多种功能：一是明确列举行政处罚种类，可以为林林总总的行政执法措施定性提供指引，在我国行政行为法律规范尚有不少空白、薄弱之处的背景下，减少实践中某项行政行为是否属于行政处罚行为的争议，这种指引功能尤显重要。二是明确列举的行政处罚种类，应当受本法有关设定、实施和法律责任规定的规范。三是通过对行政处罚种类进行规范，抑制行政处罚种类过多的冲动，除了本法明确列举的行政处罚种类和其他法律、行政法规创设的行政处罚种类外，地方性法规、规章及其他规范性文件不得创设新的行政处罚种类，约束地方性法规、规章及其他规范性文件创设行政处罚种类的冲动。值得一提的是，行政处罚种类规定是把“双刃剑”，既有指引、规范功能，也有扩充行政处罚手段、加大处罚强度的间接功能，因此行政处罚法规定的行政处罚种类是总结归纳其他法律、行政法规中的行政处罚种类规定，本身不是创设；列举的数量既不是越少越好，也不是越多越好。

本次修订将行政处罚种类由八类扩展到十三类，增加了通报批评、降低资质等级、责令关闭、限制开展生产经营活动、限制从业等五类。本条根据行政处罚类型“五分法”的逻辑进行编排，第一项为名誉罚，第二项为财产罚，第三项为资格罚，第四项为行为罚，第五项为人身罚，第六项为兜底条款。

一、警告、通报批评

名誉罚，又称声誉罚、精神罚，是指行政机关向违法者发出警戒，申明其有违法行为，通过对其名誉、荣誉、信誉等施加影响，引起其精神上的警惕，使其不再违法的行政处罚，包括警告、通报批评等。

警告是指行政机关对有违法行为的公民、法人或者其他组织提出告诫，使其认识自己违法所在和如何改正的一种处罚种类。警告是行政处罚中最轻的一种，一般适用于较为轻微、对社会危害程度不大的违法行为，可以当场作出。目前有近百部法律、200 多件行政法规和大量地方性法规、部门规章、地方政府规章规定了警告的行政处罚。

通报批评是指行政机关对违法行为人在一定范围内通过书面批评加以谴责和告诫，指出其违法行为，避免其再犯。目前，慈善法等近 10 部法律、船舶和海上设施检验条例等约 20 件行政法规、广告语言文字管理暂行规定等近 10 件部门规章、浙江省广播电视管理条例等 10 多件地方性法规规定了通报批评的行政处罚。同时，证券管理领域运用较多的公开谴责等也属于通报批评。在审议过程中，一些部门和社会公众提出，实践中大量使用通报批评，通报批评应当作为一类行政处罚予以明确并在程序上予以规范。值得一提的是，通报批评的适用范围较广，不仅适用于对行政违法行为的惩处，也适用于行政机关内部监督和党内监督。对行政违法行为予以通报批评，属于行政处罚。上级行政机关对下级行政机关及其工作人员的违法违规行为予以通报批评，以及党组织对党员干部违规违纪行为予以通报批评，则属于党政问责的追责措施，不属于行政处罚。

二、罚款、没收违法所得、没收非法财物

财产罚是指行政机关剥夺违法者因违法行为所获经济利益及其部分财产，通过经济制裁手段实现惩戒目的的行政处罚，包括罚款、没收违法所得、没收非法财物等。

罚款是指行政机关对实施行政违法行为的当事人进行的一种经济性制裁，通过使当事人财产受到损失的方法起到惩戒的目的。罚款是最为常用、最普遍的行政处罚种类，目前有近180部法律、550多件行政法规和大量地方性法规、部门规章、地方政府规章规定了罚款的行政处罚。

没收违法所得是指行政机关依法将当事人因从事违法行为而获得金钱收入强制无偿收归国有的一种行政处罚。目前有近130部法律、近200件行政法规和大量地方性法规、部门规章、地方政府规章规定了没收违法所得、没收非法所得、没收违法收入的行政处罚。在修法过程中，有的学者认为没收违法所得剥夺的不是当事人合法财产，不符合“新的不利负担”这一行政处罚的重要内涵，其功能属于恢复原状并不是制裁，我国刑事法律制度中没收违法所得也并不是财产刑，因此不属于行政处罚。这次修法维持没收违法所得为行政处罚，主要考虑是：首先，“新的不利负担”可以解释绝大多数行政处罚行为，没收违法所得涉及当事人较大的财产利益，惩戒作用较为显著，是法律据以更好保护公共利益和社会秩序而作的专门规定。其次，除本法外，目前还有很多单行法律也将没收违法所得作为行政处罚，没收违法所得作为行政处罚的观念已经形成，并在行政执法实践中普遍实施。如作调整，大量法律、法规、规章需要予以修改，行政执法中观念认识需要改变，显性和隐性社会成本较高。再次，为解决长期困扰基层执法工作的实际问题，本次修法对没收违法所得作了界定，是指实施违法行为所取得的款项，原则上不扣除成本，因此违法所得中也包括了当事人的投入，对当事人来讲也是一种“新的不利负担”。最后，明确“新的不利负担”与恢复原状之间的界限。理解和把握“恢复原状”中的“原状”，既不能过窄，纵容违法行为；也不能过宽，增加当事人不符合比例原则的过多负担。具体可以有几条标准：（1）法定性，首先由法律来判断什么是原状；（2）直接性，原则上应当与违法行为直接关联，不应扩大至违法行为造成的潜在影响；（3）确定性，需要充分考虑行政执法的效率需求，原状是明确、容易认定的。超出恢复原状的范围，就属于“新的不利负担”。

没收非法财物是指行政机关依法将当事人从事违法行为过程中的违禁物品、违法财物和违法工具强制无偿收归国有的一种行政处罚。这里争议较大的是违法工具是否一律予以没收的问题，应当依据法律法规的规定，结合违法行为的轻重情节，予以妥善处理。

三、暂扣许可证件、降低资质等级、吊销许可证件

资格罚是指限制或者剥夺当事人行政许可资格，以及行政机关认定、同意的其他非行政许可类资格的行政处罚，包括暂扣许可证件、降低资质等级、吊销许可证件等。

暂扣许可证件是指行政机关依法对违反行政管理秩序的当事人实行暂时扣留许可证件，以暂时剥夺当事人从事某项生产经营活动、执业权利的行政处罚。这次修法将“暂扣许可证、暂扣执照”修改为“暂扣许可证件”，主要考虑与行政许可法相衔接，适应正在推行的证照改革。行政许可法第 39 条规定，行政许可证件包括：许可证、执照或者其他许可证书；资格证、资质证或者其他合格证书；行政机关的批准文件或者证明文件；法律、法规规定的其他行政许可证件。许可证件涵括性更大，包括许可证、执照，但不限于许可证、执照。按照证照改革的要求，已开始探索将营业执照由行政许可改为行政确认，今后暂扣营业执照也可能不再属于暂扣许可证件的处罚种类。

降低资质等级是指行政机关依法对违反行政管理秩序的当事人所取得的行政许可由较高等级降为较低等级，限制当事人生产经营活动的范围的行政处罚。目前，城乡规划法等近 5 部法律、地质灾害防治条例等近 10 件行政法规、公路建设监督管理办法等 100 多件部门规章、青海省物业管理企业资质管理规定等 300 多件地方性法规和地方政府规章规定了降低资质等级的行政处罚。此次修法增加列举降低资质等级行政处罚，细化了资格罚行政处罚种类。

吊销许可证件是指行政机关依法对违反行政管理秩序的当事人取消其所取得的行政许可证件，剥夺当事人从事某项生产经营活动、执业权利的行政处罚。目前多部法律法规规定了吊销许可证、吊销营业执照、吊销登记证书、取消资格的行政处罚。

四、限制开展生产经营活动、责令停产停业、责令关闭、限制从业

行为罚又称义务罚，是指要求当事人不得作出某种行为或者要求当事人作出某种行为的行政处罚，包括限制开展生产经营活动、责令停产停业、责令关闭、限制从业等。

限制开展生产经营活动是指行政机关依法对违反行政管理秩序的当事人限

制其从事新的生产经营活动或者扩大生产经营活动范围的行政处罚，包括责令停止接受新业务，在吊销许可证件、注销登记、解除协议或者撤销特许经营权后在一定期限内禁止开展相关生产经营活动。这项行政处罚种类是新增加的内容，是对当事人尚未从事生产经营活动的限制，体现了行政管理精细化趋势。

责令停产停业是指行政机关依法对违反行政管理秩序的当事人限制其在一定期限内停止全部或者部分生产经营活动的行政处罚。实践中，责令停产停业包括责令停业整顿、责令停止生产、责令停止经营、责令停止活动、责令限制生产、责令暂停相关业务、禁止参加政府采购、禁止参与招标活动等。疫苗管理法等近 80 部法律、快递暂行条例等 110 多件行政法规、网络游戏管理暂行办法等 550 多件部门规章与大量地方性法规和政府规章规定了责令停产停业的行政处罚。

责令关闭是指行政机关依法对违反行政管理秩序的当事人停止全部生产经营活动的行政处罚。水污染防治法等 20 多部法律、人力资源市场暂行条例等 10 多件行政法规规定了责令关闭企业、场所、职业中介机构、公共图书馆、建设项目、网站等行政处罚。责令关闭是一类较为严厉的行政处罚种类，在实践中应当针对严重违法行为依法慎重作出。

限制从业是指行政机关依法对违反行政管理秩序的公民限制其从事一定职业的行政处罚。实践中药品管理法等 30 多部法律、认证认可条例等近 30 件行政法规、江苏省征兵工作条例等 70 多件地方性法规和政府规章规定了公民不得担任单位法定代表人、负责人、董事、监事、高级管理人员，禁止在一定期限内从事相关工作的行政处罚。

五、行政拘留

人身罚也称自由罚，是指行政机关在一定期限内限制当事人的人身自由的行政处罚，主要是指行政拘留。我国一直以来对限制人身自由的行政处罚较为慎重，修订后的本法第 18 条第 3 款规定，限制人身自由的行政处罚权只能由公安机关和法律规定的其他机关行使。目前，限制人身自由的行政处罚只能由法律规定，行政法规、地方性法规和规章均无权设定，适用领域主要是治安管理以及环境保护、药品管理等领域，有权实施行政拘留的只有公安机关、国家安全机关和海警机构。

六、法律、行政法规规定的其他行政处罚

上述 13 类行政处罚种类是行政处罚的基本种类，也是行政执法实践中运用较为普遍的种类。考虑到行政管理的复杂性，不排除在实践中根据实际情况增加新的行政处罚种类，因此本条规定了兜底条款，法律、行政法规可以增加新的行政处罚种类。在修法过程中，有不少意见建议明确地方性法规也可以增加新的行政处罚种类。为规范行政处罚行为，防止行政处罚种类过多，维护国家法制统一，本项未作修改。

此外，理解行政处罚种类还需要对一些容易产生争议的行政措施性质作进一步分析。

一是关于收缴非法财物和追缴违法所得。治安管理处罚法、海关法等规定了收缴违禁品、违法工具和追缴违法所得，但未明确收缴和追缴为行政处罚。实践中，对其法律性质争议较大。多数认为收缴、追缴与没收的适用情形、处理对象、法律效果并无差别，属于行政处罚。如税收征收管理法第 72 条规定，从事生产、经营的纳税人、扣缴义务人有本法规定的税收违法行为，拒不接受税务机关处理的，税务机关可以收缴其发票。但是，有的法律规定的收缴，并非是对违法行为的惩戒，而是一项事实行为，不属于行政处罚。如境外非政府组织境内活动管理法第 49 条中规定，对被撤销登记、吊销登记证书的，由登记管理机关收缴其登记证书、印章并公告作废。

二是关于暂停许可类执业活动。暂停许可类执业活动，是指对已经取得行政许可资格的执业人员，在一定期限内暂停其执业活动，适用对象包括：律师、基层法律服务工作者、公证员、司法鉴定人员、注册会计师、执业医师、护士、专利代理师、注册建筑师、注册工程师、注册消防工程师等。资格罚脱胎于行为罚，限制或者剥夺资格，也就是限制或者禁止生产经营行为和执业行为，因此两者有交叉。同样是限制或者禁止生产经营行为和执业行为，有些法律法规规定的处罚限制或者剥夺违法者的资格，有些法律法规限制或者禁止违法者的相关行为。为保持统一性，将涉及资格的行政处罚归入资格罚，同时将暂停许可类执业活动纳入资格罚更为适宜。

三是关于不得申请行政许可。不得申请行政许可，是指在行政许可撤销或

者吊销后的一段时间内不得申请同类行政许可，禁止从事相关生产经营和执业活动。有的规章中明确要求行政机关决定违法者一定期限内不得申请行政许可，应当属于行政处罚，作出行政处罚决定书，可归入资格罚类型。

四是关于责令停止行为。在法律、法规和规章中，作为行政处罚的责令停止行为与属于责令改正的责令停止违法行为，由于用语近似、内容相近，容易被混淆，但在法理上是可以区分的。责令停止违法行为是责令违法者停止本不应作出的违法行为，没有增加违法者的义务和负担，因此不属于行政处罚。本法第 28 条第 1 款规定："行政机关实施行政处罚时，应当责令当事人改正或者限期改正违法行为。"而责令停止行为是责令违法者停止其相关合法行为，增加了违法者的义务和负担，因此属于行政处罚。以责令停止建设为例，核安全法规定未经许可从事核设施建造活动的，责令停止建设。这里的建设行为未经许可本身是违法的，因此责令停止建设属于责令改正。《防治海洋工程建设项目污染损害海洋环境管理条例》规定在围填海工程中使用的填充材料不符合有关环境保护标准拒不改正的，责令停止建设。这里的建设行为本身是合法的，但由于建设过程中出现了违法行为而被责令停止建设，因此责令停止建设属于责令停止行为类行政处罚。

五是关于责令作出行为。责令作出行为容易与责令改正中的责令恢复原状混淆。两者的区分标准也是以是否额外增加了当事人的不利负担为界限。以责令补种为例，《公路安全保护条例》规定责令补种擅自更新采伐的林木，这里的责令补种是责令恢复原状，没有增加违法者的义务和负担，因此属于责令改正。森林法规定滥伐林木，责令补种五倍滥伐林木株数，这里的责令补种超出了恢复原状的范围，增加了违法者的义务和负担，因此属于行政处罚。

六是关于行政处罚与行政强制措施。在不少法律、法规和规章中，有些行政处罚与行政强制措施的名称是相同或接近的，需要作出区分。如暂扣证照，道路交通安全法第 110 条中规定执行职务的交通警察认为应当对道路交通违法行为人给予暂扣或者吊销机动车驾驶证处罚的，可以先予扣留机动车驾驶证。暂扣机动车驾驶证是行政处罚，先予扣留机动车驾驶证是行政强制措施。又如限制或者暂停部分业务，停止批准新增业务或者分支机构等。证券法、银行业监督管理法在审慎监管措施中规定了上述措施，其性质属于行政强制措施，但不能因此就认为只要是这些名称的行政行为，就一律是行政强制措施，或者创设为一类非行政处罚监管措施。上述行政行为作为对违法行为的惩处手段，符合行政处罚性质的，就应当是行政处罚行为。

第十条 法律可以设定各种行政处罚。

限制人身自由的行政处罚，只能由法律设定。

【释义】本条是关于法律设定行政处罚权限的规定。

全国人大及其常委会作为我国的最高国家权力机关，其制定的法律位阶仅次于宪法，只要不同宪法相抵触，可以规定任何事项，包括各种行政处罚。人身自由是公民最为基本的权利，限制人身自由是一种极其严厉的处罚，绝大多数国家的法律都不给予行政机关限制人身自由的权力。我国宪法明确规定："中华人民共和国公民的人身自由不受侵犯。"根据"少刑化"指导思想，我国规定了限制人身自由的行政处罚，类似于国外的轻罪，但也作了严格限制，秉持特别慎重的态度。立法法规定，对公民限制人身自由的强制措施和处罚，只能制定法律。本条进一步规定，限制人身自由的行政处罚只能由法律设定。也就是说，除了法律，其他任何形式的规范性文件均不得设定限制人身自由的行政处罚。

一、法律可以设定各种行政处罚

立法法第 7 条规定："全国人民代表大会和全国人民代表大会常务委员会行使国家立法权。""全国人民代表大会制定和修改刑事、民事、国家机构的和其他的基本法律。""全国人民代表大会常务委员会制定和修改除应当由全国人民代表大会制定的法律以外的其他法律；在全国人民代表大会闭会期间，对全国人民代表大会制定的法律进行部分补充和修改，但是不得同该法律的基本原则相抵触。"在我国法律体系中，法律的效力仅次于宪法。根据本条规定，法律可以设定第 9 条规定的任何行政处罚种类，也可以创设新的行政处罚种类。

当然法律可以设定各种行政处罚也不是没有边际的。立法法第 87 条规定："宪法具有最高的法律效力，一切法律、行政法规、地方性法规、自治条例和单行条例、规章都不得同宪法相抵触。"宪法第 38 条规定："中华人民共和国公民的人格尊严不受侵犯。禁止用任何方法对公民进行侮辱、诽谤和诬告陷害。"第

40 条规定："中华人民共和国公民的通信自由和通信秘密受法律的保护。除因国家安全或者追查刑事犯罪的需要，由公安机关或者检察机关依照法律规定的程序对通信进行检查外，任何组织或者个人不得以任何理由侵犯公民的通信自由和通信秘密。"据此，法律不得设定侮辱公民人格尊严的行政处罚，也不得设定限制或者剥夺公民通信自由和通信秘密的行政处罚。

二、限制人身自由的行政处罚只有由法律设定

立法法第 8 条中规定，限制人身自由的强制措施和处罚只能制定法律。限制人身自由的行政处罚属于法律保留事项。行政法规、地方性法规、自治条例和单行条例、规章以及其他规范性文件都不得设定限制人身自由的行政处罚。这是我国宪法原则在行政处罚领域的具体体现。

第十一条　行政法规可以设定除限制人身自由以外的行政处罚。

法律对违法行为已经作出行政处罚规定，行政法规需要作出具体规定的，必须在法律规定的给予行政处罚的行为、种类和幅度的范围内规定。

法律对违法行为未作出行政处罚规定，行政法规为实施法律，可以补充设定行政处罚。拟补充设定行政处罚的，应当通过听证会、论证会等形式广泛听取意见，并向制定机关作出书面说明。行政法规报送备案时，应当说明补充设定行政处罚的情况。

【释义】本条是关于行政法规设定行政处罚权限的规定。

在 1996 年制定本法时，确定了不同位阶的法律规范有不同的行政处罚设定权限的制度。对于行政法规能否设定行政处罚的问题，在充分讨论后，考虑到我国立法体制赋予国务院有制定行政法规的权限，行政管理涉及面较广，不可能都由法律来规范等实际情况，需要赋予行政法规较大的行政处罚设定权限。这次修法进一步明确，在已有上位法的情况下，行政法规原则上仍需在法律规定的给予行政处罚的行为、种类和幅度的范围内规定行政处罚，但是可以在法律规定了违法行为但未规定行政处罚的情况下，补充设定行政处罚，以此适当扩大了行政法规行政处罚设定权限。

一、尚未制定法律的情况下，行政法规可以作创制性规定，设定除限制人身自由以外的其他行政处罚

立法法第 65 条第 1 款、第 2 款规定：“国务院根据宪法和法律，制定行政法规。”“行政法规可以就下列事项作出规定：（一）为执行法律的规定需要制定行政法规的事项；（二）宪法第八十九条规定的国务院行政管理职权的事项。”第 9 条规定：“本法第八条规定的事项尚未制定法律的，全国人民代表大会及其常务委员会有权作出决定，授权国务院可以根据实际需要，对其中的部分事项先制定行政法规，但是有关犯罪和刑罚、对公民政治权利的剥夺和限制人身自由的强制措施和处罚、司法制度等事项除外。”因此，行政法规在没有上位法律的情况下，有相应的立法权限，尤其是可以对国务院行政管理职权的事项作出规定。本条进一步规定，行政法规可以设定除限制人身自由行政处罚以外的其他行政处罚，也就是说行政法规可以设定本法第 9 条第 1 项至第 4 项，以及第 6 项规定的行政处罚。

二、已经有上位法律的情况下，行政法规可以对法律规定的行政处罚作具体规定，但必须在法律规定的违法行为、处罚种类和幅度范围内作出规定

法律对违法行为作出行政处罚规定的，也就意味着法律对什么是违法行为，什么是合法行为，对哪些违法行为给予行政处罚，给予何种行政处罚，给予多重的行政处罚等，均作出了规定。法律在我国法律体系中效力等级高于行政法规。为了执行法律，行政法规可以对法律规定的行政处罚作出具体规定，但为了维护国家法制统一，行政法规不得超越法律，只能在法律规定的给予行政处罚的行为、种类和幅度的范围内规定。也就是说，法律未认定的违法行为，作为下位法的行政法规原则上不得认定为违法行为；法律对某一违法行为规定了若干类行政处罚种类，作为下位法的行政法规不得增加新的较重的行政处罚种类；法律对某一违法行为规定了某一行政处罚种类，并规定了行政处罚的幅度，如一定幅度的罚款，作为下位法的行政法规不得超出最高限额。例如，法律规定了三种给予行政处罚的违法行为，作为下位法的行政法规不能在这三种违法行为之外增加给予行政处罚的新的违法行为。法律对某一违法行为规定了警告、处以 5000 元至 2 万元的罚款、没收违法所得，作为下位法的行政法规不能增加规定责令停产停业行政处罚，也不能超过上限 2 万元而规定 3 万元的罚款。

立法法第 88 条第 1 款规定："法律的效力高于行政法规、地方性法规、规章。"第 96 条第 2 项规定，法律、行政法规、地方性法规、自治条例和单行条例、规章有下位法违反上位法规定的，由有关机关依照法定权限予以改变或者撤销。本条规定遵循了法律效力高于行政法规的法律位阶规定，是在行政处罚领域对"下位法不得违反上位法规定"所作的具体化规定。

三、已经有上位法律的情况下，上位法律对违法行为未作行政处罚规定，行政法规可以补充设定行政处罚

实践中，有两类特殊情况，法律对某一行为作了禁止性规定，或者明确了当事人的某项义务，但因各种因素，未对违反禁止性规定或者义务性规定的违法行为给予行政处罚。如大气污染防治法规定，机动车污染物排放超过规定排放标准的，不得上路行驶。但未对违法上路行驶的驾驶人规定行政处罚。又如文物保护法规定，使用不可移动文物，必须遵守不改变文物原状的原则，负责保护建筑物及其附属文物的安全。但未对未经批准用火或者与文物保护无关的用电等违反保护义务的行为规定行政处罚。另外，还有一类特殊情况，法律对某一违法行为给予行政处罚，行政法规能否就同类或者相关违法行为给予行政处罚？如人口与计划生育法规定，伪造、变造、买卖计划生育证明的，处以罚款。行政法规能否对使用虚假计划生育证明的行为给予罚款？如果严格按照本条第 2 款的规定，行政法规就不得对违反上位法律禁止性规定或者义务性规定的行为，以及同类或者相关违法行为设定行政处罚。考虑到上位法律已经对某一行为的违法性作出了认定，为了进一步发挥行政法规执行法律的积极作用，本条明确行政法规可以补充设定行政处罚。既然是补充，行政法规在规定行政处罚时，应当充分考虑上位法律的立法精神和已规定的行政处罚整体框架，不能对较轻的违法行为规定较重的行政处罚，也不能对较重的违法行为规定较轻的行政处罚。同时，在补充设定行政处罚时，还应遵循本条第 1 款规定的设定权限规定，以及非必要不设定原则，避免行政处罚过多、繁琐等问题。

为了规范行政法规补充设定行政处罚行为，本条同时增加规定了补充设定行政处罚的事前、事后程序要求，强化监督制约。一是拟补充设定行政处罚的，应当事先通过听证会、论证会等形式广泛听取意见。在行政法规草案提交审议前拟补充设定行政处罚的，应当由起草单位召开听证会、论证会等听取意见。

在行政法规草案审议过程中拟补充设定行政处罚的，应当由负责草案修改的单位召开听证会、论证会等听取意见。同时，要求听取意见要广泛，不能限于行政机关内部征求意见。二是拟补充设定行政处罚的，向制定机关作出书面说明。草案起草单位或者修改单位，应当就拟补充设定行政处罚的事项，向国务院作出书面说明，充分阐明补充设定行政处罚的必要性、可行性、征求意见情况及主要考虑。三是行政法规报送备案时，应当说明补充设定行政处罚的情况。立法法第98条规定，自治条例、单行条例报送备案时，应当说明对法律、行政法规、地方性法规作出变通的情况；经济特区法规报送备案时，应当说明对法律、行政法规、地方性法规作出变通的情况。行政法规补充设定行政处罚，属于新的变通规定形式，也应当在报全国人民代表大会常务委员会备案时作出说明。

第十二条　地方性法规可以设定除限制人身自由、吊销营业执照以外的行政处罚。

法律、行政法规对违法行为已经作出行政处罚规定，地方性法规需要作出具体规定的，必须在法律、行政法规规定的给予行政处罚的行为、种类和幅度的范围内规定。

法律、行政法规对违法行为未作出行政处罚规定，地方性法规为实施法律、行政法规，可以补充设定行政处罚。拟补充设定行政处罚的，应当通过听证会、论证会等形式广泛听取意见，并向制定机关作出书面说明。地方性法规报送备案时，应当说明补充设定行政处罚的情况。

【释义】本条是关于地方性法规设定行政处罚权限的规定。

多年来，不少地方的同志在多种场合呼吁适当扩大地方性法规设定行政处罚的权限。此次修法一个主要的方面是回应地方同志的意见，适当扩大地方性法规设定行政处罚的权限，发挥地方性法规在地方治理中的积极作用。行政处罚法修订草案增加规定："地方性法规为实施法律、行政法规，对法律、行政法规未规定的违法行为可以补充设定行政处罚。地方性法规拟补充设定行政处罚的，应当通过听证会、论证会等形式听取意见，并向制定机关作出说明。"在修订草案提请全国人大常委会审议时，有些常委委员认为适当扩大地方性法规行政处罚设定权限是必要的，但修订草案开的口子太大，会带来新的问题，建议放权要慎重。在之后书面征求各方面意见过程中，一些地方建议步子不要跨得太大。因此，行政处罚法（修订草案二次审议稿）修改为“法律、行政法规对违法行为未作出行政处罚规定，地方性法规为实施法律、行政法规，可以补充设定行政处罚。拟补充设定行政处罚的，应当通过听证会、论证会等形式广泛听取意见，并向制定机关作出书面说明。地方性法规报送备案时，应当说明补充设定行政处罚的情况。”之后，该规定基本定型，未作新的修改。

一、尚未制定法律、行政法规的情况下，地方性法规可以作一定创制性规定，设定除限制人身自由、吊销营业执照以外的行政处罚

立法法第 72 条第 1 款、第 2 款中规定：“省、自治区、直辖市的人民代表大会及其常务委员会根据本行政区域的具体情况和实际需要，在不同宪法、法律、行政法规相抵触的前提下，可以制定地方性法规。”“设区的市的人民代表大会及其常务委员会根据本市的具体情况和实际需要，在不同宪法、法律、行政法规和本省、自治区的地方性法规相抵触的前提下，可以对城乡建设与管理、环境保护、历史文化保护等方面的事项制定地方性法规，法律对设区的市制定地方性法规的事项另有规定的，从其规定。”第 73 条第 1 款、第 2 款中规定：“地方性法规可以就下列事项作出规定：（一）为执行法律、行政法规的规定，需要根据本行政区域的实际情况作具体规定的事项；（二）属于地方性事务需要制定地方性法规的事项。”“除本法第八条规定的事项外，其他事项国家尚未制定法律或者行政法规的，省、自治区、直辖市和设区的市、自治州根据本地方的具体情况和实际需要，可以先制定地方性法规。”因此，地方性法规在没有上位法律、行政法规的情况下，有相应的立法权限，尤其是对属于地方性事务的事项。考虑到限制人身自由的行政处罚属于法律保留事项，吊销营业执照事关企业资格消灭这一重大事项，且已经有了公司法等全国统一执行的法律规范，因此本条进一步规定，地方性法规可以设定除限制人身自由、吊销营业执照以外的其他行政处罚，但不得在法律、行政法规以外创设新的行政处罚种类。

考虑到地方性法规分为省级和设区的市级两个层级，对于设区的市地方性法规在规定事项范围内作创制性规定时，除了符合尚未制定法律、行政法规这个条件之外，还要符合尚未制定本地的省级地方性法规的前提。

二、已经有上位法律、行政法规的情况下，地方性法规可以对法律、行政法规规定的行政处罚作具体规定，但必须在法律、行政法规规定的违法行为、处罚种类和幅度范围内作出规定

法律、行政法规对违法行为作出行政处罚规定的，也就意味着法律、行政法规对什么是违法行为，什么是合法行为，对哪些违法行为给予行政处罚，给予何种行政处罚，给予多重的行政处罚等，均作出了规定。法律、行政法规在我国法律体系中效力等级高于地方性法规。为了执行法律、行政法规，地方性法规可以对法律、行政法规规定的行政处罚作出具体规定。但为了维护国家法制统一，地方性法规不得超越法律、行政法规，只能在法律、行政法规规定的给予行政处罚的行为、种类和幅度的范围内规定。也就是说，法律、行政法规未认定的违法行为，作为下位法的地方性法规原则上不得认定为违法行为；法律、行政法规对某一违法行为规定了若干行政处罚种类，作为下位法的地方性法规不得增加新的较重的行政处罚种类；法律、行政法规对某一违法行为规定了某一行政处罚种类，并规定了行政处罚的幅度，如一定幅度的罚款，作为下位法的地方性法规不得超出最高限额。举例讲，法律、行政法规规定了三种给予行政处罚的违法行为，作为下位法的地方性法规不能在这三种违法行为之外增加给予行政处罚的新的违法行为。法律、行政法规对某一违法行为规定了警告、处以 5000 元至 2 万元的罚款、没收违法所得，作为下位法的地方性法规不能增加规定责令停产停业行政处罚，也不能超过上限 2 万元而规定 3 万元的罚款。

立法法第 88 条规定："法律的效力高于行政法规、地方性法规、规章。""行政法规的效力高于地方性法规、规章。"第 96 条第 2 项规定，法律、行政法规、地方性法规、自治条例和单行条例、规章有下位法违反上位法规定的，由有关机关依照法定权限予以改变或者撤销。本条规定遵循了法律、行政法规效力高于地方性法规的法律位阶规定，是在行政处罚领域对"不得抵触""下位法不得违反上位法规定"所作的具体化规定。

考虑到地方性法规分为省级和设区的市级两个层级，设区的市地方性法规在已经有上位法律、行政法规、省级地方性法规的情况下，可以对法律、行政法规、省级地方性法规规定的行政处罚作具体规定，但必须在法律、行政法规、省级地方性法规规定的违法行为、处罚种类和幅度范围内作出规定。

三、已经有上位法律、行政法规的情况下，上位法律、行政法规对违法行为未作行政处罚规定，地方性法规可以补充设定行政处罚

实践中，有两类特殊情况，法律、行政法规对某一行为作了禁止性规定，或者明确了当事人的某项义务，但因各种因素，未对违反禁止性规定或者义务性规定给予行政处罚。如非物质文化遗产法规定，禁止以歪曲、贬损等方式使用非物质文化遗产，但未对以歪曲、贬损等方式使用非物质文化遗产的行为规定行政处罚；又如文物保护法规定，进行大型基本建设工程，建设单位应当事先报请行政机关组织从事考古发掘的单位在工程范围内有可能埋藏文物的地方进行考古调查、勘探，但未规定未履行法定义务的行政处罚。另外，还有一类特殊情况，法律、行政法规对某一违法行为给予行政处罚，地方性法规能否就同类违法行为给予行政处罚？如城市绿化条例对违反城市公共绿地、居住区绿地、风景区林地和干道绿化带等绿化工程，也就是配套绿化，规定了行政处罚。有的经济发达省市除了配套绿化外，还规定了立体绿化，并规定了相应的行政处罚。如果严格按照本条第 2 款的规定，地方性法规就不得违反上位法律、行政法规禁止性规定或者义务性规定的行为，以及同类违法行为设定行政处罚。考虑到上位法律、行政法规已经对某一行为的违法性作出了认定，为了进一步发挥地方性法规执行法律、行政法规的积极作用，本条明确地方性法规可以补充设定行政处罚。既然是补充，地方性法规在规定行政处罚时，应当充分考虑上位法律、行政法规的立法精神和已规定的行政处罚整体框架，不能对较轻的违法行为规定较重的行政处罚，也不能对较重的违法行为规定较轻的行政处罚。同时，在补充设定行政处罚时，还应遵循本条第 1 款规定的设定权限规定，以及非必要不设定原则，避免行政处罚过多、繁琐等问题。

为了规范地方性法规补充设定行政处罚行为，本条同时增加规定了补充设定行政处罚的事前、事后程序要求，强化监督制约。一是拟补充设定行政处罚的，应当事先通过听证会、论证会等形式广泛听取意见。在地方性法规草案提交审议前拟补充设定行政处罚的，应当由起草单位召开听证会、论证会等听取意见。在地方性法规草案审议过程中拟补充设定行政处罚的，应当由负责草案修改的单位召开听证会、论证会等听取意见。同时，要求听取意见要广泛，不能限于国家机关内部征求意见。二是拟补充设定行政处罚的，向制定机关作出书面说明。草案起草单位或者修改单位，应当就拟补充设定行政处罚的事项，向地方人大或者其常委会作出书面说明，充分阐明补充设定行政处罚的必要性、可行性、征求意见情况及主要考虑。三是地方性法规报送备案时，应当说明补充设定行政处罚的情况。立法法第 98 条规定，自治条例、单行条例报送备案时，应当说明对法律、行政法规、地方性法规作出变通的情况；经济特区法规报送备案时，应当说明对法律、行政法规、地方性法规作出变通的情况。地方性法规补充设定行政处罚，属于新的变通规定形式，也应当在报全国人民代表大会常务委员会和国务院备案时作出说明。

考虑到地方性法规分为省级和设区的市级两个层级，设区的市地方性法规在已经有上位法律、行政法规、省级地方性法规的情况下，在上位法律、行政法规、省级地方性法规对违法行为未作行政处罚规定情况下，可以补充设定行政处罚。

另外，在修法过程中，有些地方建议赋予单行条例设定行政处罚的权限。这是一个老问题。1996 年、2005 年、2020 年先后有多个省的人大常委会法制工作机构来函询问民族自治地方的单行条例能否设定行政处罚。总的原则是，有地方性法规制定权的地方人大及其常委会，在制定单行条例时可以设定行政处罚，没有地方性法规制定权的地方人大及其常委会，在制定单行条例时不得设定行政处罚。随着立法法将地方性法规制定主体扩大至设区的市，因此，省级、设区的市级人大及其常委会制定单行条例时可以设定行政处罚，县级人大及其常委会制定单行条例时不得设定行政处罚。

第十三条　国务院部门规章可以在法律、行政法规规定的给予行政处罚的行为、种类和幅度的范围内作出具体规定。

尚未制定法律、行政法规的，国务院部门规章对违反行政管理秩序的行为，可以设定警告、通报批评或者一定数额罚款的行政处罚。罚款的限额由国务院规定。

【释义】本条是关于国务院部门规章设定行政处罚权限的规定。

在 1996 年制定行政处罚法时，确定了不同位阶的法律规范有不同行政处罚设定权限的制度。国务院部门规章在我国法律体系中处于较低的位阶。立法法第 80 条第 2 款中规定，“部门规章规定的事项应当属于执行法律或者国务院的行政法规、决定、命令的事项”。将部门规章定位于执行而非创制规则。因此，本条首先明确国务院部门规章在法律、行政法规规定的给予行政处罚的行为、种类和幅度的范围内作出具体规定，同时在尚未制定法律、行政法规的情况下，赋予了部分较轻的行政处罚设定权限。需要指出的是，本次修法没有将补充设定行政处罚的权限赋予国务院部门规章。

立法法第 80 条第 1 款规定："国务院各部、委员会、中国人民银行、审计署和具有行政管理职能的直属机构，可以根据法律和国务院的行政法规、决定、命令，在本部门的权限范围内，制定规章。"且在第 83 条、第 84 条中使用了"部门规章"概念。在征求意见过程中，有些部门建议适当扩大部门规章的行政处罚设定权限，考虑到部门规章在实践中发挥了较为重要的作用，因此增加了"通报批评"的行政处罚种类。

一、国务院部门规章可以对法律、行政法规规定的行政处罚作具体规定，但必须在法律、行政法规规定的违法行为、处罚种类和幅度范围内作出规定

法律、行政法规对违法行为作出行政处罚规定的，也就意味着法律、行政法规对什么是违法行为，什么是合法行为，对哪些违法行为给予行政处罚，给予何种行政处罚，给予多重的行政处罚等，均作出了规定。法律、行政法规在我国法律体系中效力等级高于国务院部门规章。为了执行法律、行政法规，国务院部门规章可以对法律、行政法规规定的行政处罚作出具体规定。为了维护国家法制统一，国务院部门规章不得超越法律、行政法规，只能在法律、行政法规规定的给予行政处罚的行为、种类和幅度的范围内作出规定。也就是说，法律、行政法规未认定的违法行为，作为下位法的国务院部门规章原则上不得认定为违法行为；法律、行政法规对某一违法行为规定了若干类行政处罚种类，作为下位法的国务院部门规章不得增加新的较重的行政处罚种类；法律、行政法规对某一违法行为规定了某一行政处罚种类，并规定了行政处罚的幅度，如一定幅度的罚款，作为下位法的国务院部门规章不得超出最高限额。举例讲，法律、行政法规规定了三种给予行政处罚的违法行为，作为下位法的国务院部门规章不能在这三种违法行为之外增加给予行政处罚的新的违法行为。法律、行政法规对某一违法行为规定了警告、处以 5000 元至 2 万元的罚款、没收违法所得，作为下位法的国务院部门规章不能增加规定责令停产停业行政处罚，也不能超过上限 2 万元而规定 3 万元的罚款。在本次修法过程中，补充设定行政处罚的权限赋予了行政法规、地方性法规，但没有赋予国务院部门规章，也就是说法律、行政法规对违法行为未作出行政处罚规定，国务院部门规章不得补充设定行政处罚。

二、尚未制定法律、行政法规的情况下，国务院部门规章可以设定警告、通报批评和一定数额罚款的行政处罚

在1996年制定行政处罚法时，国务院部门规章是否有设定行政处罚的权限是一个争议问题。权力原则上可以上授、他授，但不可自授。国务院部门规章制定程序较为简单。因此，有不少意见认为不宜赋予国务院部门规章设定行政处罚的权限。但考虑到在实践中国务院部门规章发挥着一定作用，允许其有限的行政处罚设定权限是必要的。

2015年修改立法法时，国务院部门规章能否设定行政处罚又成为一个讨论话题。立法法第80条第2款中规定，“没有法律或者国务院的行政法规、决定、命令的依据，部门规章不得设定减损公民、法人和其他组织权利或者增加其义务的规范，不得增加本部门的权力或者减少本部门的法定职责”。有的认为，本法修改前有关国务院部门规章可以设定警告、一定数额罚款的规定，设定警告、一定数额罚款减损了当事人的权利，增加了本部门的权力，与立法法上述规定不一致。这个问题当时考虑是特别法与一般法的关系，留待本法修改时进一步解决。

在本次修法过程中，对于国务院部门规章的行政处罚设定权限有两种不同意见。有的认为应当保留，有的认为应当进一步扩大，主要理由是实践中国务院部门规章在行政管理中的作用不可替代，相对而言，国务院部门规章能够更快回应行政管理需求，解决实际问题。同时，国务院部门规章的制定程序已经较为完备，备案审查更加规范。有的认为我国法律体系已经建立，各行各业中法律、行政法规基本具备，国务院部门规章应当聚焦“具体执行”的主业，不宜保留创制性立法权，包括行政处罚设定权限。考虑到实践中法律、行政法规已经较为完备，但在行政管理方面仍有空白之处，特别是对互联网金融、网约车等一些亟须规范的新兴事物，仍需要通过国务院部门规章来及时予以规范。因此，本次修法对国务院部门规章的行政处罚设定权限仍持谨慎态度，一方面是严格限定，在已经制定法律、行政法规的领域，国务院部门规章主要是具体执行，必须在法律、行政法规规定的违法行为、处罚种类和幅度范围内作出具体规定，不得超越、创制。另一方面是适度授权，在尚未制定法律、行政法规的领域，国务院部门规章有一定设定权限，设定权限限制在警告、通报批评、一定数额的罚款这三类较轻的行政处罚种类。对于本条规定与立法法第 80 条第 2 款规定之间的关系，可以将本条规定作为国务院部门规章设定行政处罚的法律依据，同时按照旧的一般法与新的特别法适用规则，优先适用本条规定。

第十四条　地方政府规章可以在法律、法规规定的给予行政处罚的行为、种类和幅度的范围内作出具体规定。

尚未制定法律、法规的，地方政府规章对违反行政管理秩序的行为，可以设定警告、通报批评或者一定数额罚款的行政处罚。罚款的限额由省、自治区、直辖市人民代表大会常务委员会规定。

【释义】本条是关于地方政府规章设定行政处罚权限的规定。

在 1996 年制定行政处罚法时，确定了不同位阶的法律规范有不同行政处罚设定权限的制度。地方政府规章在我国法律体系中处于较低的位阶。立法法第 82 条第 2 款规定："地方政府规章可以就下列事项作出规定：（一）为执行法律、行政法规、地方性法规的规定需要制定规章的事项；（二）属于本行政区域的具体行政管理事项。"因此，本条首先明确地方政府规章在法律、行政法规、地方性法规规定的给予行政处罚的行为、种类和幅度的范围内作出具体规定，同时在尚未制定法律、行政法规、地方性法规的情况下，赋予了部分较轻的行政处罚设定权限。需要指出的是，本次修法没有将补充设定行政处罚的权限赋予地方政府规章。

立法法第 82 条第 1 款规定："省、自治区、直辖市和设区的市、自治州的人民政府，可以根据法律、行政法规和本省、自治区、直辖市的地方性法规，制定规章。"这一规定将地方政府规章的制定主体扩大至设区的市、自治州人民政府。在征求意见过程中，有些地方建议适当扩大地方政府规章的行政处罚设定权限，考虑到地方政府规章在实践中发挥了积极作用，因此增加了"通报批评"的行政处罚种类。

一、地方政府规章可以对法律、行政法规、地方性法规规定的行政处罚作具体规定，但必须在法律、行政法规、地方性法规规定的违法行为、处罚种类和幅度范围内作出规定

法律、行政法规、地方性法规对违法行为作出行政处罚规定的，也就意味着法律、行政法规、地方性法规对什么是违法行为，什么是合法行为，对哪些违法行为给予行政处罚，给予何种行政处罚，给予多重的行政处罚等，均作出了规定。法律、行政法规、地方性法规在我国法律体系中效力等级高于地方政府规章。为了执行法律、行政法规、地方性法规，地方政府规章可以对法律、行政法规、地方性法规规定的行政处罚作出具体规定。为了维护国家法制统一，地方政府规章不得超越法律、行政法规、地方性法规，只能在法律、行政法规、地方性法规规定的给予行政处罚的行为、种类和幅度的范围内规定。也就是说，法律、行政法规、地方性法规未认定的违法行为，作为下位法的地方政府规章原则上不得认定为违法行为；法律、行政法规、地方性法规对某一违法行为规定了若干类行政处罚种类，作为下位法的地方政府规章不得增加新的较重的行政处罚种类；法律、行政法规、地方性法规对某一违法行为规定了某一行政处罚种类，并规定了行政处罚的幅度，如一定幅度的罚款，作为下位法的地方政府规章不得超出最高限额。举例讲，法律、行政法规、地方性法规规定了三种给予行政处罚的违法行为，作为下位法的地方政府规章不能在这三种违法行为之外增加给予行政处罚的新的违法行为。法律、行政法规、地方性法规对某一违法行为规定了警告、处以 5000 元至 2 万元的罚款、没收违法所得，作为下位法的地方政府规章不能增加规定责令停产停业行政处罚，也不能超过上限 2 万元而规定 3 万元的罚款。在本次修法过程中，补充设定行政处罚的权限赋予了行政法规、地方性法规，但没有赋予国务院部门规章和地方政府规章，也就是说法律、行政法规、地方性法规对违法行为未作出行政处罚规定，地方政府规章不得补充设定行政处罚。

二、尚未制定法律、行政法规的情况下，地方政府规章可以设定警告、通报批评和一定数额罚款的行政处罚

在 1996 年制定行政处罚法时，地方政府规章是否有设定行政处罚的权限是一个争议问题。权力原则上可以上授、他授，但不可以自授。地方政府规章制定程序较为简单。因此，有不少意见认为不宜赋予地方政府规章设定行政处罚的权限。但考虑到在实践中地方政府规章发挥着一定作用，允许其有限的行政处罚设定权限是必要的。

2015 年修改的立法法出台后，对地方政府规章设定行政处罚主要有两个问题引起讨论。一是立法法将地方政府规章的制定主体扩大至设区的市人民政府，而本法修改前将行政处罚设定权限授予了较大的市人民政府，对于较大的市以外的设区的市人民政府能否设定行政处罚成为问题。当时的共识是，这个问题属于法律衔接问题，地方政府规章制定主体发生变化之后，相应的行政处罚设定权主体也应当相应扩大。二是立法法第 82 条第 6 款中规定，“没有法律、行政法规、地方性法规的依据，地方政府规章不得设定减损公民、法人和其他组织权利或者增加其义务的规范”。有的认为，本法修改前有关地方政府规章可以设定警告、一定数额罚款的规定，设定警告、一定数额罚款减损了当事人的权利，与立法法上述规定不一致。这个问题当时考虑是特别法与一般法的关系，留待本法修改时进一步解决。

在本次修法过程中，对于地方政府规章的行政处罚设定权限有两种不同意见。有的认为应当保留，有的认为应当进一步扩大，主要理由是实践中地方政府规章在行政管理中的作用不可替代，相对而言，地方政府规章能够更快回应当地行政管理需求，解决当地实际问题。同时，地方政府规章的制定程序已经较为完备，备案审查更加规范。有的认为我国法律体系已经建立，各行各业中法律、行政法规、地方性法规基本具备，地方政府规章应当聚焦“具体执行”的主业，不宜保留创制性立法权，包括行政处罚设定权限。考虑到实践中法律、行政法规、地方性法规已经较为完备，但在行政管理方面仍有空白之处，特别是对一些地方经济社会发展过程中的新兴事物，仍需要通过地方政府规章来及时予以规范。因此，本次修法对地方政府规章的行政处罚设定权限仍持谨慎态度，一方面是严格限定，在已经制定法律、行政法规、地方性法规的领域，地方政府规章主要是具体执行，必须在法律、行政法规、地方性法规规定的违法行为、处罚种类和幅度范围内作出具体规定，不得超越、创制。另一方面是适度授权，在尚未制定法律、行政法规、地方性法规的领域，地方政府规章有一定设定权限，设定权限限制在警告、通报批评、一定数额的罚款这三类较轻的行政处罚种类。对于本条规定与立法法第 82 条第 6 款规定之间的关系，可以将本条规定作为地方政府规章设定行政处罚的法律依据，同时按照旧的一般法与新的特别法适用规则，优先适用本条规定。

第十五条　国务院部门和省、自治区、直辖市人民政府及其有关部门应当定期组织评估行政处罚的实施情况和必要性，对不适当的行政处罚事项及种类、罚款数额等，应当提出修改或者废止的建议。

【释义】本条是关于定期组织评估、清理行政处罚的规定。

本法不仅对行政处罚设定权限作出规定，保障行政处罚“产生”有序、规范，也对已经设定的行政处罚提出定期组织评估、清理的要求，形成有进有退、适当合理的良性发展。党的十九届四中全会决定提出，“深化行政执法体制改革，最大限度减少不必要的行政执法事项”。本条规定定期组织评估、清理制度，是为党中央关于最大限度减少不必要行政执法事项决策部署提供法律制度保障，有利于防止执法过多、执法随意、执法扰民。重点是要坚决取消没有法律法规规章依据的执法事项，大力清理已无实施必要、交叉重复的执法事项，对涉及的相关法律法规规章及时进行清理，该修改的及时修改，该废止的及时废止。

一、由国务院部门和省、自治区、直辖市人民政府及其有关部门定期组织评估

立法后评估是一项促进法律制度有效实施、不断加强改进相关工作的重要制度。立法法第63条规定：“全国人民代表大会有关的专门委员会、常务委员会工作机构可以组织对有关法律或者法律中有关规定进行立法后评估。评估情况应当向常务委员会报告。”这是立法机关相关部门可以开展立法后评估的规定，既可以是法律中几项制度的后评估，也可以是整部法律的后评估。本条规定的评估也属于立法后评估，但有几个特点：

一是由行政机关组织开展立法后评估。国务院部门作为草案起草单位或者实施单位，对法律、行政法规和国务院部门规章中的行政处罚规定，省、自治区、直辖市人民政府及其有关部门作为草案起草单位或者实施单位，对法律、行政法规、地方性法规和地方政府规章中的行政处罚规定，组织开展立法后评估。行政许可法、行政强制法均规定了立法后评估制度，由设定机关即立法机关定期进行评价，实施机关即政府及其部门适时进行评价。在这两部法律实施过程中，立法机关定期评价很难做到，实施机关适时评价刚性不足。在总结经验的基础上，本次修法聚焦行政机关开展立法后评估，这也是对立法法相关规定的补充。

二是开展立法后评估是行政机关的一项法定义务。本条的表述用了“应当”，也就是说开展立法后评估是相关行政机关的法定职责，应当依法履行。尽管本条未明确开展立法后评估的具体时间要求，但“定期组织评估”要求行政机关开展立法后评估是一项常态化、长期性工作，而非临时性、一时性工作。

三是行政机关组织开展立法后评估主要是对行政处罚制度的评估，而非对整部法律规范的评估。如对整部法律规范的评估，应当适用立法法等相关规定。

二、评估内容为行政处罚的实施情况和必要性

行政机关对行政处罚规定定期组织评估，评估的内容为该领域或者部门实施行政处罚的情况，可以包括总体实施情况，各类行政处罚种类的适用情况，行政处罚裁量权的行使情况，行政复议和行政诉讼情况，以及基层执法部门反映的突出问题等。在此基础上，还应对行政处罚规定存在的必要性进行评估，按照中央要求，最大限度减少不必要的行政处罚事项，重点是没有法律法规规章依据的行政处罚事项，多年来没有实施或者较少实施且已无实施必要的行政处罚事项，以及交叉重复的行政处罚事项。

三、评估的目的是对不适当的行政处罚事项及种类、罚款数额等提出修改或者废止的建议

经过评估，对于不适当的行政处罚事项，以及行政处罚事项是适当的，但行政处罚种类和罚款额度不适当的，国务院部门和省、自治区、直辖市人民政府及其有关部门应当向相关立法机关或者有权机关提出修改或者废止的建议。提出修改或者废止的建议，也是国务院部门和省、自治区、直辖市人民政府及其有关部门的一项法定职责，应当依法履行。

第十六条　除法律、法规、规章外，其他规范性文件不得设定行政处罚。

【释义】本条是关于其他规范性文件无权设定行政处罚的禁止规定。

按照立法法规定，我国立法形式包括法律、行政法规、地方性法规、国务院部门规章、地方政府规章。在1996年制定本法时，确定了不同位阶的法律规范有不同行政处罚设定权限的制度。为了确保这一制度落到实处，本条从“不得设定”的角度，作了禁止性规定，进一步明确不属于立法形式的其他规范性文件不得设定行政处罚。修改前的本法第14条规定：“除本法第九条、第十条、第十一条、第十二条以及第十三条的规定外，其他规范性文件不得设定行政处罚。”本次修改作了简化处理。

其他规范性文件，俗称红头文件，是指有权机关依照法定权限、程序制定并公布，涉及公民、法人和其他组织权利义务，具有普遍约束力，在一定期限内反复适用的文件。在实践中，其他规范性文件是有权机关依法履行职能的重要方式，直接关系群众切身利益。主要表现形式为：一是国务院除行政法规、决定、命令以外的其他规范性文件，如通知、通告、批复、会议纪要等。二是国务院各部委除规章以外的其他规范性文件。三是省、自治区、直辖市人大及其常委会和设区的市人大及其常委会除地方性法规以外的其他规范性文件。四是省、自治区、直辖市和设区的市人民政府及其部门除规章以外的其他规范性文件。五是没有地方性法规和地方政府规章制定权的县（市）、市辖区、乡镇街道人大和政府的规范性文件。此外，村委会、居委会、各种社会组织、企业事业单位等制定的文件也不得设定行政处罚。凡是以上各种规范性文件或者其他文件设定了行政处罚，公民、法人和其他组织有权拒绝接受行政处罚，并有权提出纠正意见或者向有关国家机关检举控告。

实践中有一类特殊情况，一些社会团体、行业协会根据法律法规授权，按照章程对成员进行处罚。如体育法规定，在竞技体育中从事弄虚作假等违反纪律和体育规则的行为，由体育社会团体按照章程规定给予处罚；在体育运动中使用禁用的药物和方法的，由体育社会团体按照章程规定给予处罚。还如律师法规定，律师协会可以制定行业规范和惩戒规则，履行对律师、律师事务所实施奖励和惩戒等职责。对上述处罚、惩戒措施的法律性质，尚有不同认识。从加强对社会团体、行业协会监督，以及法律关系属于管理与被管理关系等角度看，似应将这些处罚、惩戒措施作为行政处罚行为对待。如果作为行政处罚行为，相关章程、行业规范和惩戒规则，按照法律授权，设定了行政处罚，应当视为本条规定的例外情形。

本法实施二十多年来，其他规范性文件不得设定行政处罚的观念已经深入人心，很好地解决了乱设、滥设问题。本次修法保留了原有规定，严格行政处罚设定权的指导思想没有发生变化。实践中，2018 年国务院办公厅《关于加强行政规范性文件制定和监督管理工作的通知》明确要求，严禁越权发文，行政规范性文件不得设定行政许可、行政处罚、行政强制等事项，不得违法减损公民、法人和其他组织的合法权益或增加其义务。同时，要求全面推行行政规范性文件合法性审核机制，严格审核是否违法设立行政许可、行政处罚、行政强制等事项。

第三章　行政处罚的实施机关

第十七条　行政处罚由具有行政处罚权的行政机关在法定职权范围内实施。

【释义】本条是关于行政处罚实施机关的规定。

一、行政机关的范围

我国行政机关分为国家行政机关和地方行政机关。根据宪法第 85 条规定，中华人民共和国国务院是最高国家权力机关的执行机关，是最高国家行政机关。宪法第 105 条规定，地方各级人民政府是地方各级国家权力机关的执行机关，是地方各级国家行政机关。根据地方各级人民代表大会和地方各级人民政府组织法，地方各级人民政府依法行使行政职权。国务院由国务院办公厅、国务院组成部门、国务院直属特设机构、国务院直属机构、国务院办事机构和国务院直属事业单位组成。地方行政机关一般包括省级人民政府、设区的市级人民政府、县级人民政府和乡镇人民政府。因此，在我国，行政处罚权一般由国务院各部、委员会、中国人民银行、审计署、具有行政管理职能的直属机构和地方各级人民政府及其组成部门行使。

同时，根据相关机构改革精神，一些行政机关以外的主体也具有了行政处罚权。根据《深化党和国家机构改革方案》，国家新闻出版广电总局的新闻出版管理职责、电影管理职责划入中央宣传部，中央宣传部对外分别加挂国家新闻出版署（国家版权局）、国家电影局牌子；国家宗教事务局并入中央统战部，中央统战部对外保留国家宗教事务局牌子。根据海警法，人民武装警察部队海警部队即海警机构，统一履行海上维权执法职责。本法第 24 条规定，省、自治区、直辖市根据当地实际情况，可以决定将基层管理迫切需要的县级人民政府部门的行政处罚权交由能够有效承接的乡镇人民政府、街道办事处行使。因此，本条规定的行政机关是广义概念，还包括依法具有行政处罚权的其他机关和街道办事处。

二、行政机关实施行政处罚的条件

行政处罚作为行政机关实现行政管理目标的强制性手段，是行政机关的法定职权，应当由行政机关实施。但是，并不是所有的行政机关都具有行政处罚权，也并不是所有具有行政处罚权的行政机关可以任意实施行政处罚，行政处罚应当由法定的行政机关在法定权限内实施，这一规定是行政处罚法定原则的一个重要体现。行政机关实施行政处罚必须符合三个重要条件：

一是必须是具有外部行政管理职能的行政机关。行政管理职能可以分为内部行政管理职能和外部行政管理职能。内部行政管理是指基于隶属关系对行政机关系统内部的人员和事务实施管理，其主要职责是保障和监督行政机关更好地履行外部行政管理职能，管理对象是行政机关及其公务员。如各级人民政府的办公机构、人事机构、事务机构、咨询机构等履行的职能。外部行政管理是指依据法律的授权代表国家对公民、法人或者其他组织实施的行政管理。行政处罚是对公民、法人或者其他组织实施的惩戒，属于外部行政行为，因此，实施行政处罚的主体必须是具有外部行政管理职能的行政机关，只有内部行政管理职能的机关不能行使。

二是必须依法取得特定的行政处罚权。外部行政机关虽然享有管理社会事务的职权，但并不必然享有行政处罚权。行政处罚权必须经法律、法规、规章特别授予。也就是说，就某一项具体的行政处罚权而言，必须要有明确的授权某一主体实施的法律依据，该行政机关才享有相应的行政处罚权。

三是必须在法定职权范围内实施。行政机关行使行政处罚权，必须在法律规定的职权范围内实施，包括职能权限和管辖权限。如本法第 18 条第 3 款规定，限制人身自由的行政处罚权只能由公安机关和法律规定的其他机关行使。第 22 条中规定，行政处罚由违法行为发生地的行政机关管辖。第 23 条中规定，行政处罚由县级以上地方人民政府具有行政处罚权的行政机关管辖。根据第 24 条的规定，乡镇人民政府、街道办事处经省、自治区、直辖市决定，可以行使相关行政处罚权。第 25 条第 1 款规定，两个以上行政机关都有管辖权的，由最先立案的行政机关管辖。

第十八条　国家在城市管理、市场监管、生态环境、文化市场、交通运输、应急管理、农业等领域推行建立综合行政执法制度，相对集中行政处罚权。

国务院或者省、自治区、直辖市人民政府可以决定一个行政机关行使有关行政机关的行政处罚权。

限制人身自由的行政处罚权只能由公安机关和法律规定的其他机关行使。

【释义】本条是关于综合行政执法的规定。

一、关于增加综合行政执法规定的重要意义

改革开放初期，为了解决计划经济条件下形成的行政管理权高度集中的问题，开展了包括将一级政府集中控制的各种管理权交给所属各职能部门的行政改革，逐步形成了行政管理职能的分工以“条条”为主，法律、法规对行政处罚的授权具体到县级以上政府相应职能部门的分散型行政处罚体制。据统计，截止到2021年1月，现行有效的法律有275部，其中170多部法律规定了由相关行政部门行使行政处罚权，目前53个行使对外行政职权的国务院组成部门和机构，其部门系统均具有行政处罚权。分散型行政处罚体制是历史的产物，在较长一段时间内，对推进依法行政发挥了积极作用。随着社会经济发展，行政执法承担的任务越来越多，分工越来越细，其弊端日益显现，如行政执法机构林立，不仅各部门各自成立行政执法机构，有些部门内部成立了多个行政执法机构，不符合精简原则；执法力量的分散，行政执法人员数量庞大，但分配到各级各类政府部门后，执法力量薄弱成为普遍现象，授权、委托大量出现，行政执法辅助人员越来越多，成为依法行政的“短板”；职责交叉重复，对一项违法行为，多个部门从不同环节和不同角度均有处罚权，容易出现有利争着罚，无利都不管，造成多头执法、重复执法、选择性执法、执法不作为，同时法条竞合情形非常普遍，给行政处罚带来技术难题；执法“真空”现象时有发生，分工过细、分部门实施造成诸多行政管理“交界处”违法没人管，老百姓求助无门。对此，党的十八届四中全会决定专门指出，“执法体制权责脱节、多头执法、选择性执法现象仍然存在，执法不规范、不严格、不透明、不文明现象较为突出”。有领导同志撰文提出，“从目前情况看，现行行政执法体制在加强和改进事中事后监管方面，还存在诸多薄弱环节，主要是多头执法、重复执法，权责脱节、争权诿责，力量分散、监管不到位现象较为突出。”

为了解决分散型行政处罚体制的弊端，我国从上而下推行行政处罚权集中改革，可以分为三个阶段：第一阶段（1996年—2002年）相对集中行政处罚权改革。1996年3月17日本法颁布后，国务院第一时间部署相对集中行政处罚权改革，并先后3次专门发文予以推动，此项改革成果主要为成立了城市管理部门，集中行使其他部门有关城市管理方面的部分行政处罚权。第二阶段（2002年—2010年）同步推进相对集中行政处罚权改革与综合行政执法改革，并明确“相对集中行政处罚权工作与综合行政执法试点工作要统一起来，已经进行相对集中行政处罚权试点的地方，要注意总结经验，条件成熟时，要按照清理行政执法队伍、实行综合行政执法的原则和要求进行安排和部署。已经确定实行综合行政执法试点的地方，不再单独进行相对集中行政处罚工作。”第三阶段（2010年至今）深入推进综合行政执法改革。党的十八大以来，党中央、国务院全面推进综合行政执法体制改革，综合行政执法改革进入“快车道”。党的十八届三中、四中全会决定，党的十九届三中、四中全会决定都明确提出“推进综合执法，继续探索实行跨领域跨部门综合执法”。2018年底开始，有关方面先后印发了市场监管、生态环境保护、文化市场、交通运输、应急管理、农业领域综合行政执法改革的指导意见，明确时间表和路线图。本法修改增加综合行政执法制度，及时巩固来之不易的重大改革成果，有力推动这项改革不断深入推进，对于解决分散型行政处罚体制的弊端具有重要的实践意义。

面对分散型行政处罚体制的弊端，以及相对集中行政处罚权改革的经验，理论界对我国实行什么样的行政处罚体制进行了探讨。有一种意见认为应当对行政机关独揽处罚权的基本格局予以适当的变革，在着力从现行的行政体制内部寻求出路的同时，要推进行政处罚的司法化进程，赋予法院享有部分行政处罚权，推动行政处罚体制由“一元制”向“二元制”转变。本次修改明确综合行政执法，指明了我国行政处罚体制自我完善、自我发展的方向，实行完全不同于西方国家以法院制裁、以轻罪论处为主的行政处罚体制理论，对于构建具有中国特色的行政处罚体制理论具有重要意义。另外，在本法中明确综合行政执法，完成了探索构建保障宪法实施、畅通法律间衔接的理论创新。宪法第89条中规定，国务院的职权包括“规定中央和省、自治区、直辖市的国家行政机关的职权的具体划分”；第107条中规定，县级以上地方人民政府管理本行政区域内的各项工作。地方各级人民代表大会和地方各级人民政府组织法第64条中规定，地方各级人民政府根据工作需要和精干的原则，设立必要的工作部门。根据宪法和地方组织法上述规定，国务院、地方各级人民政府有权具体划分本级及下级政府部门的职权。同时，有关单行法律、行政法规规定了具体的行政处罚实施主体。这就需要在宪法、地方组织法规定与单行法律、行政法规规定之间架起一座桥梁，来保障宪法实施、法律体系内部的协调。综合行政执法有中央层面的顶层设计，既遵循了宪法和地方组织法的政府权力规定，又立足于有关单行法律、行政法规的现状，在保障宪法实施与依法行政之间提供了理论支撑，较好地解决了宪法、组织法与行政法之间的有效衔接问题。

二、关于综合行政执法的范围

综合行政执法制度内容丰富，可以包括在哪些领域实施、综合哪些权力、以谁的名义执法、由谁来承担责任、原监管机关与综合行政执法机关之间的关系等诸多问题。在本法修改过程中，各方面提出了诸多意见和建议。有些部门提出应当突出跨领域跨部门综合行政执法，有的地方提出已经开始探索县域设置一支综合行政执法队伍统一执法，有些常委委员提出应当在一级政府设立统一的行政处罚委员会集中行使行政处罚权。有的部门提出在明确相对集中行政处罚权的同时，应当将与实施该行政处罚相关的行政检查权、行政强制权同时集中。有的部门和学者提出应当遵循行政主体理论，以综合行政执法机构所隶属的行政机关名义实施行政处罚，并承担相应法律责任，不得以综合行政执法机构名义实施行政处罚。有的常委会组成人员和学者提出，应当理顺原监管机关与综合行政执法机关之间的关系，原监管机关保留行政管理职能，综合行政执法机关实施行政执法职能，两个行政机关之间应当建立行政协助、信息共享机制。以上这些意见建议都属于如何完善综合行政执法制度的具体内容。考虑到我国行政处罚体制正处于变动之中，由原来分散型为主、综合型为辅，转变为分散型与综合型并存，并逐步向综合型为主发展的阶段，综合行政执法制度具体操作性内容还有待进一步实践和探索，同时推进综合行政执法改革、建立综合型行政处罚体制的核心任务是打破部门分割和各自为政，是行政领域的一场深刻变革，是国家治理体系和治理能力现代化的重要方面，其涉及面、影响力均超出行政执法制度本身，具有很强的政治性、复杂性，因此本次修改对综合行政执法制度只作了框架性规定，明确推行建立综合行政执法制度，指明行政执法改革方向。

本条明确列出的7个领域是目前已经实施综合行政执法的领域，其后还有一个“等”字。也就是说，本条规定并没有固化、限制综合行政执法的实施领域。一是本条没有列明的其他领域，随着实践的发展，也可以实行综合行政执法。二是本条所列明部门、领域并无固化之意，地方可以根据本地实际情况进行更高程度的综合性调整。三是本条明确的综合是多种形态的，既有跨部门、跨领域，也有本部门内综合，如城市管理是跨领域的，文化市场是跨部门的，生态环境是跨领域跨部门的，市场监管、交通运输、应急管理、农业是在本部门内综合，因此本条蕴含着综合行政执法的多种形态。

三、关于综合行政执法制度的要求和实现途径

本条第1款规定了国家推行建立综合行政执法制度，这是制度建设层面的内容，带有整体性、制度性特点。今后行政领域改革、单行法律制定均应遵循，作出专门安排。

第2款规定了综合行政执法制度中行政处罚权转移的实现方式，在法律、法规尚未对综合行政执法作出专门安排的情况下，本款提供了行政处罚权由单行法律规定的政府部门转移给其他政府部门的途径，即由国务院或者省级人民政府作出决定，由一个行政机关行使有关行政机关的行政处罚权。需要指出的是，考虑到职权法定原则，在综合行政执法的框架内，通过国务院或者省级人民政府作出决定的方式，实现行政处罚权转移和相对集中。

四、关于限制人身自由行政处罚权的实施主体

我国历来重视对公民人身自由的保护，宪法明确规定：“中华人民共和国公民的人身自由不受侵犯。”立法法规定，限制人身自由的处罚和强制是法律保留事项。本法也明确规定法律可以设定限制人身自由的行政处罚，法规、规章均无权设定。同时，本法明确规定，限制人身自由的行政处罚权只能由公安机关行使，其他行政机关无权行使。本次修改增加了法律规定的其他机关也可以实施限制人身自由行政处罚，主要考虑是法律之间的衔接。需要指出的是，目前国家安全机关实施的特殊领域的限制人身自由行政处罚权，本质上仍属于警察权，海警机构是在海上实施公安机关的行政处罚权，因此限制人身自由的行政

处罚属于警察权范畴的定性没有改变，并无实质扩大限制人身自由行政处罚权实施主体之义，这一点其他法律在制定修改时应当予以遵循。

第十九条 法律、法规授权的具有管理公共事务职能的组织可以在法定授权范围内实施行政处罚。

【释义】 本条是关于授权组织实施行政处罚的规定。

根据宪法和行政法的传统理论，国家的行政权只能由行政机关及其公务员行使，行政处罚权作为行政权的重要部分，给当事人带来权益的减损或义务的增加，从维护当事人合法权益的角度，其实施应当慎重，由国家公权力机关行使。但是，随着当前行政管理事务不断增多，专业性、技术性日益增强，在一些领域现有的行政机关已经难以满足行政管理的需要，特别是在某些专业性较强的领域，授权一些组织来行使行政处罚权可能更为高效。因此，行政处罚法规定，法律、法规授权的具有管理公共事务职能的组织可以在法定授权范围内实施行政处罚。

一、授权的条件

行政处罚权授权给组织行使，必须符合一定条件：

1. 授权主体。行政处罚权的授权主体必须是法律、行政法规、地方性法规，规章和其他规范性文件不能授权组织实施行政处罚。

2. 授权内容。被授予的行政处罚权应当是共有权力而不是专有权力，共有权力可以由其他主体行使，具有可转让性，而专有权力只能由某一特定机关行使，具有不可转让性。如限制人身自由的行政处罚权、审计权等，不能授权组织实施。

3. 授权对象。必须授权给具有管理公共事务职能的组织，个人和不具有管理公共事务职能的组织不能成为授权的对象。从立法和行政管理实践看，我国有些事业单位、社会团体也承担一定的行政管理职能，如中国证券监督管理委员会、中国银行保险监督管理委员会、中国气象局、中国残疾人联合会等。随着政府职能转变的不断深化，上述事业单位、社会团体以外的社会组织也可能承担更多的公共管理和服务职能。为使这些组织更好地行使相关行政管理职能，法律、法规可以授权其行使一定的行政处罚权。

二、被授权组织实施行政处罚的要求

1. 有明确的法律、法规依据。由于授权实施行政处罚的主体只能是法律、法规，因此，被授权组织只能实施法律、行政法规或者地方性法规明确授权其实施的某种特定的行政处罚。

2. 以自己的名义实施处罚。处罚授权是行政处罚权的转移，经过授权，特定组织取得行政处罚的主体资格，可以以自己的名义行使行政处罚权并独立承担相应的法律责任，以自己的名义参加行政复议和行政诉讼。

3. 在法定授权范围内实施行政处罚。法律、法规授权组织实施行政处罚，一般都规定实施处罚的权限范围。经授权的组织只能在法律、法规授权的范围内实施处罚，不得超越法律、法规规定的行政处罚的行为、种类和幅度，否则就是越权实施行政处罚。

三、行政处罚授权与委托的区别

行政处罚的授权和委托从形式上来看都是行政处罚权的转移，但是二者有质的区别，主要表现为：一是处罚权来源不同。授权实施行政处罚的，被授权者的处罚权直接来源于法律、法规的直接授权；委托实施行政处罚的，虽然也要有法律、法规、规章的规定，但受委托人的处罚权直接来源于行政机关的委托。二是成立的前提不同。授权实施行政处罚是单方性的，不需要以被授权者的同意作为授权成立的前提，被授权者不得拒绝；而委托实施行政处罚一般要征得受委托人的同意。三是被授权者和受委托人的法律地位不同。授权实施行政处罚的，被授权者取得行政处罚主体资格，能够以自己的名义行使行政处罚权并承担法律责任；委托实施行政处罚的，受委托人不具有行政处罚主体资格，只能以委托机关的名义行使行政处罚权，其行为后果也由委托机关承担。

第二十条　行政机关依照法律、法规、规章的规定，可以在其法定权限内书面委托符合本法第二十一条规定条件的组织实施行政处罚。行政机关不得委托其他组织或者个人实施行政处罚。

委托书应当载明委托的具体事项、权限、期限等内容。委托行政机关和受委托组织应当将委托书向社会公布。

委托行政机关对受委托组织实施行政处罚的行为应当负责监督，并对该行为的后果承担法律责任。

受委托组织在委托范围内，以委托行政机关名义实施行政处罚；不得再委托其他组织或者个人实施行政处罚。

【释义】本条是关于委托组织实施行政处罚的规定。

委托行政处罚是指行政机关依照法律、法规、规章的规定，将其拥有的行政处罚权委托给符合法定条件的组织行使。行政处罚权作为行政机关的法定职权，一般只能由行政机关自行行使，不得随意转让。但是，由于行政管理活动的繁杂性、专业性、技术性，行政机关现有的人力物力资源难以满足行政管理的实际需要，需要把一些程度较轻、影响较小的行政处罚权委托给符合条件的组织行使，充分利用组织的专业特长和技术条件，实现对社会事务的有效管理。因此，本条规定，行政机关依照法律、法规、规章的规定，可以在其法定权限内书面委托符合本法第 21 条规定条件的组织实施行政处罚。在审议过程中，有的提出，应当从严把握委托实施行政处罚，坚持依法委托，防止滥处罚，因此增加规定了委托应当采用书面形式，委托书应当载明委托的具体事项、权限、期限等内容，委托行政机关和受委托组织应当将委托书向社会公布。

一、委托的条件

行政处罚权委托给组织行使，必须符合一定条件：

一是确有必要委托。行政处罚权是行政机关的法定职权，理应由行政机关自己行使，不能随意委托。只有在行政机关直接行使处罚权确有困难，如人员、专业技术不足，地理因素受限等，影响行政处罚权的及时、有效行使的，才能委托其他行政机关或组织行使。

二是必须依照法律、法规或者规章的规定。为避免出现随意委托、怠于履职、处罚主体泛滥等问题，本条规定行政机关委托组织实施行政处罚必须要有法律、法规或者规章的依据，否则不得自行委托。

三是被委托的行政处罚权具有可委托性。被委托的行政处罚事项应当属于委托机关的法定职权，委托机关只能在法律、法规或者规章赋予的处罚权范围内进行委托，超过权限范围的委托无效。

四是必须委托给符合法定条件的组织。行政处罚权关系到公民、法人或者其他组织的合法权益，委托实施行政处罚应当慎重，只能委托给符合条件的组织行使，不得委托个人和不符合条件的组织。根据本法第21条规定，受委托组织应当依法成立并具有管理公共事务职能，有熟悉有关法律、法规、规章和业务并取得行政执法资格的工作人员，如果需要进行技术检查或者技术鉴定的，还应当有条件组织进行相应的技术检查或者技术鉴定。

二、委托的形式

实践中，委托实施行政处罚较为随意，委托事项、权限范围、委托期限不明确等问题较为突出，为规范行政处罚委托行为，本条第1款规定，委托应当以书面方式进行。根据这一规定，行政机关委托有关组织实施行政处罚的，应与受委托者签订行政处罚委托书，行政处罚委托书是证明受委托组织有权实施行政处罚的法律凭据，未签订书面委托书的，受委托组织不得实施行政处罚。在草案审议过程中，有的常委会组成人员提出，实践中委托行政处罚存在不少问题，应进一步规范。草案三审时增加了对委托书内容的要求，本条第2款规定，委托书应当载明委托的具体事项、权限、期限等内容。同时，为了保障当事人的知情权，便于社会公众及时了解掌握受委托组织实施行政处罚的合法性依据和权限范围，对行政机关的委托行为、受委托组织的行政处罚行为的合法性进行监督，本条第2款还规定委托行政机关和受委托组织应当将委托书向社会公布。

三、委托实施行政处罚的要求

一是受委托组织在委托范围内以委托行政机关的名义实施处罚。受委托组织应当严格按照委托书中载明的委托行政处罚权的事项、权限和期限实施行政处罚，不得超越委托范围行使行政处罚权。行政处罚委托是受委托方代为行使行政处罚权，受委托组织本身在法律上并不具有独立地位，不能以自己的名义实施行政处罚，必须以委托行政机关的名义实施。

二是受委托组织不得再委托。行政处罚权是一项不利性惩戒措施，应当严格依照法定程序、法定依据由法定主体实施。行政处罚委托是基于委托行政机关对受委托组织的业务能力和慎重行使处罚权的信任，受委托组织不得将被委托的行政处罚权再委托其他组织或者个人实施。

三是委托行政机关对受委托组织实施行政处罚负有监督责任，并承担法律责任。行政处罚权是法律赋予委托行政机关的法定职权，受委托组织以委托行政机关的名义实施行政处罚，因此，委托行政机关有责任对受委托组织的行政处罚行为进行监督，督促其严格规范公正文明行使行政处罚权。受委托组织违法实施行政处罚产生的法律后果，也由委托行政机关承担，发生行政复议或者行政诉讼，由委托行政机关作为被申请人或者被告参加。

第二十一条　受委托组织必须符合以下条件：

（一）依法成立并具有管理公共事务职能；

（二）有熟悉有关法律、法规、规章和业务并取得行政执法资格的工作人员；

（三）需要进行技术检查或者技术鉴定的，应当有条件组织进行相应的技术检查或者技术鉴定。

【释义】本条是关于受委托组织条件的规定。

受委托实施行政处罚的组织应当符合三个条件：

一、依法成立并具有管理公共事务职能

我国现行法律未对“组织”的内涵及外延作出明确规定。民法典将民事主体划分为自然人、法人及非法人组织三类，因此，“组织”可分为具有法人资格的组织（法人）和不具有法人资格的组织（非法人组织），法人如公司、国家机关、事业组织、社会团体等，非法人组织如个人独资企业、合伙企业等。同时，根据本条第1项规定，受委托组织必须符合“依法成立”及“具有管理公共事务职能”两个条件。有关法律、法规对相关组织成立的条件和程序作了规定，受委托组织的成立应当符合相关规定。由于委托处罚是代行政机关行使处罚权，其行使的是一项公权力，是督促行政管理相对人履行行政义务，其主体应当具有管理公共事务的职能。在审议过程中，有的提出，实践中具有管理公共事务职能的组织已经不限于原行政处罚法规定的“事业组织”，因此本次修改删去了“事业组织”，受委托实施行政处罚的组织可以是其他行政机关和组织，实践中应把握不委托一般企业行使公共管理职能，确有必要的，如地铁公司、机场等可以依法委托。

二、有熟悉有关法律、法规、规章和业务并取得行政执法资格的工作人员

行政处罚直接面向当事人，执法人员素质的高低，直接影响行政处罚的执法水平和政府公信力。实践中出现的乱处罚、滥处罚等问题，很大程度上也是由于执法人员对法律规范把握不准确、对相关业务不熟悉造成的。因此，受委托组织必须有熟悉有关法律、法规、规章和相关业务的工作人员。同时，本法第 42 条规定，行政处罚应当由具有行政执法资格的执法人员实施。这一规定，也适用于委托实施行政处罚。因此，受委托组织应当具有取得行政执法资格的人员，具有符合上述条件的人员的组织才能接受委托。

三、具备相应的技术检查或者技术鉴定条件

委托实施行政处罚的原因之一就是行政管理活动的专业性、技术性较强，行政机关缺少相应的专业人员和技术条件。因此，许多委托的行政处罚事项都需要进行技术检查或者技术鉴定。在对这类行政处罚事项进行委托时，应当着重考察受委托组织是否具备相应的技术检查或者技术鉴定条件，是否有足够的技术能力承担该项行政处罚。对于不能组织相应的技术检查或者技术鉴定的，不能委托其实施行政处罚。

第四章　行政处罚的管辖和适用

第二十二条　行政处罚由违法行为发生地的行政机关管辖。法律、行政法规、部门规章另有规定的，从其规定。

【释义】本条是关于行政处罚地域管辖的规定。

行政处罚地域管辖是指根据行政机关的管理区域确定其实施行政处罚权的地域范围，是横向划分同级人民政府之间及其所属部门在各自管辖区内实施行政处罚的权限分工，是解决行政处罚权的“块块”划分问题。

一、违法行为发生地管辖原则

本条确立了行政处罚地域管辖的基本原则，即由违法行为发生地的行政机关管辖。行为人的行为构成行政违法的一个重要前提是客观上实施了违法行为，以违法行为发生地作为行政机关管辖的基准点是比较科学的。首先，便于行政机关及时发现违法行为并予以制止，避免危害后果发生和扩大。其次，有利于充分发挥地缘优势，便于对违法行为进行调查、取证，节省行政机关人力、物力，提高办案效率。再次，符合行政管理以行政区划为界限的惯例。我国的行政管理首先是按照行政区划进行的，地方各级人民政府负责管理本辖区内的社会事务，对本辖区内发生的违法活动进行管辖是其应有职责。

需要说明的是，“违法行为发生地”的地域管辖原则包含了多方面内容，囊括了行为人实施违法行为的全过程，违法行为发生地既包括违法行为实施地，如违法行为的准备地、途经地、结束地等与违法行为有关的地点，也包括违法结果发生地，如违法对象被侵害地，违法所得实际取得地、藏匿地、转移地、使用地、销售地等。无论违法行为人在其实施违法行为的哪个阶段被发现，该地均可作为违法行为发生地，当地行政机关可依法就地给予行政处罚，这样的制度设计，有利于行政机关及时有效打击违法行为。如贩卖假药的违法行为，李某在甲地制造假药到乙地销售，运输途中经过丙地，依照违法行为发生地管辖原则，甲、乙、丙三地都可能成为违法行为发生地，发现该违法行为的当地行政机关都有权实施行政处罚，三地行政机关均发现的，按照本法第25条规定的管辖权争议处理，由一个行政机关实施处罚。

二、违法行为发生地管辖原则的例外

实践中，各行政管理领域违法行为具有较大差异，实际情况较为复杂，在有的领域中，完全适用违法行为发生地管辖原则可能会给当事人接受处罚或者行政机关调查处理案件带来不便，如治安、交通、互联网管理等领域。因此，本条规定法律、行政法规、部门规章对行政处罚地域管辖另有规定的，从其规定，明确法律、行政法规、部门规章对一些行政处罚案件不采用违法行为发生地管辖原则。实践中，除违法行为发生地原则外，有的还采用当事人所在地、涉案不动产登记地等地域管辖原则。如《公安机关办理行政案件程序规定》第10条规定："行政案件由违法行为地的公安机关管辖。由违法行为人居住地公安机关管辖更为适宜的，可以由违法行为人居住地公安机关管辖，但是涉及卖淫、嫖娼、赌博、毒品的案件除外。"

能够对行政处罚地域管辖作出例外规定的主体，只能是法律、行政法规和部门规章，地方性法规和地方政府规章不能规定。这样规定的考虑是，地域管辖原则是对不同地方行政机关管辖权的划分，应当全国统一，如果允许地方性法规或者地方政府规章作出例外规定，可能会产生管辖的"交叉地带"或者"真空地带"，引发管辖争议。而且，地域管辖的差异化特点主要体现在不同行政管理领域之间，对同一行政管理领域的地域管辖原则应当统筹考虑。

第二十三条　行政处罚由县级以上地方人民政府具有行政处罚权的行政机关管辖。法律、行政法规另有规定的，从其规定。

【释义】 本条是关于行政处罚级别管辖和职能管辖的规定。

一、级别管辖

级别管辖是指不同层级的行政机关在管辖和处理违法行为上的分工和权限，它解决的是在整个行政机关系统内不同级别的行政机关分别管辖哪些违法行为。根据本条规定，行政处罚由县级以上地方人民政府具有行政处罚权的行政机关

管辖，确立了在通常情况下，违法行为由县级以上地方人民政府的行政机关实施行政处罚的制度。

作出这样的规定，主要是考虑我国的行政管理实践特点：一是从行政机关的分工看，行政机关的层次越高，其职能中的决策、综合、指导、监督的责任就越强，行政机关层次越低，就越偏重具体行政管理活动和法律法规的具体执行，行政处罚主要是对法律、法规的具体实施，因此一般应由基层行政机关实施更符合行政体制特点，这也符合党中央关于推进行政执法权限和力量向基层延伸和下沉的改革精神。二是从我国目前的行政机构设置情况看，县级行政机关是我国行政区划中最基本的单位，同时又居于承上启下的关键地位，负有运用一定的行政执法手段来保证行政管理有效实施的职责。三是从行政实践看，县一级负责管辖本辖区内的行政管理工作，而大量的违法行为的发生与这些具体的行政管理工作关系十分密切，因此，由县级以上地方人民政府的行政机关管辖有利于行政机关及时地发现违法行为并开展进一步调查、取证、作出处罚决定，也有利于行政处罚决定的执行。四是县级政府的行政管理工作系统较为完备，目前我国行政机关各职能部门的设置大多到县一级，这也为依法实施行政处罚提供了客观保障。基于上述考虑，行政处罚法在地域管辖上确立了以县级以上地方为主的管辖原则，一般以县级地方管辖居多，但并不排除县级以上地方人民政府如省、区、市人民政府的行政机关依法管辖。

二、职能管辖

职能管辖是指不同的行政机关依据各自不同的职权对行政处罚权所作的分工，是根据行政机关的行政管理职能确定行政违法案件的管辖权。现代行政管理活动具有较强的专业性和技术性，没有相关专业知识，不熟悉相关法律法规、政策和专业技术，难以有效实施行政处罚。职能管辖原则体现了行政机关各司其职、各负其责的精神，有利于发挥行政机关的专业化管理优势，提升行政处罚实施水平，有效维护社会秩序。因此，本条规定行政处罚由有行政处罚权的行政机关管辖。

根据这一规定，实施行政处罚的机关必须是有行政处罚权的机关，无行政处罚权的机关不能实施行政处罚。首先，有行政管理权的机关不一定都有行政处罚权，如政府的办公厅是行政机关，但其不具有行政处罚权。如综合执法，将行政处罚权转移给综合执法机构，被转移行政处罚权的行政机关不再行使行政处罚权。再如根据海警法，海警机构统一履行海上维权执法职责，陆上有关行政机关对海上违法行为负有政策制定、监督管理、行政许可等职权，但没有行政处罚权。其次，有行政处罚权的行政机关并不是对所有行政违法案件都有管辖权，其必须在自己的职权范围内实施行政处罚，对超越职权范围以外的违法行为无权管辖。

三、级别管辖和职能管辖的例外规定

在规定了由县级以上地方人民政府具有行政处罚权的行政机关管辖的管辖原则同时，本条还规定“法律、行政法规另有规定的，从其规定。”即法律、行政法规可对级别管辖和职能管辖作出特殊规定。

通常情况下，对违法案件，立法时应当按照“县级以上地方人民政府具有行政处罚权的行政机关管辖”的原则确定管辖机关，但实践中情况较为复杂，违法行为情节轻重、社会影响、危害后果等有所不同，部分领域行政机关管理体制不同，对一些特别领域、特殊案件的管辖不能一概按照一般管辖原则进行，而需要按照单行法律、行政法规的特殊规定执行。如治安管理处罚法第 91 条规定：“治安管理处罚由县级以上人民政府公安机关决定；其中警告、五百元以下的罚款可以由公安派出所决定。”根据这一规定，对治安违法行为，处警告、五百元以下的罚款的，可以由公安派出所管辖。再如，根据海关法的规定，国务院设立海关总署，统一管理全国海关；国家在对外开放的口岸和海关监管业务集中的地点设立海关，海关的隶属关系，不受行政区划的限制；海关依法独立行使职权，向海关总署负责。因此，在海关监管领域，各地海关直接归海关总署领导，与地方人民政府无隶属关系，不适用“县级以上地方人民政府具有行政处罚权的行政机关管辖”的原则，而是根据海关法确定管辖机关。又如，根据本法第 24 条第 1 款的规定，省、自治区、直辖市根据当地实际情况，可以决定将行政处罚权交由乡镇人民政府、街道办事处行使，不再适用一般的级别管辖原则。

第二十四条　省、自治区、直辖市根据当地实际情况，可以决定将基层管理迫切需要的县级人民政府部门的行政处罚权交由能够有效承接的乡镇人民政

府、街道办事处行使，并定期组织评估。决定应当公布。

承接行政处罚权的乡镇人民政府、街道办事处应当加强执法能力建设，按照规定范围、依照法定程序实施行政处罚。

有关地方人民政府及其部门应当加强组织协调、业务指导、执法监督，建立健全行政处罚协调配合机制，完善评议、考核制度。

【释义】本条是关于乡镇人民政府、街道办事处行使行政处罚权的规定。

根据本法第23条规定，一般情况下，行政处罚案件由县级以上地方人民政府具有行政处罚权的行政机关管辖。在我国行政管理法律、法规中，大多数都规定行政处罚的实施主体为县级以上人民政府及其所属部门。但在基层社会管理实践中，乡镇、街道承担了大量服务职能和行政管理职责，其中很多行政管理职责都要通过行政执法来实现。实践中出现了“看得见的管不了，管得了的看不见”的问题，难以适应基层社会治理的实际需要。

党的十八大以来，党中央多次对基层政权在社会治理中的角色定位提出了要求。党的十八届三中全会提出“对吸纳人口多、经济实力强的镇，可赋予同人口和经济规模相适应的管理权”。2016年，中共中央办公厅、国务院办公厅印发《关于深入推进经济发达镇行政管理体制改革的指导意见》，提出：“省（自治区、直辖市）政府可以将基层管理迫切需要且能够有效承接的一些县级管理权限包括行政审批、行政处罚及相关行政强制和监督检查权等赋予经济发达镇，制定目录向社会公布，明确镇政府为权力实施主体……加强相关立法，为经济发达镇扩大经济社会管理权限提供法律依据。”“整合现有的站、所、分局力量和资源，由经济发达镇统一管理并实行综合行政执法。建立健全镇政府与县直部门行政执法协调配合机制，强化监督问责。”2018年，《中共中央关于深化党和国家机构改革的决定》明确提出，构建简约高效的基层管理体制；加强基层政权建设，夯实国家治理体系和治理能力的基础；推动治理重心下移，尽可能把资源、服务、管理放到基层，使基层有人有权有物，保证基层事情基层办、基层权力给基层、基层事情有人办。2019年，《关于推进基层整合审批服务执法力量的实施意见》提出，推进行政执法权限和力量向基层延伸和下沉，强化乡镇和街道的统一指挥和统筹协调职责；整合现有站所、分局执法力量和资源，组建统一的综合行政执法机构，按照有关法律规定相对集中行使行政处罚权，以乡镇和街道名义开展执法工作，并接受有关县级主管部门的业务指导和监督，逐步实现基层一支队伍管执法。

本法第23条规定："行政处罚由县级以上地方人民政府具有行政处罚权的行政机关管辖。法律、行政法规另有规定的，从其规定。"上述规定尽管为乡镇人民政府和街道办事处实施行政处罚权开了口子，但实践中只有少数法律、行政法规直接授予乡镇人民政府和街道办事处行政处罚权。为贯彻落实党中央推进行政执法权限和力量向基层延伸和下沉的改革要求，推动在乡镇、街道相对集中行使行政处罚权，明确乡镇人民政府、街道办事处的行政处罚主体地位，本条对乡镇人民政府、街道办事处行使行政处罚权作了规定。在审议过程中，对乡镇街道实施行政处罚问题受到普遍关注，本条也是反复修改完善，把握几条原则：一是党中央关于执法力量下沉，赋予乡镇、街道相应行政处罚权的改革精神是明确的，应当坚决贯彻落实。二是赋予乡镇、街道行政处罚权是一项新事物，应当遵循循序渐进、因地制宜的原则妥善处理，本法未直接赋予乡镇、街道行政处罚权，授权省级地方根据当地实际需要决定能够有效承接的乡镇、街道实施基层管理迫切需要的行政处罚。三是明确行政处罚权下放乡镇、街道不能一放了之，上级行政机关应当加强组织协调、业务指导、执法监督，并定期组织评估，根据实际情况作出合理调整。四是对乡镇、街道实施行政处罚提出明确要求，应当加强执法能力建设，按照规定范围、依照法定程序实施行政处罚。

一、决定主体

按照权由法定原则，改变、合并或者下放行政机关的处罚权应当符合法定程序。考虑到行政处罚权是否适合下放到乡镇、街道，与各地实际情况密切相关，因此，本条规定行政处罚权下放到乡镇、街道的决定主体为省、自治区、直辖市，具体而言，既可以是省、自治区、直辖市人民政府，也可以是省、自治区、直辖市人大及其常委会，决定的具体形式，既可以是由省政府发布规章或者决定、命令等规范性文件，也可以是由省、自治区、直辖市人大及其常委会作出决议、决定或者制定地方性法规。考虑到行政处罚权的下放涉及乡镇、街道的执法主体地位，涉及上下级行政机关之间、行政机关与其派出机构之间的法律关系，涉及对现有行政处罚权的重新配置，因此，决定的形式应当严肃、谨慎，尽量通过制定地方性法规或者规章下放为宜。同时，根据行政处罚公开原则，行政处罚主体应当公开，行政处罚权下放给乡镇、街道后，无论通过什么形式作出的决定，该决定都应当向社会公布，方便社会公众及时了解行政处罚主体的调整情况。

二、下放行政处罚权的条件和规则

省、自治区、直辖市决定将行政处罚权下放到乡镇、街道，应当符合下列要求：

一是要根据当地实际情况，统筹考虑地方行政管理实际需要、行政区划特点、基层行政执法水平和执法能力等因素，经对实际情况进行评估，认为下放行政处罚权必要、合理且可行的，方可下放；认为不适宜下放的，不宜下放。

二是下放的行政处罚权应当是基层管理迫切需要的县级人民政府部门的行政处罚权。下放的行政处罚权的具体事项范围是否适当，直接决定着行政处罚的实施效果。行政处罚权下放给乡镇、街道的初衷是便于基层实施行政管理，解决“看得见的管不了”的问题，因此，划定下放行政处罚权的具体事项范围应当从乡镇、街道实际执法需求出发，充分评估下放的必要性，对于基层管理迫切需要的才能予以下放，如一些直接面向基层、量大面广、由基层管理更方便有效的行政管理事项。同时，下放的行政处罚权应当仅限于县级人民政府部门的行政处罚权，对于县级人民政府、市级人民政府所属部门以上行政机关的行政处罚权不能下放。

三是行政处罚权应当交由能够有效承接的乡镇、街道行使。这是对承接行政处罚权的乡镇、街道提出的条件要求。在下放行政处罚权时，应当充分评估乡镇、街道的承接能力，确保其有充足的人力、物力、财力、能力行使行政处罚权，以保障行政处罚权依法有效实施。如实践中有的地方赋予一些经济较为发达、行政区域广阔、人口较为集中、社会治理水平较高的乡镇、街道以执法权。对于不具备承接能力的乡镇、街道，不应下放行政处罚权。

四是应当定期组织评估。将行政处罚权下放给乡镇、街道后，省、自治区、直辖市应当对乡镇、街道实施行政处罚的情况定期组织评估，包括对乡镇、街道是否具有承接能力、行政处罚实施效果是否良好、下放的行政处罚事项是否适当等的评估。经评估，认为乡镇、街道不能有效实施行政处罚的或者行政处罚事项不适宜下放的，应当及时收回下放的行政处罚权。

五是赋权形式既可以是授权，也可以是委托等其他方式。实践中赋予乡镇、街道处罚权存在授权、委托、“街道吹哨、部门报到”等多种模式。本条规定省、自治区、直辖市可以决定将处罚权交由乡镇、街道行使，并未限制赋权的具体形式，各地可根据实际情况，采用适宜方式将行政处罚权交给乡镇、街道行使。如通过直接授权的形式，则乡镇、街道以自己名义行使行政处罚权并承担法律责任。如通过委托形式，则乡镇、街道以原处罚机关的名义行使行政处罚权，由原处罚机关承担相应法律责任。

三、乡镇政府、街道办事处行使行政处罚权的要求

向乡镇、街道下放行政处罚权，目的是扩大基层政权经济社会管理权限，完善基层政府功能，提升基层社会治理效能。当前，执法权下移的改革还在推进过程中，乡镇、街道行使行政处罚权作为一项新制度，还有许多制度建设和能力建设任务，因此，下放行政处罚权不能“一放了之”，乡镇、街道和有关地方人民政府及其部门应当做好相关工作，以使乡镇、街道权责能相匹配，保障行政处罚权合法、有效行使。

（一）对乡镇人民政府、街道办事处的要求

承接行政处罚权的乡镇、街道应当加强执法能力建设，包括加强执法规范化建设、建强人才队伍、严格执法人员资格管理、加强执法培训、提升依法执法水平等。同时，乡镇、街道应当在法定职权范围内依照法定程序实施行政处罚。在职权范围上，应当严格按照决定中确定的行政处罚事项范围和被赋予行政处罚权的乡镇、街道范围实施行政处罚，对未下放的行政处罚事项不得实施，未被列入下放行政处罚权范围的乡镇、街道也不得实施，否则就构成越权实施行政处罚。对于本法和单行法律法规规章中规定的实施行政处罚的程序，包括立案、告知、听取陈述和申辩、两人执法、听证、负责人集体讨论、行政执法公示、执法全过程记录、重大执法决定法制审核等，都应当依法遵守，确保严格规范公正文明执法。

（二）对有关地方人民政府及其部门的要求

根据地方各级人民代表大会和地方各级人民政府组织法，县级以上地方各级人民政府领导所属各工作部门和下级人民政府的工作，地方各级人民政府各工作部门受人民政府统一领导，并依照法律或者行政法规的规定受上级人民政府主管部门的业务指导或者领导。因此，行政处罚权下放到乡镇、街道后，作出下放决定的省级地方人民政府和被下放行政处罚权的有关地方人民政府及其部门仍应当依法履行本行政管理领域的政策制定、审查审批、业务指导等监管职责，不得以行政处罚权已划转为由拒不履行。具体职责包括加强对乡镇、街道行使行政处罚权的组织协调、业务指导和执法监督，统筹做好行政处罚权下放和配置过程中的组织协调工作，为乡镇、街道提供执法培训、业务咨询等平台，提供检验、检测、鉴定、认定等技术支撑和专业指导，为乡镇、街道执法创造良好条件和环境。有关地方人民政府及其部门应当建立健全行政处罚协调配合机制，加强与乡镇、街道的执法协作与协助，明确职责分工，完善资源共享、信息互通、案件通报与移送等机制。

同时，有关地方人民政府及其部门还应当加强对乡镇、街道执法的监督，完善评议、考核制度。行政执法评议考核是评价执法工作情况、检验执法机关和执法人员是否正确行使执法职权和全面履行法定义务的重要机制。对乡镇、街道执法进行评议考核的主要内容是乡镇、街道行使行政处罚权的情况，包括处罚主体是否具有主体资格，处罚行为是否在赋权范围内，处罚依据是否充分，处罚程序是否合法，处罚决定是否合法、适当，处罚决定的行政复议和行政诉讼结果，案卷质量情况等。

第二十五条　两个以上行政机关都有管辖权的，由最先立案的行政机关管辖。

对管辖发生争议的，应当协商解决，协商不成的，报请共同的上一级行政机关指定管辖；也可以直接由共同的上一级行政机关指定管辖。

【释义】本条是关于共同管辖、管辖争议处理的规定。

一、两个以上行政机关都有管辖权的，由最先立案的行政机关管辖

本条第 1 款规定了共同管辖处理，即两个以上行政机关对行政处罚案件都有管辖权的，由最先立案的行政机关管辖。一般情况下，行政处罚案件只有一个行政机关有管辖权，实践中有的行政处罚案件，会存在两个以上行政机关都有管辖权的情况，形成了共同管辖。

实践中对行政处罚案件共同管辖处理已有相关规定，有的规定由最先立案的行政机关管辖，比如《市场监督管理行政处罚程序暂行规定》第 11 条规定，对当事人的同一违法行为，两个以上市场监督管理部门都有管辖权的，由先立案的市场监督管理部门管辖。北京市人民政府2018年修改后的《北京市实施行政处罚程序若干规定》第3条第2款中规定，对当事人的同一违法行为，根据不同法律、法规、规章规定，两个以上的行政机关都有管辖权的，应当由先立案的行政机关管辖。有的规定由最先受理的行政机关管辖，比如公安部2018年修改后的《公安机关办理行政案件程序规定》第14条规定，几个公安机关都有权管辖的行政案件，由最初受理的公安机关管辖。必要时，可以由主要违法行为地公安机关管辖。有的规定由最先发现的行政机关管辖，比如《环境行政处罚办法》第18条规定，两个以上环境保护主管部门都有管辖权的环境行政处罚案件，由最先发现或者最先接到举报的环境保护主管部门管辖。

本条在总结实践经验的基础上，根据各方面意见，明确规定两个以上行政机关都有管辖权的，由最先立案的行政机关管辖。关于立案，根据本法第54条第2款规定，符合立案标准的行政处罚案件，行政机关应当及时立案。

二、对管辖发生争议的，应当协商解决，协商不成的，报请共同的上一级行政机关指定管辖；也可以直接由共同的上一级行政机关指定管辖

一般情况下，根据本法和有关法律、行政法规、部门规章等的规定，行政处罚案件管辖是明确的，实践中有的行政处罚案件，会因为行政机关职责不清或者交叉、受利益驱动推诿或者争夺等原因，发生管辖争议。本条对管辖争议处理规定了两种方式：一是行政机关对管辖发生争议的，先协商解决，协商不成的，报请共同的上一级行政机关指定管辖。二是行政机关对管辖发生争议的，直接由共同的上一级行政机关指定管辖。所谓共同的上一级行政机关，是指共同上级中的第一级，比如县级人民政府所属两个部门对管辖发生争议，县级人民政府是共同的上一级行政机关；设区的市不同县级人民政府市场监管部门对管辖权发生争议，设区的市人民政府市场监管部门是共同的上一级行政机关。

实践中对行政处罚案件管辖争议处理已有相关规定，比如《市场监督管理行政处罚程序暂行规定》第12条规定，两个以上市场监督管理部门因管辖权发生争议的，应当自发生争议之日起七个工作日内协商解决；协商不成的，报请共同的上一级市场监督管理部门指定管辖。《福建省行政执法条例》第 17 条规定，行政执法机关之间发生行政执法管辖争议的，依法协商解决；协商不一致的，提请共同的上一级行政机关决定。

第二十六条　行政机关因实施行政处罚的需要，可以向有关机关提出协助请求。协助事项属于被请求机关职权范围内的，应当依法予以协助。

【释义】本条是关于行政处罚协助的规定。

实践中，行政机关实施行政处罚，可能会需要有关行政机关、司法机关等的协助。银行业监督管理法第 13 条规定，银行业监督管理机构在查处有关金融违法行为等监督管理活动中，地方政府、各级有关部门应当予以配合和协助。随着依法行政深入推进，行政处罚协助对于精准、有效打击违法行为，提高社会治理能力越来越重要，综合行政执法、一事不再罚款、行刑衔接等制度的实施对有关机关之间的协助也提出了迫切要求。因此，本条在总结实践经验的基础上，从以下两个方面对行政处罚协助作了规定。

一、行政机关因实施行政处罚的需要，可以向有关机关提出协助请求

本条规定的行政处罚协助的情形是行政机关因实施行政处罚的需要，包括行政处罚案件调查取证等方面的需要，可以向有关机关提出协助请求。比如《山西省行政执法条例》第 13 条第 1 款规定，有下列情形之一的，行政执法机关可以书面请求相关行政执法机关协助：（1）独立行使行政执法权不能实现行政管理目的的；（2）不能通过自行调查取得所需资料的；（3）所需要的文书、资料、信息为其他行政执法机关所掌握，自行收集难以取得的；（4）需要请求行政执法协助的其他情形。

行政机关因实施行政处罚的需要，可以向有关机关提出协助请求。有关机关包括行政机关，也包括司法机关等。提出协助请求一般采用书面形式，也可以采用电话等其他形式，比如《上海市市场监督管理行政处罚程序规定》第 12 条第 1 款规定，区市场监管局办理行政处罚案件需要本市其他区市场监管局协助调查的，应当以书面形式提出协助调查请求。《山西省行政执法条例》第 13 条第 2 款规定，实施行政执法协助的，由请求机关向协助机关发出《行政执法协助函》；发生或者遇到突发事件或者不可抗力等紧急情况的，可以口头告知需要协助的事项和要求，在紧急情况消除后的3个工作日内补办《行政执法协助函》。

二、协助事项属于被请求机关职权范围内的，应当依法予以协助

行政机关因实施行政处罚的需要，向有关机关提出协助请求，被请求机关应当判断协助事项是否属于本机关职权范围，属于本机关职权范围的，应当依法予以协助。

依法予以协助是指依照法律、法规、规章等予以协助，比如《市场监督管理行政处罚程序暂行规定》第42条规定：市场监督管理部门在办理行政处罚案件时，确需其他市场监督管理部门协助调查取证的，应当出具协助调查函；收到协助调查函的市场监督管理部门应当予以协助，在接到协助调查函之日起15个工作日内完成相关工作；需要延期完成或者无法协助的，应当在期限届满前告知提出协查请求的市场监督管理部门。

协助事项属于法律、法规、规章等禁止的，被请求机关依法不予协助，比如辽宁省行政执法程序规定第26条第2款规定，被请求的协助行为属于法律、法规明确禁止的，被请求协助的行政执法机关应当拒绝协助。统计法第25条规定，统计调查中获得的能够识别或者推断单个统计调查对象身份的资料，任何单位和个人不得对外提供、泄露，不得用于统计以外的目的。统计法实施条例第30条进一步明确，统计调查中获得的能够识别或者推断单个统计调查对象身份的资料应当依法严格管理，除作为统计执法依据外，不得直接作为对统计调查对象实施行政处罚等具体行政行为的依据，不得用于完成统计任务以外的目的。

第二十七条　违法行为涉嫌犯罪的，行政机关应当及时将案件移送司法机关，依法追究刑事责任。对依法不需要追究刑事责任或者免予刑事处罚，但应当给予行政处罚的，司法机关应当及时将案件移送有关行政机关。

行政处罚实施机关与司法机关之间应当加强协调配合，建立健全案件移送制度，加强证据材料移交、接收衔接，完善案件处理信息通报机制。

【释义】本条是关于行政处罚与刑事司法衔接的规定。

党的十八大以来，以习近平同志为核心的党中央多次强调健全行政执法与刑事司法衔接机制，党的十八届三中全会决定中提出，完善行政执法与刑事司法衔接机制。党的十八届四中全会决定中提出，健全行政执法和刑事司法衔接机制，完善案件移送标准和程序，建立行政执法机关、公安机关、检察机关、审判机关信息共享、案情通报、案件移送制度，坚决克服有案不移、有案难移、以罚代刑现象，实现行政处罚和刑事处罚无缝对接。中共中央印发的《法治中国建设规划（2020—2025年）》中提出，健全行政执法和刑事司法衔接机制，全面推进“两法衔接”信息平台建设和应用。

关于行政处罚与刑事司法衔接，我国已有一些规定。刑事诉讼法、药品管理法、食品安全法等法律均对行政处罚与刑事司法衔接作了规定，比如刑事诉讼法第177条规定，人民检察院决定不起诉的案件，对被不起诉人需要给予行政处罚、处分或者需要没收其违法所得的，人民检察院应当提出检察意见，移送有关主管机关处理；有关主管机关应当将处理结果及时通知人民检察院。药品管理法第113条规定，药品监督管理部门发现药品违法行为涉嫌犯罪的，应当及时将案件移送公安机关；对依法不需要追究刑事责任或者免予刑事处罚，但应当追究行政责任的，公安机关、人民检察院、人民法院应当及时将案件移送药品监督管理部门。原行政处罚法也对行政处罚与刑事司法衔接作了一些规定。此外，国务院2001年制定、2020年修改了《行政执法机关移送涉嫌犯罪案件的规定》，最高人民检察院2001年出台了《人民检察院办理行政执法机关移送涉嫌犯罪案件的规定》，最高人民检察院、全国整顿和规范市场经济秩序领导小组办公室、公安部、监察部2006年制定了《关于在行政执法中及时移送涉嫌犯罪案件的意见》，中共中央办公厅、国务院办公厅2011年转发了国务院法制办、中央纪委、最高人民法院、最高人民检察院、公安部、国家安全部、司法部、人力资源社会保障部《关于加强行政执法与刑事司法衔接工作的意见》，公安部2016年印发了《公安机关受理行政执法机关移送涉嫌犯罪案件规定》；环境保护部、公安部、最高人民检察院2017年印发了《环境保护行政执法与刑事司法衔接工作办法》，应急管理部、公安部、最高人民法院、最高人民检察院2019年印发了《安全生产行政执法与刑事司法衔接工作办法》；四川省人大常委会2018年通过了《关于加强行政执法与刑事司法衔接工作的决定》，珠海市人大常委会2014年制定了《珠海经济特区行政执法与刑事司法衔接工作条例》，北京市人民政府2016年制定、2018年修改了《北京市行政执法机关移送涉嫌犯罪案件工作办法》；这些规定进一步明确了行政处罚与刑事司法衔接具体要求。

在审议过程中，对加强行政处罚与刑罚的有效衔接，解决有案不移、有案难移、以罚代刑等问题，提出了很多意见建议。经过深入调查研究，总结实践经验，反复修改完善，本条从以下三个方面对行政处罚与刑事司法衔接作了规定。

一、违法行为涉嫌犯罪的，行政机关应当及时将案件移送司法机关，依法追究刑事责任

本条第1款规定的行政机关将案件移送司法机关的情形是违法行为涉嫌犯罪。司法机关包括公安机关、人民检察院、人民法院。《行政执法机关移送涉嫌犯罪案件的规定》第3条规定，行政执法机关在依法查处违法行为过程中，发现违法事实涉及的金额、违法事实的情节、违法事实造成的后果等，根据刑法关于破坏社会主义市场经济秩序罪、妨害社会管理秩序罪等罪的规定和最高人民法院、最高人民检察院关于破坏社会主义市场经济秩序罪、妨害社会管理秩序罪等罪的司法解释以及最高人民检察院、公安部关于经济犯罪案件的追诉标准等规定，涉嫌构成犯罪，依法需要追究刑事责任的，必须依照本规定向公安机关移送。知识产权领域的违法案件，行政执法机关根据调查收集的证据和查明的案件事实，认为存在犯罪的合理嫌疑，需要公安机关采取措施进一步获取证据以判断是否达到刑事案件立案追诉标准的，应当向公安机关移送。第19条规定，行政执法机关在依法查处违法行为过程中，发现公职人员有贪污贿赂、失职渎职或者利用职权侵犯公民人身权利和民主权利等违法行为，涉嫌构成职务犯罪的，应当依照刑法、刑事诉讼法、监察法等法律规定及时将案件线索移送监察机关或者人民检察院处理。

本条第1款规定，行政机关应当及时将案件移送司法机关，法律、行政法规等明确移送具体期限的，必须符合具体期限要求，比如《行政执法机关移送涉嫌犯罪案件的规定》第5条规定，行政执法机关对应当向公安机关移送的涉嫌犯罪案件，应当立即指定2名或者2名以上行政执法人员组成专案组专门负责，核实情况后提出移送涉嫌犯罪案件的书面报告，报经本机关正职负责人或者主持工作的负责人审批。行政执法机关正职负责人或者主持工作的负责人应当自接到报告之日起3日内作出批准移送或者不批准移送的决定。决定批准的，应当在24小时内向同级公安机关移送；决定不批准的，应当将不予批准的理由记录在案。第12条规定，行政执法机关对公安机关决定立案的案件，应当自接到立案通知书之日起3日内将涉案物品以及与案件有关的其他材料移交公安机关，并办结交接手续；法律、行政法规另有规定的，依照其规定。

本条第1款规定的依法追究刑事责任主要是依照刑法、刑事诉讼法等追究刑事责任，比如刑事诉讼法第115条规定，公安机关对已经立案的刑事案件，应当进行侦查，收集、调取犯罪嫌疑人有罪或者无罪、罪轻或者罪重的证据材料。对行政机关移送司法机关的案件，并非都要追究刑事责任，依照刑法等规定需要追究刑事责任的，依法追究刑事责任，依照刑法等规定不需要追究刑事责任的，不得追究刑事责任。

二、对依法不需要追究刑事责任或者免予刑事处罚，但应当给予行政处罚的，司法机关应当及时将案件移送有关行政机关

关于司法机关将案件移送行政机关，根据本条第1款的规定，对违法行为依法不需要追究刑事责任或者免予刑事处罚，但应当给予行政处罚的，司法机关应当及时将案件移送有关行政机关。有关行政机关主要是指与实施行政处罚有关的行政机关。违法行为依法不需要追究刑事责任或者免予刑事处罚主要是指依照刑法等不需要追究刑事责任或者免予刑事处罚，比如刑法第3条规定，法律没有明文规定为犯罪行为的，不得定罪处刑。第13条规定，情节显著轻微危害不大的，不认为是犯罪。第37条规定，对于犯罪情节轻微不需要判处刑罚的，可以免予刑事处罚，但是可以根据案件的不同情况，予以训诫或者责令具结悔过、赔礼道歉、赔偿损失，或者由主管部门予以行政处罚或者行政处分。

三、行政处罚实施机关与司法机关之间应当加强协调配合，建立健全案件移送制度，加强证据材料移交、接收衔接，完善案件处理信息通报机制

贯彻落实以习近平同志为核心的党中央深化行政执法体制改革决策部署，针对实践中有案难移、证据材料移交接收不衔接等突出问题，本条第2款规定，行政处罚实施机关与司法机关之间应当加强协调配合，建立健全案件移送制度，加强证据材料移交、接收衔接，完善案件处理信息通报机制。协调配合是相互的，行政处罚实施机关要做好与司法机关的协调配合，司法机关也要做好与行政处罚实施机关的协调配合，比如在具体案件处理信息通报时，行政处罚实施机关要及时将有关实施行政处罚信息通报司法机关，司法机关也要及时将有关刑事司法信息通报行政处罚实施机关。审议和征求意见过程中，反映行政处罚与刑事司法衔接中的证据材料移交、接收衔接问题突出的意见比较集中，有关方面为解决这个问题已经开展了积极探索，比如《北京市行政执法机关移送涉嫌犯罪案件工作办法》第5条规定，行政执法机关对涉嫌犯罪的行政违法案件调查取证应当符合行政执法证据规则，向公安机关移送的证据材料应当符合案件移送的证据要件要求。涉嫌犯罪案件移送的证据要件要求应当根据涉嫌犯罪类型，按照一类一确定的原则，由市级行政执法机关与市级公安机关共同确定；双方存在异议的，共同提请市政府法制机构和市人民检察院确定。本法施行后，有关方面要全面贯彻落实本法关于加强证据材料移交、接收衔接等要求，大力推进行政处罚与刑事司法衔接，实现行政处罚和刑事处罚无缝对接。

第二十八条　行政机关实施行政处罚时，应当责令当事人改正或者限期改正违法行为。

当事人有违法所得，除依法应当退赔的外，应当予以没收。违法所得是指实施违法行为所取得的款项。法律、行政法规、部门规章对违法所得的计算另有规定的，从其规定。

【释义】本条是关于纠正违法行为、没收违法所得的规定。

一、行政机关实施行政处罚时，应当责令当事人改正或者限期改正违法行为

纠正违法行为是实施行政处罚的重要目的，根据本条第1款的规定，行政机关实施行政处罚时，应当责令当事人改正或者限期改正违法行为。所谓实施行政处罚时包括行政处罚的启动、调查取证、决定等全过程。考虑到实践中，有的违法行为可以立即改正，有的违法行为改正需要一定期限，本条特别强调行政机关纠正违法行为，可以采用责令当事人限期改正违法行为的方式。改正违法行为的具体形式包括停止违法行为、恢复原状等，比如《环境行政处罚办法》第 12 条第 1 款规定，责令改正或者限期改正违法行为的行政命令的具体形式有：（1）责令停止建设；（2）责令停止试生产；（3）责令停止生产或者使用；（4）责令限期建设配套设施；（5）责令重新安装使用；（6）责令限期拆除；（7）责令停止违法行为；（8）责令限期治理；（9）法律、法规或者规章设定的责令改正或者限期改正违法行为的行政命令的其他具体形式。

本法第 2 条规定，行政处罚是指行政机关依法对违反行政管理秩序的公民、法人或者其他组织，以减损权益或者增加义务的方式予以惩戒的行为。通常认为，责令当事人改正或者限期改正违法行为不具有惩戒性，不属于行政处罚。责令当事人改正的行政行为也可以独立作出。

二、当事人有违法所得，除依法应当退赔的外，应当予以没收

实践中，关于违法所得如何处理，大部分单行立法明确了予以没收，但也有的单行立法未明确，根据本条第 2 款的规定，当事人有违法所得，除依法应当退赔的外，应当予以没收。

关于依法应当退赔。本条第 2 款规定的没收违法所得属于承担行政责任，民法典第 187 条规定，民事主体因同一行为应当承担民事责任、行政责任和刑事责任的，承担行政责任或者刑事责任不影响承担民事责任；民事主体的财产不足以支付的，优先用于承担民事责任。民办教育促进法第 62 条规定，民办学校有发布虚假招生简章或者广告骗取钱财等违法行为，有违法所得的，退还所收费用后没收违法所得。需要说明的是，“依法应当退赔”规定遵循了民事赔偿优先的原则，并进一步明确在没收违法所得环节先行依法退赔，目的是适当降低当事人维权成本，解决事后退赔难的问题。同时，行政机关进行退赔时，应当把握相关法律关系简单清楚、数量明确、涉案各方争议不大的原则，对于法律关系复杂，经行政机关调查后难以确定的民事赔偿事项，该民事赔偿应当通过司法途径解决。

三、违法所得是指实施违法行为所取得的款项；法律、行政法规、部门规章对违法所得的计算另有规定的，从其规定

审议和征求意见过程中，有的提出，实践中违法所得的计算有多种方式，比如“从事违法行为的全部实际收入”“违法生产、销售商品或者提供服务所获得的全部收入扣除当事人直接用于经营活动的适当的合理支出”。一是扣除成本执法机关有时很难计算辨识；二是对有些违法行为不分情节一律扣除成本，不符合过罚相当的原则，建议对违法所得作出界定，保证执法规范。根据本条第2款的规定，违法所得是指实施违法行为所取得的款项；法律、行政法规、部门规章对违法所得的计算另有规定的，从其规定。通常情况下，违法行为已经发生，但尚未实际收到付款的，该应收款也要计入违法所得。

实践中，有的法规、规章、规范性文件对违法所得计算作了具体规定。法律实施后，有关方面应对涉及违法所得的有关规定进行认真评估、清理，一般情况下，违法所得即指实施违法行为所取得的金额，对确应扣除成本的，应由法律、行政法规、部门规章作出规定。

第二十九条　对当事人的同一个违法行为，不得给予两次以上罚款的行政处罚。同一个违法行为违反多个法律规范应当给予罚款处罚的，按照罚款数额高的规定处罚。

【释义】本条是关于对同一个违法行为不得给予两次以上罚款处罚的规定。

为了防止一事几次罚款等问题，原行政处罚法规定了对同一个违法行为不得给予两次以上罚款处罚，有的单行立法也对此作了规定，比如农产品质量安全法第52条第2款规定，对同一违法行为不得重复处罚。审议和征求意见过程中，有的建议明确同一个违法行为违反多个法律规范如何给予罚款处罚。本条在坚持对同一个违法行为不得给予两次以上罚款处罚的基础上，明确同一个违法行为违反多个法律规范应当给予罚款处罚的，按照罚款数额高的规定处罚。

一、对当事人的同一个违法行为，不得给予两次以上罚款的行政处罚

本条规定的不得给予两次以上罚款的行政处罚的情形是对当事人的同一个违法行为。何谓当事人的同一个违法行为，1996年制定的行政处罚法颁布施行以来，理论和实务界有很多探讨，有的提出，认定同一个违法行为要综合考虑法律规范的具体规定、违法行为的当事人是否为同一人、行为是否为独立的一个违法行为等多种因素。环境保护部关于印发《规范环境行政处罚自由裁量权若干意见》的通知、《国家环境保护总局关于污泥排入城市下水道法律适用问题的复函》等对实践中可能出现争议的一个违法行为作出了认定。比如根据环境保护部关于印发《规范环境行政处罚自由裁量权若干意见》的通知，在人口集中地区焚烧医疗废物的行为构成独立的违法行为，虽然同时违反了大气污染防治法和固体废物污染环境防治法的规定，但属于一个违法行为。根据《国家环境保护总局关于污泥排入城市下水道法律适用问题的复函》，将产生的污泥直接用水冲稀排入城市下水道的行为虽然同时违反了水污染防治法和固体废物污染环境防治法的规定，但属于一个违法行为。

本条规定的不得给予两次以上罚款的行政处罚，包括同一个行政机关不得给予两次以上罚款的行政处罚，也包括不同行政机关不得给予两次以上罚款的行政处罚。

二、同一个违法行为违反多个法律规范应当给予罚款处罚的，按照罚款数额高的规定处罚

当事人的同一个违法行为，可能违反一个法律规范，也可能违反多个法律规范。根据本条关于对同一个违法行为不得给予两次以上罚款处罚的规定，当事人的同一个违法行为违反多个法律规范的，也不得给予两次以上罚款的行政处罚。实践中有关方面对此进行了明确，比如《广西壮族自治区行政执法程序规定》第34条规定，相对人一个行为同时违反两个或者两个以上不同种类法律、法规、规章的，有管辖权的行政执法机关可以依据有关法律、法规、规章分别作出或者共同作出处罚决定，但不得对相对人的同一个违法行为给予两次以上罚款的行政处罚。

当事人的同一个违法行为违反多个法律规范的，且多个法律规范均规定应当给予罚款处罚的，具体适用哪个法律规范给予罚款处罚，实践中有一些相关要求，比如原国家环境保护总局2002年关于对同一行为违反不同法规实施行政处罚时适用法规问题的复函提出，有关单位在人口集中地区和其他依法需要特殊保护的区域内，焚烧高浓度医药废液，该行为同时违反固体废物污染环境防治法和大气污染防治法的有关规定。按照行政处罚法第24条关于“对当事人的同一违法行为，不得给予两次以上罚款的行政处罚”的规定，环保部门对违法行为人可依照两种法律规定中处罚较重的规定，定性处罚。《环境行政处罚办法》第9条规定，当事人的一个违法行为同时违反两个以上环境法律、法规或者规章条款，应当适用效力等级较高的法律、法规或者规章；效力等级相同的，可以适用处罚较重的条款。

本条在总结实践经验基础上，根据各方面意见，明确同一个违法行为违反多个法律规范，应当给予罚款处罚的，按照罚款数额高的规定处罚。所谓罚款数额高的规定是指法律规定的罚款数额，而非行政机关实际处以的罚款数额。对于固定数额的罚款，直接适用罚款数额高的规定给予罚款处罚，比如当事人的同一个违法行为同时违反处以5000元罚款的规定和处以3000元罚款的规定，直接适用处以5000元罚款的规定给予5000元的罚款处罚；对于按照罚款数额下限、上限模式设定的罚款处罚，适用罚款数额上限高的规定给予罚款处罚，比如当事人的同一个违法行为同时违反处以1万元以上10万元以下罚款的规定和处以5000元以上5万元以下罚款的规定，适用处以1万元以上10万元以下罚款的规定给予罚款处罚，具体罚款数额还要考虑违法行为的事实、性质、情节以及社会危害程度和行政处罚裁量基准等确定；对于按违法所得的倍数等模式设定的罚款处罚，在确定罚款数额高的规定时，可能还需要先进行计算比较。

第三十条　不满十四周岁的未成年人有违法行为的，不予行政处罚，责令监护人加以管教；已满十四周岁不满十八周岁的未成年人有违法行为的，应当从轻或者减轻行政处罚。

【释义】本条是关于对未成年人有违法行为从轻、减轻、不予行政处罚的规定。

习近平总书记指出，少年儿童是祖国的未来，是中华民族的希望。未成年人保护法第113条第1款规定，对违法犯罪的未成年人，实行教育、感化、挽救的方针，坚持教育为主、惩罚为辅的原则。刑法第17条对未成年人从轻、减轻、不予刑事处罚作了具体规定。民法典第1编第2章第1节对未成年人的民事行为能力作了具体规定。本法第 6 条规定，实施行政处罚，纠正违法行为，应当坚持处罚与教育相结合，教育公民、法人或者其他组织自觉守法。治安管理处罚法第 12 条规定，已满 14 周岁不满 18 周岁的人违反治安管理的，从轻或者减轻处罚；不满 14 周岁的人违反治安管理的，不予处罚，但是应当责令其监护人严加管教。本条从以下两个方面对未成年人有违法行为从轻、减轻、不予行政处罚作了规定。

一、不满 14 周岁的未成年人有违法行为的，不予行政处罚，责令监护人加以管教

本条规定不予行政处罚的情形是不满 14 周岁的未成年人有违法行为的，即违法行为发生时，当事人属于不满 14 周岁的未成年人。不满 14 周岁的未成年人有违法行为的，虽然不予行政处罚，但应当责令监护人加以管教。监护人包括未成年人的父母以及其他监护人，其他监护人包括民法典第 27 条中规定的祖父母、外祖父母、兄、姐等。需要注意以下两点：一是不满 14 周岁的未成年人有违法行为的，不予行政处罚，除责令监护人加以管教外，还应当依法采取其他措施，比如依照本法第 28 条第 1 款规定，责令有违法行为的不满 14 周岁的未成年人改正或者限期改正违法行为。二是责令监护人加以管教不是行政处罚。

二、已满 14 周岁不满 18 周岁的未成年人有违法行为的，应当从轻或者减轻行政处罚

本条规定应当从轻或者减轻行政处罚的情形是已满 14 周岁不满 18 周岁的未成年人有违法行为的，即违法行为发生时，当事人属于已满 14 周岁不满 18 周岁的未成年人。需要注意以下两点：一是已满 14 周岁不满 18 周岁的未成年人有违法行为，依法应当给予行政处罚的，从轻或者减轻行政处罚；没有违法行为或者有违法行为但依法不予行政处罚的，比如违法行为轻微并及时改正，没有造成危害后果的，应当不予行政处罚，而非从轻或者减轻行政处罚。二是未成年人保护法第 113 条第 2 款规定，对违法犯罪的未成年人依法处罚后，在升学、就业等方面不得歧视。对已满 14 周岁不满 18 周岁的未成年人依法

给予行政处罚后，有关方面要落实未成年人保护法第 113 条第 2 款规定的要求。

第三十一条　精神病人、智力残疾人在不能辨认或者不能控制自己行为时有违法行为的，不予行政处罚，但应当责令其监护人严加看管和治疗。间歇性精神病人在精神正常时有违法行为的，应当给予行政处罚。尚未完全丧失辨认或者控制自己行为能力的精神病人、智力残疾人有违法行为的，可以从轻或者减轻行政处罚。

【释义】本条是关于对精神病人、智力残疾人有违法行为从轻、减轻、不予行政处罚等的规定。

残疾人保障法第 2 条规定，残疾人是指在心理、生理、人体结构上，某种组织、功能丧失或者不正常，全部或者部分丧失以正常方式从事某种活动能力的人；残疾人包括视力残疾、听力残疾、言语残疾、肢体残疾、智力残疾、精神残疾、多重残疾和其他残疾的人。精神病人、智力残疾人是残疾人，应当给予尊重、理解、关爱。刑法第 18 条对精神病人不负刑事责任、从轻或者减轻刑事处罚作了具体规定，明确间歇性的精神病人在精神正常的时候犯罪应当负刑事责任；民法典第 21 条、第 22 条对不能辨认或者不能完全辨认自己行为的人的民事行为能力作了具体规定。本法第 6 条规定，实施行政处罚，纠正违法行为，应当坚持处罚与教育相结合，教育公民、法人或者其他组织自觉守法。治安管理处罚法第 13 条规定，精神病人在不能辨认或者不能控制自己行为的时候违反治安管理的，不予处罚，但是应当责令其监护人严加看管和治疗。间歇性的精神病人在精神正常的时候违反治安管理的，应当给予处罚。本次修改增加了“智力残疾人”表述，本条从以下三个方面对精神病人、智力残疾人有违法行为从轻、减轻、不予行政处罚等作了规定。

一、精神病人、智力残疾人在不能辨认或者不能控制自己行为时有违法行为的，不予行政处罚，但应当责令其监护人严加看管和治疗

本条规定不予行政处罚的情形是精神病人、智力残疾人在不能辨认或者不能控制自己行为时有违法行为的，即违法行为发生时，当事人属于不能辨认或

者不能控制自己行为的精神病人、智力残疾人。精神病人、智力残疾人在不能辨认或者不能控制自己行为时有违法行为的，虽然不予行政处罚，但应当责令其监护人严加看管和治疗，监护人包括民法典第28条中规定的当事人的配偶、父母、子女、其他近亲属等。

二、间歇性精神病人在精神正常时有违法行为的，应当给予行政处罚

间歇性精神病人有时精神正常，可以辨认或者控制自己行为，违法行为发生时，当事人属于处在精神正常时的间歇性精神病人，依法应当给予行政处罚的，应当给予行政处罚。

三、尚未完全丧失辨认或者控制自己行为能力的精神病人、智力残疾人有违法行为的，可以从轻或者减轻行政处罚

本条规定可以从轻或者减轻行政处罚的情形是尚未完全丧失辨认或者控制自己行为能力的精神病人、智力残疾人有违法行为的，即违法行为发生时，当事人属于尚未完全丧失辨认或者控制自己行为能力的精神病人、智力残疾人。需要注意的是，本条规定的是可以而非应当从轻或者减轻行政处罚，是否从轻、减轻行政处罚要结合违法行为的事实、性质、情节以及社会危害程度等综合判断。

第三十二条　当事人有下列情形之一，应当从轻或者减轻行政处罚：

（一）主动消除或者减轻违法行为危害后果的；

（二）受他人胁迫或者诱骗实施违法行为的；

（三）主动供述行政机关尚未掌握的违法行为的；

（四）配合行政机关查处违法行为有立功表现的；

（五）法律、法规、规章规定其他应当从轻或者减轻行政处罚的。

【释义】本条是关于从轻或者减轻行政处罚的规定。

为维护行政管理秩序，对违法者依法实施行政处罚十分必要。行政处罚应当坚持过罚相当原则，当事人有从轻或者减轻情节的，应当从轻或者减轻处罚。

一、关于从轻、减轻的含义

从轻处罚，是指行政机关在法定的处罚种类和处罚幅度内，对行政违法行为人在几种可能的处罚种类内选择较轻的种类或者在一种处罚种类的幅度内选择较低的数额进行处罚。

减轻处罚，是指行政机关在法定的处罚种类和处罚幅度最低限以下，对行政违法行为人实施行政处罚。包括选择比法定处罚种类轻的处罚，以及在法定的处罚幅度最低限以下实施处罚。如按照药品管理法第134条规定，药品上市许可持有人未按照规定开展药品不良反应监测或者报告疑似药品不良反应的，责令限期改正，给予警告；逾期不改正的，责令停产停业整顿，并处10万元以上100万元以下的罚款。假设对当事人有逾期不改正的行为，处以15万元的罚款，就属于从轻处罚；处以5万元罚款，则属于减轻处罚。需要指出的是，减轻处罚突破了有关处罚的法定种类和幅度，应当综合考虑案情，慎重作出。

二、从轻或者减轻行政处罚的具体情形

本次修订根据各方意见，适当扩大了适用从轻或者减轻处罚的范围，规定了以下五种从轻或者减轻处罚的情形：

一是主动消除或者减轻违法行为危害后果的。这是有关危害后果的重要情节。“主动”反映了当事人认错改过的主观心理状态，“消除或者减轻危害后果”客观上减少了违法行为的社会危害性，对恢复正常、有序的行政管理秩序起到了积极作用。

二是受他人胁迫或者诱骗实施违法行为的。受他人胁迫或者诱骗实施违法行为的当事人，一般处于被动地位，所起的作用较小，危害性也相应较轻。需要指出的是，这里所说的受胁迫或诱骗，是指当事人并未完全丧失意志自由，其违法行为本质上仍然是受其意志支配的，但是是在他人威逼、强制或者引诱欺骗下进行的。如果当事人已被他人完全控制，彻底失去了意志自由，则不应当受到处罚，而应由真正的行为人承担法律责任。

三是主动供述行政机关尚未掌握的违法行为的。行为人主动供述行政机关尚未掌握的违法行为，反映了行为人具有认错的主动性，也为行政执法节约了成本，提高了效率。这里的“尚未掌握的违法行为”既包括本人的其他违法行

为，也包括其他人的违法行为。

四是配合行政机关查处违法行为有立功表现的。当事人配合行政机关查处违法行为，查处涉及自身的违法行为，是公民应当履行的义务。但如果配合行政机关查处违法行为达到立功的程度，超越了公民一般配合的义务，应当予以充分考虑，作为从轻或者减轻的情形。

五是法律、法规、规章规定其他应当从轻或者减轻行政处罚的。除本条规定的四种法定情形之外，本法第 30 条规定，已满 14 周岁不满 18 周岁的未成年人有违法行为的，应当从轻或者减轻行政处罚。另外，一些单行法律、法规、规章中也对应当从轻或者减轻的行为作了规定。如产品质量法第 55 条规定，销售者违反产品质量法第 49 条至第 53 条规定禁止销售的产品，有充分证据证明其不知道该产品为禁止销售的产品并如实说明其进货来源的，可以从轻或者减轻处罚。

这里需要注意两个问题：一是本法第 5 条规定，设定和实施行政处罚必须以事实为依据，与违法行为的事实、性质、情节以及社会危害程度相当，即过罚相当原则。过罚相当原则是行政处罚法的一项重要原则。从轻、减轻的规定是过罚相当原则的具体化，在办理具体的行政处罚案件适用从轻、减轻规定时应当遵循过罚相当原则。二是针对实践中行政机关不愿、不敢适用从轻、减轻规定的情况，本法修改时将“依法从轻或者减轻”修改为“应当从轻或者减轻”，既是对行政机关及时出台有关从轻减轻裁量基准的要求，也是引导行政机关在没有相关裁量基准时，可以直接适用本条规定，根据具体案情，合理实施行政处罚。

第三十三条　违法行为轻微并及时改正，没有造成危害后果的，不予行政处罚。初次违法且危害后果轻微并及时改正的，可以不予行政处罚。

当事人有证据足以证明没有主观过错的，不予行政处罚。法律、行政法规另有规定的，从其规定。

对当事人的违法行为依法不予行政处罚的，行政机关应当对当事人进行教育。

【释义】本条是关于不予行政处罚情形的规定。

本法第 1 条中明确保障和监督行政机关有效实施行政管理是立法目的之一。

行政处罚本身不是目的，是为了纠正违法行为，维护行政管理秩序。本着保障行政处罚既有力度又有温度，推动制度进步的原则，本条对不予行政处罚的情形作了补充完善。

一、违法行为轻微并及时改正，没有造成危害后果的

这是本法修改前的规定，这次修法保留了该规定。考虑到行政法律越来越多，行政管理要求越来越严密，行政违法行为成为最为常见的违法行为。其中，有一些行政违法行为的违法性较弱，违法情形比较轻微，没有造成危害后果，且当事人及时作了改正，尽管也破坏了行政管理秩序，构成了行政违法行为，但不必一律给予行政处罚。如违章停车行为，道路交通安全法中规定，对违反道路交通安全法律、法规关于机动车停放、临时停车规定的，可以指出违法行为，并予以口头警告，令其立即驶离。

二、初次违法且危害后果轻微并及时改正的

近年来，随着行政执法进一步规范，营商环境进一步优化，一些部门和地方推出了“首违不罚”等举措，取得了较好的执法效果和社会效果。这次修法总结实践经验，根据有关方面的意见，增加了初次违法且危害后果轻微并及时改正的可以不予处罚的规定。理解这一规定，需要把握三个要点：

一是初次违法。这里规定的“初次”是指在一定期限内同一领域或者同一领域中同一种类违法行为范围内，当事人第一次有该违法行为。有关部门和地方应当根据实际情况，合理确定一定期限和领域范围。

二是违法的危害后果轻微，不是“违法行为轻微”。如果当事人违法行为轻微的，应当适用“违法行为轻微并及时改正，没有造成危害后果的”规定。

三是当事人及时改正。当事人对自身的违法行为有正确认识，并采取措施及时改正违法行为，行政管理秩序得到了恢复。

适用本规定，以上三点缺一不可。需要注意的是，本规定是“可以”不予行政处罚，不是“应当”不予行政处罚，赋予了行政机关裁量的空间。

三、没有主观过错的

本规定是这次修法新增的内容。在修法过程中，本规定是逐步完善的。在

征求意见稿阶段，将“没有其他主观过错”作为从轻减轻处罚的情形之一。这是一些部门的实际做法，如《环境保护行政处罚办法》中规定，环境保护行政主管部门在对环境违法行为实施处罚时，应当在法定的处罚种类和幅度范围内，综合考虑当事人的过错程度等情节。一些专家学者提出，当事人没有主观过错不受行政处罚是通行做法，应当进一步补充完善行政处罚制度，予以吸纳。一些地方、部门和社会公众提出，产品质量法、治安管理处罚法等不少法律均有当事人故意违法才予以行政处罚的规定，本法作为行政处罚领域的一般法，不宜将没有主观过错作为从轻减轻的情形，建议从保障行政处罚领域公平正义的角度来统筹考虑，将当事人不存在故意、过失等主观过错作为不予处罚的情形。据此，将当事人没有主观过错明确为不予处罚的情形。

对本规定，可以从以下几个方面来理解：

一是行政处罚原则上实行过错推定，当事人有违法行为的，行政机关可以推定当事人有主观上的过错，没有必须主动查证当事人是否有主观过错的硬性规定。

二是当事人可以举证证明自己没有主观过错，也就是说当事人可以收集证据来证明自己没有主观过错。这里还明确了证明标准，即“足以证明”。如果当事人无法提出没有主观过错的证据，或者提出的证据不足以证明没有主观过错，其没有主观过错的主张就不能成立。

三是主观过错包括故意和过失，只要当事人作出违法行为有过失的，就构成主观过错，不适用不予处罚的规定。对于过失的具体判断标准，部门和地方可以在下一步实践中进一步明确，如在有关限速的标志牌设置合理、内容清晰明确的情况下，当事人有超速行为，就构成过失。

四是本规定的例外情形，法律、行政法规另有规定的，从其规定。目前，一些法律中规定了过错责任，即当事人作出违法行为必须是故意的才予以行政处罚，当事人主观状态需要由行政机关来举证，不适用推定过错；一些法律、行政法规中规定过错责任，同时明确当事人没有主观过错的，不予行政处罚，但应当没收违法所得、非法财物等，应当优先适用这些单行法律、行政法规的规定。

四、依法不予行政处罚的应当对当事人进行教育

依法不予行政处罚的前提是当事人有违法行为，破坏了正常的行政管理秩序。对于行政机关而言，其有维护行政管理秩序，保护公民、法人和其他组织合法权益的职责，即便当事人的违法情形较为轻微、没有主观过错等法定情形，不需要通过行政处罚来惩戒，但也不能对违法行为放任不管，应当指出并纠正当事人的违法行为，教育、督促当事人守法，避免再有违法行为。对于当事人而言，其违法行为符合法定情形可以免除行政处罚，但守法义务不能免除，应当听从行政机关的教育督促。因此，本规定明确行政机关的教育职责，行政机关对当事人的违法行为依法不予行政处罚的，应当对当事人进行教育。这也是处罚与教育相结合原则的具体体现。

第三十四条　行政机关可以依法制定行政处罚裁量基准，规范行使行政处罚裁量权。行政处罚裁量基准应当向社会公布。

【释义】本条是关于行政处罚裁量基准的规定。

行政裁量权基准制度是通过完善行政处罚适用规则对行政裁量权进行科学合理的细化和量化的制度。近年来，行政裁量权基准制度作为规范行政裁量权行使的重要手段，在各个行政管理领域广泛应用，对于规范行政裁量权行使，推进行政机关依法行政、合理行政、公正执法具有重要意义：一是有利于压缩权力寻租空间，促进公正执法，遏制执法腐败。二是有利于减少执法随意性，提高执法公信力，减少行政争议。三是有利于增强上位法可操作性，为执法人员提供参考和指引，提高执法精细化水平和行政效率。四是有利于增强行政执法透明度和可预测性，有利于司法机关和行政相对人监督行政裁量权行使。因此，本条规定，行政机关可以依法制定行政处罚裁量基准，规范行使行政处罚裁量权。这是本次修订行政处罚法新增加的内容。

国务院《全面推进依法行政实施纲要》对行政机关行使自由裁量权提出了合法合理的要求，并规定行政机关行使自由裁量权的，应当在行政决定中说明理由。《国务院关于加强市县政府依法行政的决定》要求市县政府及其部门根据各地发展的实际，对行政裁量权予以细化、量化并将行政裁量标准予以公布、执行。《国务院关于加强法治政府建设的意见》明确规定，建立行政裁量权基准制度，科学合理细化、量化行政裁量权，完善适用规则，严格规范裁量权行使，避免执法的随意性。2015 年《法治政府建设实施纲要（2015—2020 年）》和 2014 年《中共中央关于全面推进依法治国若干重大问题的决定》提出，建立健全行政裁量权基准制度，细化、量化行政裁量标准，规范裁量范围、种类、幅度。2018 年《国务院办公厅关于全面推行行政执法公示制度执法全过程记录制度重大执法决定法制审核制度的指导意见》提出，加强和完善行政执法裁量基准制度建设。2019 年国务院出台《优化营商环境条例》，其第 60 条明确规定，国家健全行政执法自由裁量基准制度，合理确定裁量范围、种类和幅度，规范行政执法自由裁量权的行使。

按照党中央、国务院部署和要求，有关部门对在本领域建立和实施行政处罚裁量基准（标准）制度作了明确规定，如《安全生产行政处罚自由裁量适用规则（试行）》《工商行政管理机关执法监督规定》。一些地方出台了法规、规章和规范性文件，对在本地区建立和实施行政裁量权基准制度，细化行政执法裁量权提出了要求，其中有的对裁量基准的制定、公布和实施作了详细规定。实践中，大量市县政府所属部门也制定了行政处罚裁量基准。

依法制定行政处罚裁量基准，包含四个层面的要求：

一是对法律、法规、规章及相关文件明确规定应当制定裁量基准的，有关部门应当按照规定及时制定相关裁量基准。没有明确规定的，为规范行政裁量权的行使，有关部门也可以依法制定裁量基准，制定裁量基准应当遵循合法、合理、程序正当等原则。

二是一般情况下，下级行政机关制定裁量基准应参照执行同领域的上级行政机关制定的裁量基准，在其裁量幅度范围内予以细化，不能与上级行政机关制定的裁量基准相抵触。下位法不得与上位法相抵触是立法法确立的一项基本原则。裁量基准多以规范性文件形式出台，虽不属于正式法律渊源，但也应适用这一原则，以维护法制统一、政令统一和执法标准统一。

三是裁量基准的制定主体、制定形式和制定程序应符合相关要求。裁量基准直接决定着行政处罚结果，对公民权益影响较大，对其制定主体、制定形式、制定程序应作出相关要求，不宜过于随意。《国务院关于加强市县政府依法行政的决定》要求市、县两级政府及其部门要对行政裁量权予以细化、量化。一些地方对裁量基准的制定主体、制定形式和制定程序提出了相关要求。如有的规定裁量基准由省人民政府或者有条件的地级市以上人民政府所属机关制定；有的规定由省级行政处罚实施机关制定，未制定或仅作原则性规定的，下级行政处罚实施机关可以制定；有的规定制定裁量基准应当遵循报批、备案、纠错等程序，有关行政机关在制定裁量基准时应当遵守相关规定，依法进行。

四是行政处罚裁量基准应当向社会公布。本法第5条第2款规定："对违法行为给予行政处罚的规定必须公布；未经公布的，不得作为行政处罚的依据。"《国务院关于加强市县政府依法行政的决定》明确要求市县政府及其部门应当将行政裁量标准公布。2018年国务院办公厅《关于全面推行行政执法公示制度执法全过程记录制度重大执法决定法制审核制度的指导意见》提出，行政执法机关要全面准确及时主动公开行政执法依据。尽管裁量基准并非作出行政处罚决定的法定依据，但属于行使行政裁量权的主要依据，也是作出行政处罚决定时和行政复议、行政诉讼时证明行政行为合理性的重要依据，与处罚结果和行政相对人关系紧密。公开裁量基准，有利于提升执法透明度和规范化水平，加强对行政裁量权的监督，促进严格规范公正文明执法。行政机关应当将行政裁量基准全面准确及时主动向社会公布。

第三十五条　违法行为构成犯罪，人民法院判处拘役或者有期徒刑时，行政机关已经给予当事人行政拘留的，应当依法折抵相应刑期。

违法行为构成犯罪，人民法院判处罚金时，行政机关已经给予当事人罚款的，应当折抵相应罚金；行政机关尚未给予当事人罚款的，不再给予罚款。

【释义】本条是关于行政处罚折抵刑罚等的规定。

实践中，违法行为构成犯罪，人民法院判处刑罚时，行政机关对同一个违法行为，可能已经给予当事人行政处罚，也可能尚未给予当事人行政处罚。对同一个违法行为，人民法院判处刑罚时，行政机关已经给予当事人行政处罚的，要考虑已经给予的行政处罚如何折抵刑罚；行政机关尚未给予当事人罚款的，要考虑对人民法院判处罚金的是否可以再给予罚款。本条针对实践中的突出问题，从以下三个方面对行政处罚折抵刑罚等作了规定。

一、违法行为构成犯罪，人民法院判处拘役或者有期徒刑时，行政机关已经给予当事人行政拘留的，应当依法折抵相应刑期

关于行政拘留折抵拘役、有期徒刑刑期，根据本条第1款的规定，违法行为构成犯罪，人民法院判处拘役或者有期徒刑时，行政机关对同一个违法行为已经给予当事人行政拘留的，应当依法折抵相应刑期。刑法第44条规定，拘役的刑期，从判决执行之日起计算；判决执行以前先行羁押的，羁押1日折抵刑期 1 日；据此，行政拘留 1 日折抵拘役刑期 1 日。刑法第 47 条规定，有期徒刑的刑期，从判决执行之日起计算；判决执行以前先行羁押的，羁押 1 日折抵刑期 1 日；据此，行政拘留 1 日折抵有期徒刑刑期 1 日。

二、违法行为构成犯罪，人民法院判处罚金时，行政机关已经给予当事人罚款的，应当折抵相应罚金

关于罚款折抵罚金，根据本条第 2 款的规定，违法行为构成犯罪，人民法院判处罚金时，行政机关对同一个违法行为已经给予当事人罚款的，应当折抵相应罚金。实践中，罚款可以折抵相同数额的罚金。

三、违法行为构成犯罪，人民法院判处罚金时，行政机关尚未给予当事人罚款的，不再给予罚款

根据本条第 2 款的规定，违法行为构成犯罪，人民法院判处罚金时，行政机关对同一个违法行为尚未给予当事人罚款的，对人民法院判处罚金的同一个违法行为不再给予当事人罚款。在审议过程中，有的提出，实践中在人民法院判处罚金后，个别行政机关为了惩戒违法行为，又对当事人予以罚款行政处罚，不符合司法最终原则，也容易引发争议。据此，本次修订行政处罚法增加了这一规定。

第三十六条　违法行为在二年内未被发现的，不再给予行政处罚；涉及公民生命健康安全、金融安全且有危害后果的，上述期限延长至五年。法律另有规定的除外。

前款规定的期限，从违法行为发生之日起计算；违法行为有连续或者继续状态的，从行为终了之日起计算。

【释义】本条是关于行政处罚追责期限的规定。

追责期限是行政处罚中的一项重要制度，1996 年行政处罚法规定了追责期限，这次修法作了进一步补充完善。行政处罚追责期限，是指对违反行政管理秩序的当事人，予以行政处罚的最长期限。超过该追责期限，不再给予行政处罚。

一、规定追责期限的必要性

行政处罚是行政机关代表国家惩处违法行为，追究行政违法行为当事人行政责任的一种重要方式，其功能作用是维护行政管理秩序，实现行政管理目的。从制度层面看，行政处罚是手段，行政管理秩序是目的。因此，行政处罚服从、服务于行政管理目的，发挥惩戒、威慑和教育、预防等综合功能，既不能搞“一刀切”处罚、一律从严，甚至为处罚而处罚，也不能搞懒政怠政、一律从轻处罚。行政处罚追责期限的规定，更多体现了行政处罚教育、预防的功能作用。在追责期限内，行政机关未发现违法行为，一方面很大程度上说明该违法行为社会危害性较小、影响面较小，这种情况下教育应当优先于惩戒，不再予以行政处罚；另一方面当事人也未再从事违法行为，行政法律关系已趋于稳定，行政管理秩序得到了维护，没有必要予以惩戒。刑法中有追诉期限的规定。刑事处罚和行政处罚都是国家对违法行为当事人的惩处，较刑事处罚而言，行政处罚针对的违法行为相对较轻，为体现行政权力的“温度”和人性化执法，应当规定追责期限。

二、追责期限的具体内容

追责期限分为三个层面：一是在一般情况下，行政处罚追责期限为 2 年；二是在特定情况下，追责期限为 5 年；三是其他法律可以根据本领域的实际情况对追责期限作出特别规定。如治安管理处罚法第 22 条第 1 款规定，违反治安管理行为在 6 个月内没有被公安机关发现的，不再处罚。税收征收管理法第 86 条规定，违反税收法律、行政法规应当给予行政处罚的行为，在 5 年内未被发现的，不再给予行政处罚。需要指出的是，法规、规章和规范性文件无权对追责期限作出特别规定。

为了贯彻落实党中央关于“加大重点领域处罚力度”的要求，根据有关部门的意见，这次修法增加了“五年”的追责期限规定。5 年追责期限的适用情形是“涉及公民生命健康安全、金融安全且有危害后果的”。涉及公民生命健康安全的领域较多，典型如食品、药品、环境保护等，涉及金融安全的主要是证券、银行、保险等金融管理领域。如果行政违法行为未造成危害后果的，不适用 5 年的追责期限规定。

三、追责期限的起算点

无论是2年还是5年的追责期限，都涉及追责期限从哪个时间点起算的问题。根据本条规定，追责期限的起算点为当事人的违法行为发生之日。实践中，多数违法行为是一次性完成的，其发生之日较为明确，但也存在违法行为有连续或者继续状态的情形，这时应当以行为终了之日为追责期限的起算点。所谓连续状态，是指违法行为人基于同一个违法故意，实施数个同一种违法行为，违法行为之间间隔了一段时间，如多次出售假药、劣药。所谓继续状态，是指违法行为较为复杂，不是一次性完成的，而是从开始到完成需经过一段时间。如违法建设行为，从着手建设开始到建成需经历较长一段时间。

第三十七条　实施行政处罚，适用违法行为发生时的法律、法规、规章的规定。但是，作出行政处罚决定时，法律、法规、规章已被修改或者废止，且新的规定处罚较轻或者不认为是违法的，适用新的规定。

【释义】本条是关于行政处罚法“从旧兼从轻”适用规则的规定。

法不溯及既往、从旧兼从轻是基本法理。立法法第93条规定：“法律、行政法规、地方性法规、自治条例和单行条例、规章不溯及既往，但为了更好地保护公民、法人和其他组织的权利和利益而作的特别规定除外。”刑法第12条第1款规定：“中华人民共和国成立以后本法施行以前的行为，如果当时的法律不认为是犯罪的，适用当时的法律；如果当时的法律认为是犯罪的，依照本法总则第四章第八节的规定应当追诉的，按照当时的法律追究刑事责任，但是如果本法不认为是犯罪或者处刑较轻的，适用本法。”但是，在行政法领域，从旧兼从轻一直是法律空白。这次修法增加了从旧兼从轻适用规则，进一步完善了行政处罚制度。

一、从旧规则

实践中，违法行为发生的时间与作出行政处罚决定的时间一般并不一致，有的情况下可能两者间隔较长。行政机关实施行政处罚，适用当事人违法行为发生时的法律、法规、规章。这在一般情况下不会出现争议。但是，如果当事人违法行为发生时的法律、法规、规章，在行政机关作出行政处罚决定时发生了变化，被修改或者废止，此时就有适用违法行为发生时的法律、法规、规章，还是适用行政处罚决定作出时的新的法律、法规、规章的问题，需要予以明确。从旧兼从轻中，从旧是原则，从轻是例外。这里的“旧”，是指在上述情形下，被修改或者废止的“旧”的法律、法规、规章。从旧体现了法不溯及既往的基本法理，包含了不得要求公民遵守还未制定的法律的精神。

二、从轻规则

从轻规则，首先是从新，即适用行政处罚决定作出时的法律、法规、规章，而不适用已经被修改或者废止的违法行为发生时的法律、法规、规章。适用从轻规则，是对从旧规则的突破，必须符合一定的条件，即新的法律、法规、规章规定的行政处罚更轻或者不认为是违法不予行政处罚，对当事人更为有利。这与立法法、刑法相关规定是一致的。

此外，还需要说明三个问题。一是行政管理具有一定特殊性，对违法行为的认定和处罚，往往除了需要依据法律、法规、规章外，还需要依据大量更低层级的规范性文件、标准等。实践中法律、法规、规章未作出修改，但相配套的规范性文件、标准作了调整，也应当适用从旧兼从轻规则。本条规定的“法律、法规、规章”是指行政处罚的法律依据，应作整体理解，不能机械局限于法律、法规、规章。二是实体从旧、程序从新，是公认的行政法理论。2004 年最高人民法院在《关于审理行政案件适用法律规范问题的座谈会纪要》中明确，人民法院审查具体行政行为的合法性时，实体问题适用旧法规定，程序问题适用新法规定。因此，本条规定是针对行政处罚实体规则而言的。三是在实践中，有的行政违法行为有连续或者继续状态，违法行为发生之日法律、法规、规章未作修改或者废止，违法行为终了之日法律、法规、规章作出了修改或者废止，此时应当适用新的法律、法规、规章规定。

第三十八条　行政处罚没有依据或者实施主体不具有行政主体资格的，行政处罚无效。

违反法定程序构成重大且明显违法的，行政处罚无效。

【释义】本条是关于行政处罚无效的规定。

行政处罚无效是自始无效、当然无效，无须法院作出无效判决后才没有效力。本条在原法第 3 条第 2 款有关“没有法定依据或者不遵守法定程序的，行政处罚无效”规定的基础上，结合行政诉讼法第 75 条关于“行政行为有实施主体不具有行政主体资格或者没有依据等重大且明显违法情形，原告申请确认行政行为无效的，人民法院判决确认无效”规定，对行政处罚无效制度作进一步完善，明确了三种行政处罚无效的情形。

一、没有依据

行政机关对公民、法人或者其他组织实施行政处罚，必须有法律、法规或者规章的依据，法无明文规定不得给予行政处罚，否则无效。行政处罚的法律依据主要是指本法第二章第 10 条至第 14 条规定的法律、行政法规、地方性法规、部门规章以及地方政府规章。超出上述法律、法规和规章权限范围，或者依据其他规范性文件作出的行政处罚无效，行政相对人也不需要执行。

二、实施主体不具有行政主体资格

行政处罚实施主体不具有行政主体资格包括以下两种情形：一是行政处罚实施主体不具有法律、法规、规章规定的行政主体资格。根据本法第 17 条、第 19 条、第 20 条的规定，行政处罚由具有行政处罚权的行政机关，法律、法规授权的具有管理公共事务职能的组织，行政机关依照法律、法规、规章书面委托符合条件的组织来实施，其他行政机关或者组织实施的行政处罚无效。实际行政执法中，有的行政机关内部机构以自己的名义对外行使行政处罚权，实施行政处罚，此类行政处罚无效。

二是行政处罚实施主体超越职权作出的行政处罚无效。法律、法规、规章对行政机关实施行政处罚的种类、范围作出明确规定，行政机关应该在职权范围内实施行政处罚，否则无效。

三、违反法定程序构成重大且明显违法

本条第 2 款在原法“不遵守法定程序行政处罚无效”基础上，区分了不同情况。对于一般性违反程序的行政处罚并没有规定处罚无效，对违反法定程序构成重大且明显违法的行政处罚则明确规定无效。行政诉讼法第 75 条也将行政行为无效限定在“重大且明显违法”范围内，其他国家和地区也有类似规定，

如《联邦德国行政程序法》第 44 条第 1 款规定，行政行为具有严重瑕疵，该瑕疵按所考虑的一切情况明智判断属明显者，行政行为无效。我国台湾地区“行政程序法”第 111 条规定，行政处分不能由书面处分中得知处分机关者、应以证书方式作成而未给予证书者，内容对任何人均属不能实现者，所要求或者许可之行为构成犯罪者，内容违背公共秩序、善良风俗者，未经授权而违背法规有关专属管辖之规定或缺乏事务权限者以及其他具有重大明显之瑕疵者，无效。因此，判定违反法定程序“重大且明显违法”时须慎重，主要针对具有行政处罚权的行政机关未履行听证、回避、送达等关键程序的行为。

第五章　行政处罚的决定

第一节　一般规定

第三十九条　行政处罚的实施机关、立案依据、实施程序和救济渠道等信息应当公示。

【释义】 本条是关于行政处罚公示制度的规定。

《中共中央关于全面推进依法治国若干重大问题的决定》和《法治政府建设实施纲要（2015—2020年）》对全面推行行政执法公示制度、执法全过程记录制度、重大执法决定法制审核制度作出了具体部署。2018年，《国务院办公厅关于全面推行行政执法公示制度执法全过程记录制度重大执法决定法制审核制度的指导意见》，进一步对指导各地区、各部门全面推行"三项制度"提出具体意见。为了推进严格规范公正文明执法，巩固"三项制度"改革成果，行政处罚法修改时增加规定行政处罚的实施机关、立案依据、实施程序和救济渠道等信息应当公示。行政处罚公示，是具有行政处罚权的行政机关通过一定载体，在行政处罚事前、事中、事后阶段，按照"谁处罚谁公示"的原则，主动向行政相对人和社会公众公示有关行政处罚信息，确保行政相对人和社会公众的知情权、参与权、监督权。

一、行政处罚有关信息事前公开

具有行政处罚权的行政机关应当全面准确及时主动公开职责权限、实施程序、救济渠道、执法人员等信息。公开信息要简明扼要、通俗易懂，及时动态调整。

二、行政处罚有关信息事中公开

《国务院办公厅关于全面推行行政执法公示制度执法全过程记录制度重大执法决定法制审核制度的指导意见》要求，行政执法人员在执法时，必须主动出示执法证件，向当事人和相关人员表明身份，鼓励采取佩戴执法证件的方式，执法全程公示执法身份；要出具行政执法文书，主动告知当事人执法事由、执法依据、权利义务等内容。本法第55条第1款中规定，执法人员在调查或者进行检查时，应当主动向当事人或者有关人员出示执法证件。第44条规定，行政机关在作出行政处罚决定之前，应当告知当事人拟作出的行政处罚内容及事实、理由、依据，并告知当事人依法享有的陈述、申辩、要求听证等权利。

三、行政处罚决定公开

《国务院办公厅关于全面推行行政执法公示制度执法全过程记录制度重大执法决定法制审核制度的指导意见》要求，行政处罚的执法决定信息要在执法决定作出之日起7个工作日内公开，但法律、行政法规另有规定的除外。本法第48条、第50条在上述指导意见基础上，对行政处罚决定公开作了进一步规定，明确具有一定社会影响的行政处罚决定应当依法公开，依法公开的依据主要是指《政府信息公开条例》；对已公开但被变更、撤销、确认违法或者确认无效的行政处罚决定，应当在3日内撤回相关信息并公开说明理由；对涉及国家秘密、商业秘密、个人隐私等不宜公开的信息予以保密。

第四十条　公民、法人或者其他组织违反行政管理秩序的行为，依法应当给予行政处罚的，行政机关必须查明事实；违法事实不清、证据不足的，不得给予行政处罚。

【释义】 本条是关于行政机关实施行政处罚必须查明事实的一般原则的规定。

一、公民、法人或者其他组织违反行政管理秩序的行为，依法应当给予行政处罚的，行政机关必须查明事实

以事实为根据，以法律为准绳，是我国重要的法律原则之一，实施行政处罚必须以事实为依据，与违法行为的事实、性质、情节以及社会危害程度相当。行政机关给予行政处罚的前提，是查明公民、法人或者其他组织违法行为的事实。违反行政管理秩序的行为，是指违反行政管理秩序法律、法规、规章的行为。查明违法行为事实就是行政处罚机关要全面、客观开展调查和收集与案件有关的全部证据材料，听取当事人的陈述和申辩，依法召开听证会，查明违法行为人在什么时间、地方，实施哪些违法行为，查清违法行为的性质、情节以及造成的危害后果。

二、违法事实不清、证据不足的，不得给予行政处罚

查明事实，目的就是要确保违法行为事实清楚、认定违法事实的证据确凿充分，否则不能给予行政处罚。“违法事实不清的，不得给予行政处罚”，是指违法事实没有查明清楚或者违法事实不能查明清楚时，不得给予行政处罚。“证据不足的，不得给予行政处罚”，一方面要求行政处罚机关对书证、物证、视听资料等证据的关联性、合法性和真实性进行审查评判，查证属实后，方可作为认定行政处罚事实的依据；另一方面要求证据取得必须严格遵守法定程序，排除非法手段取得证据，否则不得作为认定行政处罚事实证据。

第四十一条　行政机关依照法律、行政法规规定利用电子技术监控设备收集、固定违法事实的，应当经过法制和技术审核，确保电子技术监控设备符合标准、设置合理、标志明显，设置地点应当向社会公布。

电子技术监控设备记录违法事实应当真实、清晰、完整、准确。行政机关应当审核记录内容是否符合要求；未经审核或者经审核不符合要求的，不得作为行政处罚的证据。

行政机关应当及时告知当事人违法事实，并采取信息化手段或者其他措施，为当事人查询、陈述和申辩提供便利。不得限制或者变相限制当事人享有的陈述权、申辩权。

【释义】本条是关于利用电子技术监控设备收集、固定违法事实相关要求的规定。

实践中，在道路交通安全等领域已经广泛运用电子技术监控设备等信息化手段开展行政执法。审议和征求意见过程中，有的提出，加强规范运用信息化等手段实施行政处罚，在提高行政效率的同时，也要体现便民原则，保护当事人的陈述、申辩等权利。本条从以下三个方面对利用电子技术监控设备收集、固定违法事实相关要求作了规定。

一、行政机关依照法律、行政法规规定利用电子技术监控设备收集、固定违法事实的，应当经过法制和技术审核，确保电子技术监控设备符合标准、设置合理、标志明显，设置地点应当向社会公布

根据本条第1款的规定，行政机关利用电子技术监控设备收集、固定违法事实的，必须有法律、行政法规规定作为依据，比如在道路交通安全领域，道路交通安全法第114条规定，公安机关交通管理部门根据交通技术监控记录资料，可以对违法的机动车所有人或者管理人依法予以处罚；对能够确定驾驶人的，可以依照本法的规定依法予以处罚。

行政机关依照法律、行政法规规定利用电子技术监控设备收集、固定违法事实的，应当经过法制和技术审核。通过法制和技术审核，加强对利用电子技术监控设备收集、固定违法事实的规范，确保电子技术监控设备符合标准，设置合理、合法。未经法制和技术审核设置的电子技术监控设备，其收集固定的事实，不能作为行政处罚的证据，从源头上确保电子技术监控设备设置的合法性、科学性、合理性。

行政机关依照法律、行政法规规定利用电子技术监控设备收集、固定违法事实的，应当确保电子技术监控设备符合标准、设置合理、标志明显。实践中，对电子技术监控设备符合标准、设置合理、标志明显已有相关要求，比如《公安部交通管理局关于印发〈关于规范查处机动车违反限速规定交通违法行为的指导意见〉的通知》中规定，各地公安交通管理部门要严格按照公安部《道路交通安全违法行为处理程序规定》和《机动车测速仪》（GB/T 21255）、《机动车区间测速技术规范》（GA/T 959）等技术标准的要求，选用测速取证设备。固定测速取证设备的设置应当符合在限速标志起始点后500米至解除限速标志、下一限速标志之间或者在通行秩序较乱、交通事故较多、存在较严重交通安全隐患的路段等要求。设置固定测速取证设备的，应当在来车方向距离测速点200米以外设置“前方测速”或者“进入测速路段”等交通标志。

行政机关依照法律、行政法规规定利用电子技术监控设备收集、固定违法事实的，设置地点应当向社会公布。实践中，对设置地点应当向社会公布已有相关要求，比如《道路交通安全违法行为处理程序规定》第16条第2款规定，固定式交通技术监控设备设置地点应当向社会公布。在“首都之窗”网站，可以查到北京市公安局公安交通管理局2020年5月发布的《关于公布新增固定式交通技术监控设备设置地点的公告》，公布具体内容包括街道名称、设备数量、记录的违法行为类型等。

二、电子技术监控设备记录违法事实应当真实、清晰、完整、准确。行政机关应当审核记录内容是否符合要求；未经审核或者经审核不符合要求的，不得作为行政处罚的证据

根据本条第2款的规定，电子技术监控设备记录违法事实应当真实、清晰、完整、准确。实践中，对电子技术监控设备记录违法事实已有相关要求，比如《道路交通安全违法行为处理程序规定》第18条规定，作为处理依据的交通技术监控设备收集的违法行为记录资料，应当清晰、准确地反映机动车类型、号牌、外观等特征以及违法时间、地点、事实。

行政机关应当审核电子技术监控设备记录内容是否符合要求；未经审核或者经审核不符合要求的，不得作为行政处罚的证据。所谓符合要求主要是指符合电子技术监控设备记录违法事实应当真实、清晰、完整、准确等要求。实践中，对电子技术监控设备记录内容审核已有相关要求，比如《道路交通安全违法行为处理程序规定》第19条规定，交通技术监控设备收集违法行为记录资料后5日内，违法行为发生地公安机关交通管理部门应当对记录内容进行审核，经审核无误后录入道路交通违法信息管理系统，作为处罚违法行为的证据。

三、行政机关应当及时告知当事人违法事实，并采取信息化手段或者其他措施，为当事人查询、陈述和申辩提供便利。不得限制或者变相限制当事人享有的陈述权、申辩权

根据本条第3款的规定，行政机关应当及时告知当事人违法事实。实践中，对行政机关应当及时告知当事人违法事实已有相关要求，比如《道路交通安全违法行为处理程序规定》第20条第1款规定，违法行为发生地公安机关交通管理部门应当在违法行为信息录入道路交通违法信息管理系统后5日内，按照机动车备案信息中的联系方式，通过移动互联网应用程序、手机短信或者邮寄等方式将违法时间、地点、事实通知违法行为人或者机动车所有人、管理人，并告知其在 30 日内接受处理。

本法第 7 条第 1 款规定，公民、法人或者其他组织对行政机关所给予的行政处罚，享有陈述权、申辩权。实践中，运用电子技术监控设备等信息化手段，提高了行政效率，但是对当事人陈述、申辩等权利保障不够。本条第 3 款特别强调，行政机关应当采取信息化手段或者其他措施，为当事人查询、陈述和申辩提供便利；不得限制或者变相限制当事人享有的陈述权、申辩权。根据这一规定，行政机关应当尽可能为当事人提供便利，充分保护当事人的陈述、申辩等权利，比如针对不同类型的当事人，提供多种查询、陈述、申辩方式，对外地当事人要求通过视频、电话等方式陈述、申辩时，行政机关应当尽可能提供。

第四十二条　行政处罚应当由具有行政执法资格的执法人员实施。执法人员不得少于两人，法律另有规定的除外。

执法人员应当文明执法，尊重和保护当事人合法权益。

【释义】本条是关于行政执法人员条件和要求的规定。

一、行政执法资格制度

为了适应依法行政的要求，规范行政执法行为，提高行政执法人员素质，建立专业化执法队伍，行政执法领域逐步建立行政执法人员持证上岗和资格管理制度。原法第 37 条中规定，行政机关在调查或者进行检查时，执法人员不得少于两人，并应当向当事人或者有关人员出示证件。2004 年，国务院《全面推进依法行政实施纲要》提出，实行行政执法人员资格制度，没有取得执法资格的不得从事行政执法工作。2008 年，《国务院关于加强市县政府依法行政的决定》要求，健全行政执法人员资格制度，对拟上岗行政执法的人员要进行相关法律知识考试，经考试合格的才能授予其行政执法资格、上岗行政执法。《法治政府建设实施纲要（2015—2020 年）》明确要求，2016 年底前，各地区各部门对行政执法人员进行一次严格清理，全面实行行政执法人员持证上岗和资格管理制度，未经执法资格考试合格，不得授予执法资格，不得从事执法活动。为了贯彻法律和国家有关政策，国务院有关部门和地方政府纷纷出台关于行政执法资格和证件管理的规定，进一步细化行政执法人员管理制度。本次修订在总结实践经验的基础上增加规定，行政处罚应当由具有行政执法资格的执法人员实施，明确了行政处罚执法人员执法资格的要求。取得行政处罚执法资格人员应该是行政处罚实施机关的工作人员，具备良好的政治、业务素质，参加行政处罚执法专业知识培训和考试，并考试合格取得相应执法证件。

二、执法人员不少于两人

行政机关实施行政处罚，具体的调查、检查等工作由执法人员承担。根据本条第1款中的规定，实施行政处罚不得少于两人是基本要求。在审议过程中，有的意见提出，随着电子信息化的发展，执法人员可以通过执法记录仪全程记录执法活动，对一些适用简易程序的行政处罚案件，可以由一名执法人员实施，既保障当事人的合法权益，又能节约执法成本，提高执法效率。建议在明确规定执法人员不少于两人的前提下，也为今后实践发展留有空间。因此，本条第1款中还规定，“法律另有规定的除外”。需要注意的是，“另有规定”仅限于法律，法规、规章或者规范性文件不得作出。

三、文明执法

党的十八大报告明确提出，要推进依法行政，切实做到严格规范公正文明执法。党的十八届四中全会通过的《中共中央关于全面推进依法治国若干重大问题的决定》对坚持严格规范公正文明执法提出了具体要求。坚持严格规范公正文明执法是一个有机统一的整体。其中，严格是执法基本要求，规范是执法行为准则，公正是执法价值取向，文明是执法职业素养。行政机关要重视执法队伍素质能力建设，加强执法人员专业知识和能力的培训，严格实行行政执法人员持证上岗和资格管理制度，不断提升执法人员的执法水平和职业素养，尊重和保护当事人合法权益。

第四十三条　执法人员与案件有直接利害关系或者有其他关系可能影响公正执法的，应当回避。

当事人认为执法人员与案件有直接利害关系或者有其他关系可能影响公正

执法的，有权申请回避。

当事人提出回避申请的，行政机关应当依法审查，由行政机关负责人决定。决定作出之前，不停止调查。

【释义】本条是关于执法人员回避制度的规定。

所谓回避制度，是指按照法律规定的条件，执法人员与本案有直接利害关系或者有其他关系可能影响公正执法的，应当退出对案件的调查和处理。本条规定了执法人员回避和当事人申请回避两种制度。

一、执法人员回避

所谓“与案件有直接利害关系或者其他关系”，是指执法人员本身是案件当事人或者与当事人有近亲属关系，执法人员或者其近亲属与本案有利害关系，或者有朋友关系、师生关系等其他可能影响案件的公正处理的关系。执法人员遇到上述情形应当回避。执法人员回避包括两种情形：一是自行回避，是指执法人员在行政处罚过程中，发现自己与案件有直接利害关系或者有其他关系可能影响公正执法的，主动向行政机关提出回避申请，退出行政处罚过程。通常由执法人员在行政处罚作出之前，书面向行政机关提出并说明理由，由行政机关负责人审查，作出是否回避决定。行政机关负责人的回避由上级行政机关决定。二是执法人员具有应当回避的情形，本人没有自行回避，当事人也没有申请其回避的，行政机关负责人应当决定其回避。

二、当事人申请回避

当事人认为执法人员与案件有直接利害关系或者有其他关系可能影响公正执法的，有权申请执法人员回避。针对当事人提出的回避申请，行政机关应当依法审查执法人员是否存在与案件有直接利害关系或者有其他关系可能影响公正执法的，并由行政机关负责人对执法人员作出是否回避的决定。申请回避是当事人享有的一项重要权利，修订前的行政处罚法未规定当事人申请回避，这次修法增加了这一规定，行政机关应当切实保障当事人行使这一权利，及时告知当事人，保证当事人的合法权益得以实现。回避决定作出之前，为了保障调查工作顺利开展，防止证据灭失，执法人员不停止调查工作。

第四十四条　行政机关在作出行政处罚决定之前，应当告知当事人拟作出的行政处罚内容及事实、理由、依据，并告知当事人依法享有的陈述、申辩、要求听证等权利。

【释义】本条是关于行政机关应当告知当事人法定事项的规定。

本条规定了在行政处罚实施过程中行政机关及其执法人员应当告知当事人的事项，主要有拟作出的行政处罚内容和拟作出行政处罚的事实、理由、依据，同时要告知当事人依法享有的陈述、申辩、要求听证等权利。2014 年《中共中央关于全面推进依法治国若干重大问题的决定》要求，坚持严格规范公正文明执法，完善执法程序，重点规范行政许可、行政处罚、行政强制、行政征收、行政收费、行政检查等执法行为。《法治政府建设实施纲要（2015—2020 年）》提出，健全行政执法调查取证、告知、罚没收入管理等制度。《国务院办公厅关于全面推行行政执法公示制度执法全过程记录制度重大执法决定法制审核制度的指导意见》提出，要出具行政执法文书，主动告知当事人执法事由、执法依据、权利义务等内容。根据上述规定，在行政处罚实施过程中告知当事人相关事项，是践行公正文明执法、完善执法程序的重要内容。

一、行政机关有告知义务

一是告知是一项重要程序制度。告知程序是行政处罚的必经程序，对行政机关而言，是一项法定义务，必须履行；对当事人而言，是对其知情权的保护。

二是告知程序是行政处罚公开、公正原则的具体体现。行政处罚遵循公开、公正的原则。公开原则要求，行政处罚的设定和实施都要公开，告知程序是公开原则的应有之义。公正原则要求，行政处罚应当平等和公正地适用法律，其基本特征是：当事人必须获悉对他的处罚的内容和性质；当事人有陈述案情的机会；行政机关的处罚决定必须公正。公正原则有两项基本标准：其一是本人不能决断自己有关的案件；其二是必须听取各方当事人的意见。告知当事人拟作出行政处罚的有关情况和陈述、申辩、听证等权利，是公正原则的基本要求。

三是告知程序已经广为接受，并不断完善。多年来，随着行政处罚法的实施和行政执法体制改革的深入，对于告知程序，行政相对人普遍欢迎，行政机关也逐渐接受并正确实施。同时，告知的内容和方式也在不断完善，告知程序也更加规范。

二、告知的时间节点

行政机关履行告知义务，必须在作出行政处罚决定之前，否则就无法保障当事人的知情权和陈述权、申辩权，不利于实现告知程序的价值。实施行政处罚，即使是简易程序，行政机关也应当依法履行告知程序。本法第 62 条规定，行政机关及其执法人员在作出行政处罚决定之前未向当事人告知拟作出的行政处罚内容及事实、理由、依据，不得作出行政处罚决定。

三、告知的内容

行政机关履行告知义务，内容包括两个方面：

一是告知当事人拟作出的行政处罚内容及事实、理由、依据，是指行政机关应当告诉当事人拟作出行政处罚的种类、具体数额或数量，具体的违法事实，对违法行为作出处罚决定的原因，违反法律、法规、规章的具体规定。在本法修改过程中，对于告知的内容是否包括行政处罚的具体内容，是有争议的。经过慎重研究认为，行政处罚的内容，也就是处罚的种类、具体数额或数量，比如罚款的数额、拘留的时长等，直接关系当事人切身利益，是当事人迫切想要知道的，也是当事人保护自身权利的前提，应当告知。一般来说，告知的内容越全面就越有利于当事人行使陈述申辩权，也越有利于行政机关作出客观公正的决定。告知当事人处罚的内容及事实、理由、依据，首先，可以帮助当事人意识到自己行为的违法性和社会危害性，起到教育违法、预防违法的目的；其次，可以充分保障当事人的知情权，对行政处罚实施过程予以公开，便于当事人保护自身权利；最后，便于人民群众对行政执法情况进行监督，对行政主体加以约束，防止权力滥用。

二是告知当事人依法享有陈述、申辩和要求听证等权利，是当事人行使相应权利的前提。行政管理秩序范围广、种类多，一些行政管理事项本身具有较强的专业性和技术性，有的当事人缺乏法律和专业知识，不能很好地了解自己享有的权利，如果行政机关不予告知，当事人可能错过权利救济的机会。当事人及时获知自己享有的权利，就可以依法保护自己的合法权益，防止行政机关滥用行政处罚权。

第四十五条 当事人有权进行陈述和申辩。行政机关必须充分听取当事人的意见，对当事人提出的事实、理由和证据，应当进行复核；当事人提出的事实、理由或者证据成立的，行政机关应当采纳。

行政机关不得因当事人陈述、申辩而给予更重的处罚。

【释义】本条是关于当事人享有陈述和申辩权利的规定。

宪法第 27 条规定，一切国家机关和国家工作人员必须依靠人民的支持，倾听人民的意见和建议，接受人民的监督。第 41 条规定，中华人民共和国公民对于任何国家机关和国家工作人员，有提出批评和建议的权利。根据宪法规定，在执法过程中听取当事人的意见，接受当事人的监督，是行政机关及其执法人员应当履行的义务。

一、当事人有陈述、申辩的权利

一是陈述、申辩的含义。陈述，主要是陈述事实和理由，提出自己的主张和证据；申辩，主要是解释、辩解，反驳对自己不利的意见和证据。通过陈述、申辩，当事人可以表达意见，有效避免行政机关作出不当判断。

二是陈述、申辩是当事人的权利，受法律保护。行政处罚法对当事人权利给予全过程保障，其中，陈述权和申辩权是当事人的一项重要权利。本法第 7 条第 1 款规定："公民、法人或者其他组织对行政机关所给予的行政处罚，享有陈述权、申辩权；对行政处罚不服的，有权依法申请行政复议或者提起行政诉讼。"在行政处罚决定作出之前，当事人有权进行陈述和申辩，在行政处罚决定作出之后，当事人有权申请行政复议、提起行政诉讼，二者共同组建起一道权利保护网，避免当事人受到不应有的伤害。

三是陈述申辩权具有重要作用。首先，在行政处罚实施过程中，当事人处于相对被动的地位，陈述申辩权可以适度提升当事人的被动地位，保护自身合法权益；其次，行政机关及其执法人员在听取陈述和申辩后，可以更加完整地了解情况，尤其是当事人提出行政机关尚不掌握的事实和证据时，行政机关可以作出更加全面、准确的决定；最后，陈述和申辩是认定当事人是否具有主观过错的重要基础，本法第 33 条第 2 款规定："当事人有证据足以证明没有主观过错的，不予行政处罚。法律、行政法规另有规定的，从其规定。"在法律、行政法规没有例外规定的情况下，当事人没有主观过错即不予处罚，而举证责任归属于当事人，对于当事人来说，通过行使陈述权和申辩权而进行的举证就十分重要。

二、行政机关应当采取措施保护当事人行使陈述、申辩权利

一是听取意见应当充分。当前，行政机关听取陈述、申辩的渠道和方式更加多样化，执法记录仪、同步录音录像等手段广为运用，视频通话、网上异议处理等方式也在一些地方开展，这些手段可以促进当事人更充分地表达意见。不管是传统方式还是信息化手段，行政机关都不得采用拒绝听取或者变相拒绝听取的方式阻止当事人充分发表意见。

二是对当事人提出的事实、理由和证据，应当复核。复核是保障陈述申辩权的关键。进行复核，要求行政机关对当事人提出的事实、理由和证据加以审查核对，查验其真实性、合法性、合理性，并与已经掌握的事实和证据加以比对，作为是否采纳的依据。

三是当事人提出的事实、理由或者证据成立的，行政机关应当采纳。事实、理由或者证据是否成立，不同情况下要作不同判断。采纳不等于推翻拟作出的行政处罚决定，而是作为行政处罚实施的证据，在是否作出行政处罚、作出何种行政处罚时加以考量。如果意见成立却不采纳，陈述申辩权就会成为空谈。

四是当事人自愿放弃陈述申辩权的，行政机关可以不经当事人的陈述、申辩而作出行政处罚决定。值得注意的是，无论当事人是否自愿放弃陈述申辩权，行政机关都要告知当事人享有这项权利。

三、行政机关不得因当事人陈述、申辩而给予更重的处罚

一是当事人提出的事实、理由和证据，即使不成立，也不能因此给予更重的处罚。本法第 5 条规定，实施行政处罚必须以事实为依据，与违法行为的事实、性质、情节以及社会危害程度相当。因此，行政处罚不能以当事人是否陈述、申辩，“态度”是否良好作为依据。实践中，存在个别行政机关及其执法人员因为当事人的态度不好而给予更重处罚的现象，这是对当事人正当权利的漠视，不利于维护当事人合法权益，损害行政机关公信力，阻碍法治政府建设进程，必须加以制止。

二是“更重的处罚”的含义。首先，“更重的处罚”不同于“加重”或者

“从重”，而是针对听取意见前拟作出的行政处罚，凡是当事人陈述、申辩后，由于其陈述、申辩而又在原来拟作出的行政处罚基础上追加处罚的，都属于更重的处罚，均应禁止。其次，在行政处罚实施过程中，如果行政机关发现了新的事实和证据，根据法律规定应当给予更重处罚的，行政机关依法给予更重的处罚，不属于本条规定的范畴。

第四十六条 证据包括：

（一）书证；

（二）物证；

（三）视听资料；

（四）电子数据；

（五）证人证言；

（六）当事人的陈述；

（七）鉴定意见；

（八）勘验笔录、现场笔录。

证据必须经查证属实，方可作为认定案件事实的根据。

以非法手段取得的证据，不得作为认定案件事实的根据。

【释义】本条是关于行政处罚证据的规定。

“以事实为依据”是行政处罚法的一项基本原则。事实需要证据来证明。实践中，违法实施行政处罚的行为，相当一部分是由于证据不足或者证据不符合要求。只有规范、正确地取得证据，并作为认定案件事实的根据，才能合法、有效地实施行政处罚。2017 年修改后的行政诉讼法第 33 条第 1 款规定：“证据包括：（一）书证；（二）物证；（三）视听资料；（四）电子数据；（五）证人证言；（六）当事人的陈述；（七）鉴定意见；（八）勘验笔录、现场笔录。”修订前的行政处罚法对证据种类未作规定。本次修改增加了证据种类的规定，沿用行政诉讼法上述规定，打通了行政处罚行为与行政诉讼的证据通道。由于行政处罚行为可能面临行政诉讼，行政处罚实施过程中的证据类型、来源和取得方式随时可能接受行政诉讼证据规则的检验，这就需要将行政诉讼证据规则运用到行政处罚实施中，便于行政机关掌握行政处罚的证据类型和取证标准，从而进一步完善行政处罚程序、规范行政处罚实施。

一、证据种类

证据包括八个种类。

第一，书证。是指用文字、符号或图画所表达的思想内容来证明违法行为相关事实的证据。书证具有书面的形式，其所记载或者表达的内容与违法事实相关联。书证在行政处罚程序中具有重要的地位，其表现形式是多样的，包括出生证、身份证、营业执照、许可证书、票据、收据、报表、图纸、会计账册、专业技术资料等。无论以何种形式出现，书证都应当以所表达的内容或思想来证明违法行为相关事实，如果仅以外部特征提供信息，则为物证。

第二，物证。是指以存在形式、外部特征、内在属性证明案件真实情况的物品或痕迹。物证具有较强的客观性、特定性和不可替代性。通常情况下，物证应当为原物。

第三，视听资料。视听资料具有一定的准确性和直观性，包括图片、幻灯片等无声视觉资料，唱片、录音带等录音资料，电影片、声像光盘等影音资料。

第四，电子数据。是指通过电子邮件、电子数据交换、网上聊天记录、微博、短信、电子签名等存储在服务器或者电子介质中的信息。电子数据高度依赖科技水平和信息化技术，在证据中发挥着越来越重要的作用。

第五，证人证言。是指证人就自己所知道的涉及违法行为的情况向行政机关所作的口头或书面陈述。不能正确表达自己意志的人，不能作为证人。口头陈述的，行政机关应当制作笔录；书面陈述的，证人应当签名并注明日期。

第六，当事人的陈述。是指当事人向行政机关陈述有关违法行为的事实和理由。当事人陈述是保障当事人权利的重要手段，同时也是证明案件事实的重要方式。当事人是亲身经历者，对行为的形成和发展过程非常清楚，因此当事人陈述具有较高的证据价值。

第七，鉴定意见。是指鉴定人受人委托或者指派，运用专业知识和科学技术，对行政处罚实施中涉及的专门性的事实问题进行鉴别判断并出具的意见。一般来说，鉴定意见应当载明鉴定人和鉴定机构的鉴定资格、鉴定的依据、使用的科技手段，并有鉴定人的签名和鉴定机构的盖章，通过分析获得的鉴定意见应当说明分析过程。有下列情形之一的，不应作为证据采纳：（1）鉴定人不具有鉴定资格；（2）鉴定程序严重违法；（3）鉴定意见错误、不明确或者内容不完整。

第八，勘验笔录、现场笔录。勘验笔录是指行政机关工作人员对有关物体或者场所进行现场勘验，并用文字记载或者拍照、绘图等方式所作的记录。勘验笔录能起到保全固定证据的作用，也能为发现线索、判明情况提供依据，还能为鉴定提供材料。现场笔录是指执法人员在实施行政处罚过程中当场制作的有关违法行为事实或者当场处罚情况的记录。现场笔录记录的内容是正在发生或者刚刚发生的现场情况，在一些情况下，如果不及时制作现场笔录，事后取证会很困难。现场笔录应当载明时间、地点、事件等内容，并由执法人员和当事人签名。

二、查证属实的证据才能作为行政处罚的根据

证据必须经查证属实，方可作为认定案件事实的根据。真实性是行政处罚证据具有证明力的首要条件。在行政处罚实施过程中，除本法第 32 条第 2 款规定的主观过错外，行政机关均负有举证责任，行政机关应当查证证据是否属实。即使当事人提出没有主观过错的证据，行政机关也应当查证属实，才能作为认定案件事实的根据。不真实的证据一般有：一是推测、假想、臆断的证据；二是认识错误或者表述失实的证据；三是故意作的伪证。行政机关查证证据的真实性主要注意以下几点：一是发现证据时的客观环境；二是证据形成的原因；三是证据是否为原件、原物，证据的复制件、复制品与原件、原物是否相符；四是证据提供者、证人与当事人是否有利害关系。

三、非法证据不能作为行政处罚的根据

以非法手段取得的证据，不得作为认定案件事实的根据。这是证据规则的基本要求。行政诉讼法第 43 条第 3 款规定："以非法手段取得的证据，不得作为认定案件事实的根据。"以违法方式取得的证据，虽然也可能说明部分事实，但侵犯了当事人合法权益，损害了法律秩序，不应采纳。以非法手段取得的证据，主要包括几种情形：

一是违反法定程序收集的证据材料。比如，违反本法第 42 条的规定，由不具有执法资格的人员实施行政处罚，或者执法人员少于两人；违反本法第 43 条的规定，执法人员应当回避而未回避的；违反本法第 44 条、第 45 条的规定，未依法告知或者未听取陈述、申辩的。

二是以偷拍、偷录、窃听等手段获取侵害当事人合法权益的证据材料。并不是所有当事人不知情的录音和拍摄都不能作为定案根据，应当结合执法目的和摄录场所确定是否侵害当事人合法权益。

三是以利诱、欺诈、胁迫、暴力等手段获取的证据材料。其中，欺诈、胁迫、暴力等手段比较容易判断，但利诱往往具有隐蔽性，“钓鱼执法”等利诱行为有损行政机关公信力，不符合依法行政的基本原则，应当予以禁止。

第四十七条　行政机关应当依法以文字、音像等形式，对行政处罚的启动、调查取证、审核、决定、送达、执行等进行全过程记录，归档保存。

【释义】本条是关于行政处罚全过程记录的规定。

2019年10月31日党的十九届四中全会通过的《中共中央关于坚持和完善中国特色社会主义制度、推进国家治理体系和治理能力现代化若干重大问题的决定》提出，“完善执法程序，建立执法全过程记录制度”。《国务院办公厅关于全面推行行政执法公示制度执法全过程记录制度重大执法决定法制审核制度的指导意见》提出：“行政执法全过程记录是行政执法活动合法有效的重要保证。行政执法机关要通过文字、音像等记录形式，对行政执法的启动、调查取证、审核决定、送达执行等全部过程进行记录，并全面系统归档保存，做到执法全过程留痕和可回溯管理。”建立健全行政处罚全过程记录，能够充分发挥全过程记录信息对案卷评查、执法监督、评议考核、舆情应对、行政决策和健全社会信用体系等工作的积极作用，有利于发现行政执法薄弱环节，改进行政处罚实施工作，依法公正维护执法人员和行政相对人的合法权益。

一、全过程记录的方式

全过程记录应当以文字、音像等形式进行。根据有关法律、法规、规章的规定，有些执法行为应当采用音像形式，有些执法行为可以采用文字形式。对文字记录能够全面有效记录执法行为的，可以不进行音像记录；对查封扣押财产、强制拆除等直接涉及人身自由、生命健康、重大财产权益的现场执法活动和执法办案场所，要推行全程音像记录；对现场执法、调查取证、举行听证、留置送达和公告送达等容易引发争议的行政处罚过程，要根据实际情况进行音像记录。比如，《公安部关于印发〈交警系统执法记录仪使用管理规定〉的通知》对音像记录作了规定，要求各级公安交管部门和交通警察按规定规范使用执法记录仪。

全过程记录应当符合以下要求：一是文字记录应当合法规范、客观全面、及时准确。在综合行政执法改革背景下，国务院将制定统一的行政执法文书基本格式标准，国务院有关部门、地方各级人民政府将分别制定本系统、本地方统一适用的行政执法文书格式文本，便于在执法活动中完善文字记录。二是音像记录应当规范。音像记录是通过照相机、录音机、摄像机、执法记录仪、视频监控等记录设备，实时对行政处罚过程进行记录的方式。行政机关根据行政处罚的不同类别、阶段、环节，采用相应音像记录形式，充分发挥音像记录直观有力的证据作用、规范执法的监督作用、依法履职的保障作用。

二、全过程记录的环节和范围

全过程记录涵盖行政处罚的启动、调查取证、审核、决定、送达、执行等各个过程。同时需要把握：

一是固定式电子技术监控设备记录的事实一般都发生在行政处罚启动之前，经过法制和技术审核可以作为证据使用的，在行政处罚程序启动后可以纳入全过程记录的范围。

二是简易程序和普通程序的记录要求不尽一致。对于当场作出处罚决定的，调查取证与审核，决定、送达与执行等程序可能是高度连贯或者重合的，不必要求其分别作出记录。

三、全过程记录的归档保存

全过程记录应当归档保存，确保所有行政处罚行为有据可查。

一是按照有关法律法规和档案管理规定归档保存执法全过程记录资料，对涉及国家秘密、商业秘密、个人隐私的记录资料，归档时要严格执行国家有关规定。

二是探索成本低、效果好、易保存、防删改的信息化记录储存方式，通过技术手段对同一执法对象的文字记录、音像记录进行集中储存。

三是可以充分利用互联网、电子认证、电子签章等形式对行政处罚全过程进行数据化记录，确保业务流程清晰、数据链条完整、数据安全有保障。

第四十八条　具有一定社会影响的行政处罚决定应当依法公开。

公开的行政处罚决定被依法变更、撤销、确认违法或者确认无效的，行政机关应当在三日内撤回行政处罚决定信息并公开说明理由。

【释义】本条是关于行政处罚决定公开的规定。

依法公开行政处罚决定，是保障公民知情权、监督行政机关依法行使权力的重要手段。在行政执法信息化的背景下，其具有不可替代的作用：一是对于强化行政机关自我约束，构建公开透明的法治政府，提升行政执法规范化水平具有重要作用；二是有助于社会公众知晓有关情况，增强应对风险的能力，从而能够规范市场秩序、增进人民群众的幸福感和安全感；三是有助于促进公众参与，增强社会公众对执法结果的认同感，同时借助舆论的监督作用保证处罚结果得到履行，进一步提高行政执法效能。

2019 年 10 月 31 日党的十九届四中全会通过的《中共中央关于坚持和完善中国特色社会主义制度、推进国家治理体系和治理能力现代化若干重大问题的决定》提出，“推行行政执法公示制度”。《国务院办公厅关于全面推行行政执法公示制度执法全过程记录制度重大执法决定法制审核制度的指导意见》明确提出加强事后公开。一是行政执法机关要在执法决定作出之日起 20 个工作日内，向社会公布执法机关、执法对象、执法类别、执法结论等信息，接受社会监督，行政许可、行政处罚的执法决定信息要在执法决定作出之日起 7 个工作日内公开，但法律、行政法规另有规定的除外。二是建立健全执法决定信息公开发布、撤销和更新机制。已公开的行政执法决定被依法撤销、确认违法或者要求重新作出的，应当及时从信息公示平台撤下原行政执法决定信息。三是建立行政执法统计年报制度，地方各级行政执法机关应当于每年 1 月 31 日前公开本机关上年度行政执法总体情况有关数据，并报本级人民政府和上级主管部门。

一、行政处罚决定是一类特殊的政府信息

一是在政府信息中，行政处罚决定有一定特殊性。首先，公开行政处罚决定后可能对行政相对人的声誉、名誉等权利造成影响。其次，有的行政处罚决定关乎社会公共利益，具有一定社会影响；有的行政处罚决定不关乎公共利益，不受社会关注。最后，公开所有行政处罚决定信息在实践中对一些有较轻违法行为的行为人可能引发其他不利后果，如不当限制其招投标、取得有关资质等。因此，行政处罚决定不宜一律公开，而应当确定一定范围，明确有一定社会影响的予以公开。

二是行政机关具有判断行政处罚决定是否具有一定社会影响的职责。2019年修订的政府信息公开条例第20条规定，行政机关应当主动公开本行政机关认为具有一定社会影响的行政处罚决定，明确了行政处罚决定信息是否公开由行政机关根据具体情况作出判断。行政机关应当避免出现有较大社会影响而不公开，或者没有社会影响而予以公开的情形。

二、依法公开的含义

一是公开范围依照本法要求。公开范围是具有一定社会影响的行政处罚决定。

二是公开内容要符合政府信息公开条例。政府信息公开条例对不予公开的情形作了规定：第一，依法确定为国家秘密的政府信息，法律、行政法规禁止公开的政府信息，以及公开后可能危及国家安全、公共安全、经济安全、社会稳定的政府信息，不予公开；第二，涉及商业秘密、个人隐私等公开会对第三方合法权益造成损害的政府信息，行政机关不得公开，但是，第三方同意公开或者行政机关认为不公开会对公共利益造成重大影响的，予以公开；第三，行政机关的内部事务信息，行政机关在履行行政管理职能过程中形成的讨论记录、过程稿、磋商信函、请示报告等过程性信息以及行政执法案卷信息，可以不予公开；第四，法律、法规、规章规定上述信息应当公开的，从其规定。

三是还应当适用其他法律法规规章的规定。除政府信息公开条例外，规定行政处罚决定公开的还有：第一，环境保护法、食品安全法、证券法等法律；第二，价格违法行政处罚规定等行政法规；第三，中国银保监会行政处罚办法等部门规章；第四，《上海市行政处罚案件信息主动公开办法》《北京市优化营商环境条例》《浙江省行政处罚结果信息网上公开暂行办法》等地方法规、规章。在不与本法规定相冲突的前提下，行政机关也应适用相关规定。

三、撤回信息并公开说明理由

公开的行政处罚决定被依法变更、撤销、确认违法或者确认无效的，行政机关应当在3日内撤回行政处罚决定信息并公开说明理由。一般来说，对于当事人而言，行政处罚决定信息属于负面信息，行政处罚决定公开对当事人通常会产生不利影响。根据行政复议法、行政诉讼法的规定，行政处罚决定可能被依法变更、撤销、确认违法或者确认无效。对此，本条要求行政机关在3日内撤回行政处罚决定信息，保护相对人合法权益。同时，撤回并不是一撤了之，撤回与公开一样，都要有法定事由。社会公众不仅有了解行政处罚决定信息的需求，也有了解撤回行政处罚决定信息原因的需求，行政机关应当公开说明理由。

第四十九条　发生重大传染病疫情等突发事件，为了控制、减轻和消除突发事件引起的社会危害，行政机关对违反突发事件应对措施的行为，依法快速、从重处罚。

【释义】本条是对发生突发事件时实施行政处罚的特别规定。

发生突发事件时，为了控制事态，需要依法采取相应应对措施，由于情况紧急、形势所迫，需要对行政处罚实施作出特别规定。2020年2月5日、2月14日，习近平总书记就全面提高依法防控依法治理能力、健全国家公共卫生应急管理体系发表重要讲话时指出：要完善疫情防控相关立法，加强配套制度建设，完善处罚程序，强化公共安全保障，构建系统完备、科学规范、运行有效的疫情防控法律体系；要加大对危害疫情防控行为执法司法力度，依法实施疫情防控及应急处理措施；要加强治安管理、市场监管等执法工作，依法严厉打击抗拒疫情防控、制假售假、造谣传谣等破坏疫情防控的违法犯罪行为，保障社会安定有序。

一、适用情形

一是发生突发事件，包括自然灾害、事故灾难、公共卫生事件和社会安全事件。根据2007年制定的突发事件应对法的规定，突发事件是指突然发生，造成或者可能造成严重社会危害，需要采取应急处置措施予以应对的自然灾害、事故灾难、公共卫生事件和社会安全事件。按照社会危害程度、影响范围等因素，突发事件分为特别重大、重大、较大和一般四级；法律、行政法规或者国务院另有规定的，从其规定。

二是针对违反突发事件应对措施的情形。突发事件应对法规定，公民、法人和其他组织有义务参与突发事件应对工作。在发生自然灾害、事故灾难或者公共卫生事件后，履行统一领导职责的人民政府可以采取一项或者多项应急处置措施，其中包括：迅速控制危险源，标明危险区域，封锁危险场所，划定警戒区，实行交通管制以及其他控制措施；依法从严惩处囤积居奇、哄抬物价、制假售假等扰乱市场秩序的行为，稳定市场价格，维护市场秩序；依法从严惩处哄抢财物、干扰破坏应急处置工作等扰乱社会秩序的行为，维护社会治安。

二、适用目的

发生突发事件时的紧急性、即时性是与平时状态不同的，在实施行政处罚过程中，久拖不决或者处罚程度较轻，可能起不到应有的震慑、惩治效果，不利于突发事件处置。行政机关为了在突发事件发生时控制、减轻和消除突发事件引起的社会危害，可以适用本条特别规定。

三、具体要求

针对上述行为的特别规定主要是指“依法快速、从重处罚”。该规定与突发事件应对法的有关规定相衔接，即“依法从严惩处囤积居奇、哄抬物价、制假售假等扰乱市场秩序的行为，稳定市场价格，维护市场秩序”；“依法从严惩处哄抢财物、干扰破坏应急处置工作等扰乱社会秩序的行为，维护社会治安”。

“依法快速、从重处罚”主要体现在三个方面：一是必须依法。只有在国家有关规定中有明确依据的，才能实施快速、从重处罚的程序。二是快速处罚。在保障当事人合法权益的前提下，缩短立案、调查取证、内部审批等流程的时间，采取串联改并联的办法，一些程序可同时进行，在较短时间内作出行政处罚决定。三是从重处罚。在突发事件应对过程中发生的干扰破坏应急处置工作等行为，性质恶劣，危害后果大，从重处罚有利于在特殊时期更好地惩戒违反行政管理秩序的行为，起到稳定社会秩序、妥善应对突发事件的作用。

第五十条　行政机关及其工作人员对实施行政处罚过程中知悉的国家秘密、商业秘密或者个人隐私，应当依法予以保密。

【释义】 本条是关于行政机关及其工作人员实施行政处罚应当保守秘密的规定。

行政处罚遵循公开原则。在行政处罚领域，公开原则体现在行政处罚的依据公开、过程公开、结果公开等方面，如听证、行政处罚决定等应当依法公开；但同时应当依法对有关事项予以保密。行政机关及其工作人员在实施行政处罚过程中，需要调查、了解案情，可能会接触到有关的国家秘密、商业秘密、个人隐私，应当履行依法保密的义务。除本法规定外，其他法律也作了规定。如治安管理处罚法规定，公安机关及其人民警察在办理治安案件时，对涉及的国家秘密、商业秘密或者个人隐私，应当予以保密。

一、保密工作的特点

保密工作具有以下特点：一是知悉范围最小化。严格按照有关保密规定和标准确定、管理相关秘密，确保知悉范围最小、涉密环节最简。二是全程化保密。坚持秘密在哪里，保密工作就做到哪里，实现全过程、全范畴、全方位覆盖。三是依法保密。依法定密，依法建立制度，依法监督管理。

二、保密的范围

根据本条的规定，行政机关及其工作人员应当依法保密的范围包括三类：国家秘密、商业秘密和个人隐私。

一是国家秘密。保守国家秘密，有利于维护国家安全和利益，保障改革开放和社会主义建设事业的顺利进行。国家秘密是关系国家安全和利益，依照法定程序确定，在一定时间内只限一定范围的人员知悉的事项。国家秘密受法律保护。一切国家机关、武装力量、政党、社会团体、企业事业单位和公民都有保守国家秘密的义务。任何危害国家秘密安全的行为，都必须受到法律追究。机关、单位不得将依法应当公开的事项确定为国家秘密，不得将涉及国家秘密的信息公开。

二是商业秘密。保护商业秘密权利人的合法权益，有利于维护社会主义市场经济秩序。商业秘密，是指不为公众所知悉、能为权利人带来经济利益、具有实用性并经权利人采取保密措施的技术信息和经营信息。商业秘密的关键要素是不为公众所知悉，即指不可能从公开的渠道可以获取的信息，这也是权利人采取保密措施不允许他人知悉的原因所在。能为权利人带来经济利益、具有实用性，是指该信息具有确定的可应用性，能为权利人带来现实的或者潜在的经济利益或者竞争优势。技术信息和经营信息，包括设计、程序、产品配方、制作工艺、制作方法、管理诀窍、客户名单、货源情报、产销策略、招投标中的标底及标书内容等信息。

三是个人隐私。根据民法典的规定，隐私是自然人的私人生活安宁和不愿为他人知晓的私密空间、私密活动、私密信息。自然人享有隐私权。任何组织或者个人不得以刺探、侵扰、泄露、公开等方式侵害他人的隐私权。国家机关、承担行政职能的法定机构及其工作人员对于履行职责过程中知悉的自然人的隐私和个人信息，应当依法予以保密，不得泄露或者向他人非法提供。

三、违反保密义务的法律责任

公职人员政务处分法规定，泄露国家秘密、工作秘密，或者泄露因履行职责掌握的商业秘密、个人隐私造成不良后果或者影响的，予以警告、记过或者记大过；情节较重的，予以降级或者撤职；情节严重的，予以开除。

海警法规定，海警机构工作人员在执行职务中，有泄露国家秘密、商业秘密和个人隐私行为的，按照中央军事委员会的有关规定给予处分。

保守国家秘密法规定，违反保守国家秘密的行为或者保密行政管理部门的工作人员在履行保密管理职责中滥用职权、玩忽职守、徇私舞弊的，依法给予处分；构成犯罪的，依法追究刑事责任。机关、单位违反本法规定，发生重大泄密案件的，由有关机关、单位依法对直接负责的主管人员和其他直接责任人员给予处分；不适用处分的人员，由保密行政管理部门督促其主管部门予以处理。机关、单位发生泄露国家秘密案件不按照规定报告或者未采取补救措施的，对直接负责的主管人员和其他直接责任人员依法给予处分。

第二节　简易程序

第五十一条　违法事实确凿并有法定依据，对公民处以二百元以下、对法人或者其他组织处以三千元以下罚款或者警告的行政处罚的，可以当场作出行政处罚决定。法律另有规定的，从其规定。

【释义】本条是关于当场作出行政处罚决定的规定。

一、关于简易程序

简易程序是行政机关执法人员，对依法应当予以处罚，事实确凿、处罚较轻的违法行为，当场作出行政处罚决定的程序。如道路交通安全法规定，对道路交通违法行为人予以警告、200 元以下罚款，交通警察可以当场作出行政处罚决定，并出具行政处罚决定书。

简易程序与普通程序不同，是由执法人员当场作出行政处罚决定，简便易行，体现了繁简分流、方便群众、提高效率的精神。在普通程序中，行政机关发现公民、法人或者其他组织有依法应当给予行政处罚的行为的，必须全面、客观、公正地调查，收集有关证据；必要时，依照法律、法规的规定，可以进行检查；调查终结，行政机关负责人应当对调查结果进行审查；有涉及重大公共利益等法定情形的，在行政机关负责人作出行政处罚的决定之前，应当由从事行政处罚决定法制审核的人员进行法制审核；行政处罚决定书必须盖有作出行政处罚决定的行政机关的印章。简易程序与普通程序相比，可使行政处罚案件得到迅速处理，从而提高行政执法效率。

二、关于当场处罚的条件及处罚种类

根据本条的规定，当场作出行政处罚决定需要具备以下条件：

一是事实确凿。本法第 2 条中规定，实施行政处罚必须以事实为依据。事实确凿，是指事实清楚，证据确实可靠，因果关系明确，当事人难以否认，执法人员可以当场作出判断，没有进一步调查取证必要的。如机动车驾驶员驾车闯红灯，执勤交通警察发现后，即可当场对其处罚。

二是有法定依据。是指有法律、法规和规章作为行政处罚的依据。没有法

定依据的行政处罚无效。本法第 4 条规定，公民、法人或者其他组织违反行政管理秩序的行为，应当给予行政处罚的，依照本法由法律、法规、规章规定，并由行政机关依照本法规定的程序实施。

三是较低数额罚款和警告。适用简易程序的行政处罚种类不宜多，而且应当是处罚轻微，对当事人权益影响不大的案件，这样有利于执法。

适用简易程序的行政处罚种类仅限于两种：一是较低数额罚款。必须符合本条规定的幅度，即对公民处以 200 元以下、对法人或者其他组织处以 3000 元以下罚款。关于较低数额罚款有一个变化过程，修订前适用简易程序的罚款数额为个人 50 元以下和组织 1000 元以下。有些意见提出，随着我国经济社会快速发展，收入水平的提高、物价指数的上涨，1996 年规定的数额已经明显滞后，制约了行政效率，导致设立简易程序的意图难以落到实处。为适应行政执法实际需要，本次修订将适用简易程序的罚款数额作了适当提高。二是警告。警告，是指以申明处分对象的违规行为，并对其进行警示，以告诫其自律，不再违规的惩戒措施。本法第 9 条将警告作为行政处罚的一种。警告是比较轻微的一种处罚方式。

当场作出行政处罚决定的条件，除本法规定外，其他法律另有规定的，从其规定。应当注意的是，其他特殊规定必须由法律规定。如出境入境管理法第 86 条规定，对违反出境入境管理行为处 500 元以下罚款的，出入境边防检查机关可以当场作出处罚决定。

第五十二条　执法人员当场作出行政处罚决定的，应当向当事人出示执法证件，填写预定格式、编有号码的行政处罚决定书，并当场交付当事人。当事人拒绝签收的，应当在行政处罚决定书上注明。

前款规定的行政处罚决定书应当载明当事人的违法行为，行政处罚的种类和依据、罚款数额、时间、地点，申请行政复议、提起行政诉讼的途径和期限以及行政机关名称，并由执法人员签名或者盖章。

执法人员当场作出的行政处罚决定，应当报所属行政机关备案。

【释义】 本条是关于执法人员当场作出行政处罚决定的具体要求的规定。

一、关于身份的表明

行政处罚应当由具有行政执法资格的执法人员实施。行政执法证件是取得行政执法资格的合法凭证，是依法从事行政执法工作的身份证明。了解执法人员的执法身份，是当事人依法享有的权利。执法人员对当事人当场作出行政处罚决定时，应当主动向当事人出示其执法证件，表明其执法身份。执法证件中，应当载明其所属的行政机关的名称及该执法人员姓名等内容。

二、关于行政处罚决定书的填写与交付

行政处罚决定书是行政机关出具的、载明该行政机关对当事人依法给予的行政处罚的有关内容的法律文书。行政处罚决定书是当事人依法申请行政复议或者提起行政诉讼的法律上的依据。执法人员应当按照要求填写预定格式、编有号码的行政处罚决定书。

将行政处罚决定书送达当事人，是行政处罚程序一个重要环节。得到行政处罚决定书，也是当事人应有的权利。与普通程序相比，简易程序的行政处罚决定书送达方式比较单一，即当场交付当事人。当事人收到行政处罚决定书，应当签收；如当事人拒绝签收的，执法人员应当在行政处罚决定书上注明。

三、关于行政处罚决定书载明的事项

根据本条第 2 款的规定，行政处罚决定书应当载明如下事项：当事人的违法行为，行政处罚的种类和依据、罚款数额、时间、地点，申请行政复议、提起行政诉讼的途径和期限以及行政机关名称。执法人员应当在行政处罚决定书上签名或者盖章。这次修法，增加了“申请行政复议、提起诉讼的途径和期限”内容，便于当事人在不服行政处罚时，可以直接按照处罚决定书载明的“途径和期限”申请行政复议、提起行政诉讼，有利于切实保护当事人的合法权益。

四、关于行政处罚决定的备案

备案是指向主管机关报告事由存案以备查考。根据本条第 3 款的规定，执法人员当场作出的行政处罚决定，应当报所属的行政机关备案。执法人员是受

所属行政机关指派并代表所属的行政机关履行行政管理职权的，行政机关对其工作人员负有监督的职责。

第五十三条　对当场作出的行政处罚决定，当事人应当依照本法第六十七条至第六十九条的规定履行。

【释义】本条是关于当场处罚履行的规定。

行政处罚决定具有执行力，当事人有履行处罚的义务。行政处罚决定依法作出后，当事人应当在行政处罚决定的期限内，予以履行；如果当事人不自觉履行，行政机关或者行政机关申请人民法院依法强制执行。

本法第六章规定了三类履行缴纳罚款的方式：一是当场缴纳。第 68 条规定，依照本法规定当场作出行政处罚决定，有下列情形之一的，执法人员可以当场收缴罚款：依法给予 100 元以下罚款的；不当场收缴事后难以执行的。第 69 条规定，在边远、水上、交通不便地区，行政机关及其执法人员依照本法当场作出行政处罚决定后，当事人到指定的银行或者通过电子支付系统缴纳罚款确有困难，经当事人提出，行政机关及其执法人员可以当场收缴罚款。二是 15 日内到指定银行或者通过电子支付系统缴纳罚款。第 67 条规定，作出罚款决定的行政机关应当与收缴罚款的机构分离。除依照本法有关规定当场收缴的罚款外，作出行政处罚决定的行政机关及其执法人员不得自行收缴罚款。当事人应当自收到行政处罚决定书之日起 15 日内，到指定的银行或者通过电子支付系统缴纳罚款。银行应当收受罚款，并将罚款直接上缴国库。三是延期或者分期缴纳罚款。第 66 条规定，当事人确有经济困难，需要延期或者分期缴纳罚款的，经当事人申请和行政机关批准，可以暂缓或者分期缴纳。对当场作出的行政处罚决定的履行，依法适用前两种方式，不适用第三种延期或者分期缴纳罚款的规定。

第三节　普通程序

第五十四条　除本法第五十一条规定的可以当场作出的行政处罚外，行政机关发现公民、法人或者其他组织有依法应当给予行政处罚的行为的，必须全面、客观、公正地调查，收集有关证据；必要时，依照法律、法规的规定，可

以进行检查。

符合立案标准的，行政机关应当及时立案。

【释义】本条是关于适用普通程序的行政处罚案件范围、调查取证和检查与及时立案的规定。

一、适用普通程序的行政处罚案件范围

本条第1款规定了适用普通程序的行政处罚案件的范围。按照本法第51条规定，违法事实确凿并有法定依据，对公民处以200元以下、对法人或者其他组织处以3000元以下罚款或者警告的行政处罚的，可以当场作出行政处罚决定。适用普通程序的行政处罚案件是除本法第51条规定的可以当场作出的行政处罚外的行政处罚案件，也就是适用简易程序以外的其他行政处罚案件。因此，适用普通程序的行政处罚案件有以下三种：

（一）处罚惩戒力度较大的案件

按照行政处罚的种类来说，通报批评、没收违法所得、没收非法财物、暂扣许可证件、降低资质等级、吊销许可证件、限制开展生产经营活动、责令停产停业、责令关闭、限制从业、行政拘留以及数额较大的罚款等行政处罚，是惩戒力度较大的行政处罚，应当适用普通程序。警告，是较轻的行政处罚，一般当场作出行政处罚决定即可。通报批评虽然和警告都属于第一类行政处罚，但是通报批评是在一定范围内减损当事人的声誉，具有比警告相对严厉的惩戒力度，同时通常需要确定在哪个范围内通报、给予多长时间通报等，执法人员不能当场作出行政处罚决定，应当经过执法人员调查，并报告行政机关，依照普通程序依法作出行政处罚决定。按照行政处罚的幅度来说，对公民处以200元以上、对法人或者其他组织处以3000元以上罚款的行政处罚，也应当适用普通程序，执法人员不能当场作出行政处罚决定，必须报告行政机关，经过调查，依照普通程序依法作出行政处罚决定。概括地说，给予警告，或者给予公民200元以下、法人或者其他组织3000元以下罚款以外的其他种类行政处罚，都要依照普通程序的规定实施处罚。

（二）情节复杂的案件

行政机关需要经过调查，才能搞清案情，作出行政处罚决定的案件，不能简单适用简易程序，执法人员应当报告行政机关，按照普通程序处理。比如执

法人员发现某个书店出售淫秽书刊，执法人员当场查获的只有几本，除了没收这几本淫秽书刊外，执法人员能不能对该书店当场作出处以1000元以下罚款的行政处罚？答案是简单处罚是不行的。对于这样的案件，执法人员虽然只查获几本淫秽书刊，但还应当查清淫秽书刊的来源、出售的总量以及出版、印刷环节上的问题。这都需要进行进一步的调查，不能适用简易程序当场作出行政处罚决定。

（三）对事实认定有分歧的案件

对事实认定有分歧的案件，即当事人对于执法人员给予当场行政处罚的事实认定有分歧，致使执法人员无法当场作出行政处罚决定的案件。执法人员在处理较轻的行政处罚案件时，尽管可以当场作出行政处罚决定，但是如果当事人认为执法人员认定事实有错误，而执法人员又与其争执不下，难以作出行政处罚决定时，应当提交行政机关，按照行政处罚的普通程序，经过调查取证，在查清事实的基础上作出行政处罚决定。如果执法人员认为违法事实确凿，符合简易程序规定的条件，则执法人员可以依法作出行政处罚决定，当事人不服的，应当依法申请行政复议或者提起行政诉讼，不再经普通程序重新作出行政处罚决定。

二、行政机关可以进行调查和采取检查措施

公民、法人或者其他组织违反行政管理秩序的行为，依法应当给予行政处罚的，行政机关必须查明事实；违法事实不清、证据不足的，不得给予行政处罚。查明事实是行政机关实施行政处罚的前提和基础。因此，本条第1款规定，行政机关实施行政处罚，必须全面、客观、公正地进行调查，收集有关证据。这就要求行政机关调查，收集有关证据，要从实际出发，收集、调查一切与案件有关的证据材料，既收集对当事人不利的证据，也收集对当事人有利的证据；在调查、收集证据时，应当听取群众的意见和反映，防止偏听偏信、先入为主和主观臆断。按照本法规定，行政机关的执法人员处理行政处罚案件，必须依照法定程序，进行调查、收集证据。同时，为保证执法人员做到全面、客观、公正地调查和收集证据，本法还规定执法人员在调查时，应当主动向当事人或者有关人员出示执法证件；执法人员不出示执法证件的，当事人或者有关人员有权拒绝接受调查。

本条第 1 款规定行政机关实施行政处罚，必要时依照法律、法规的规定，可以进行检查。行政机关采取检查措施有两个条件：一是“必要时”。所谓“必要时”，是指行政机关处理违法行为时，采取询问当事人、听取证人证言、查看违法行为现场等方法仍不能认定违法事实或者收集到全面的证据，非采取检查措施而不能作出行政处罚决定的情况下，行政机关可以依照法律、行政法规或者地方性法规的规定，采取相应的检查措施，以查明事实真相。应当说明的是，这里规定的检查措施，与行政机关为贯彻落实上级行政机关的指示、命令而对工作情况采取的检查措施是不同的。如财政部门、税务机关、物价主管部门根据国务院的部署，进行的财务、税收、物价大检查，不是行政处罚案件处理过程中的检查措施。行政机关依照法定程序调查处理时，需要采取检查措施的，才可以对单位或者个人实施检查。二是要有法律、法规的依据。行政机关实施的检查措施是带有强制性的行政手段，对当事人的权益具有很大的影响。因此，必须严格依照法律、行政法规或者地方性法规的规定采取检查措施，必须由法律、法规规定具有采取检查措施权力的行政机关进行检查，必须依照法律、法规规定的程序和方式进行检查。如本法规定，执法人员在进行检查时，应当主动向当事人或者有关人员出示执法证件。出示执法证件就是法定程序。执法人员不出示执法证件的，当事人或者有关人员有权拒绝接受检查。这是行政机关在执法中需要注意的。

三、行政机关对符合立案标准的应当及时立案

近年来，实践中出现了一些应立案不立案，推诿不作为的现象，同时也存在随意立案，对轻微违法行为处罚过严的情况。在审议过程中，有的提出，在明确立案程序的同时应当明确立案标准，对符合立案标准的依法、及时立案。因此，本条第 2 款增加规定符合立案标准的，行政机关应当及时立案。一些行政机关、地方出台了行政处罚程序的规定，对行政处罚案件的立案标准、程序、期限等分别作出具体规定，为执法人员依法执法、规范执法提供具体而明确的依据。一般而言，行政机关对于发现的违法行为，认为依法应当给予行政处罚的，应当立案，但适用简易程序的除外。本次修订行政处罚法还相应增加了应当依法立案而未立案的法律责任。

第五十五条　执法人员在调查或者进行检查时，应当主动向当事人或者有关人员出示执法证件。当事人或者有关人员有权要求执法人员出示执法证件。执法人员不出示执法证件的，当事人或者有关人员有权拒绝接受调查或者检查。

当事人或者有关人员应当如实回答询问，并协助调查或者检查，不得拒绝或者阻挠。询问或者检查应当制作笔录。

【释义】本条是关于行政机关进行调查或者检查的程序的规定。

调查，是行政机关在办理行政处罚案件时，对证据进行核对审查的过程。行政诉讼法规定，行政机关对作出的行政行为负有举证责任，应当提供作出行政行为的证据和所依据的规范性文件。根据依法行政原则，行政机关作出行政行为时，应当有事实根据，应当符合法律规定。如果行政机关举不出证据证明其行政行为是合法的，行政机关的行政行为会被撤销，行政机关就要败诉。同时，行政机关进行调查、收集证据，必要时，依照法律、行政法规或者地方性法规的规定，可以进行检查。检查，是行政机关在处理行政处罚案件进行调查过程中，必要时对于违法行为、违禁物品予以查处以及保全证据采取的一种行政措施，它包括对书证、物证以及物品进行鉴定，对物证或者场所的勘验，对现场的检查，对违禁品的收缴，对物证的抽样取证以及对证据的登记保存措施等。检查措施是法律赋予行政机关在行政处罚案件调查时可以采用的手段，对于行政机关有效处理行政处罚案件是必要的。但是行政机关执法人员必须依照法律的规定实施检查措施，绝不能滥用，给公民、法人或者其他组织合法权益造成损害。

按照本条规定，行政机关进行调查或者检查应当依照法定程序办理，这些法定程序有：

一、出示执法证件

执法人员在调查或者进行检查时出示执法证件，是表明身份的行为。本条第 1 款规定，执法人员在调查或者进行检查时，应当主动向当事人或者有关人员出示执法证件。这是因为在行政处罚过程中，当事人享有辨认执法人员身份的权利，即当事人有权确认对自己进行行政处罚的人员是否具备法定资格。行政执法人员当场作出行政处罚决定，要向当事人主动出示身份证件，表明执法身份。如工商管理人员检查集贸市场，发现违法行为，在进行行政处罚时，应当先出示身份证件，表明自己是执法人员。按照本法规定，当事人或者有关人员有权要求执法人员出示执法证件。执法人员不出示执法证件的，当事人或者有关人员有权拒绝接受调查或者检查。也就是说，如果执法人员不能出示证件表明执法身份，当事人或者有关人员不能辨明其是否是合法的执法人员，可以不接受调查或者检查。

二、进行询问

在行政处罚普通程序中，行政机关对行政处罚案件进行调查时，可以就案件涉及的人员、经过情况及后果等向当事人以及证人、利害关系人进行调查询问。调查询问可以是在当事人或者有关人员的住所地或者其所在单位，也可以在行政机关进行。当事人或者有关人员有协助行政机关调查或者检查的义务，使行政处罚案件得到公正、正确的处理。按照本条第 2 款的规定，当事人或者有关人员应当如实回答询问，并协助调查或者检查，不得拒绝或者阻挠。需要明确的是，行政机关对当事人进行询问，应当在行政机关的工作时间进行，询问时间应以调查所必需的时间为限，一次询问后还有未尽事项，可以再次询问，绝不能以询问为名，变相拘禁。证人、利害关系人如果有正当理由不能到场接受询问的，应当提交书面的证言或者陈述，向行政机关提供有关的证据。

三、制作笔录

在行政处罚普通程序中，行政机关对行政处罚案件进行询问或者检查应当制作笔录。也就是说，行政机关及其执法人员询问当事人、证人以及利害关系人，必须制作询问笔录，询问笔录应当由被询问人阅读或者向其宣读，并由参加询问的各方，包括行政机关的调查人员、当事人或者证人、利害关系人签名或者盖章，作为作出行政处罚决定的依据之一。

总之，行政机关的执法人员在调查、检查时，必须严格按照法定程序办理，绝不能利用职权和法律赋予的手段，违反法定程序，侵犯公民、法人或者其他组织的合法权益，谋取私利。

第五十六条　行政机关在收集证据时，可以采取抽样取证的方法；在证据可能灭失或者以后难以取得的情况下，经行政机关负责人批准，可以先行登记

保存，并应当在七日内及时作出处理决定，在此期间，当事人或者有关人员不得销毁或者转移证据。

【释义】 本条是关于行政机关收集证据方法和证据登记保存的规定。

一、行政机关收集证据方法

所谓证据，就是用以证明案情的根据，也就是说，证明案件真实情况的一切事实，都是证据。证据具有以下特征：一是证据必须是客观存在的事实，而不是人们主观想象臆造的东西。二是证据必须是与案件有关联的事实材料，只有那些与案件有联系并且能够证明案件事实的事物才可以作为证据。三是证据必须是符合法律要求的形式，按法定程序收集的事实材料。法律规定某些法律行为必须采取书面形式，则必须符合法律规定的条件，只有书面形式的材料才能作为证据，如民事诉讼法规定，鉴定人应当提出书面鉴定意见。四是证据必须经查证属实，方可作为认定案件事实的根据。以非法手段取得的证据，不得作为认定案件事实的根据。本法对证据的种类也作了规定，包括书证、物证、视听资料、电子数据、证人证言、当事人的陈述、鉴定意见和勘验笔录、现场笔录。

按照本条规定，行政机关在收集证据时，可以采取抽样取证的方法。所谓抽样取证，是从总体中取出部分个体进行分析判断，从而对总体的某些未知因素作出统计推断，取得执法的证据。行政机关在收集证据时，可以采取抽样取证的方法，从成批的物证中选取其中的个别物品进行化验、鉴定或者勘验，以鉴别该批物证是否可以作为违法行为的证据。如工商管理机关要鉴别一批酒是不是假酒，不可能也不需要检查每一瓶酒，而只需要抽取其中几瓶作为样品进行化验、鉴定，并据此推断该批酒是否合格。如果经鉴定样品是假酒，则该批酒就可以作为制造或者销售假酒行为的物证。抽样取证的方法是行政机关在收集证据时经常采用的方法，因其简单易行而被行政机关普遍采用。

二、证据登记保存的要求

证据登记保存，是指行政机关在证据可能灭失或者以后难以取得的情况下，经行政机关负责人批准，对需要保全的证据当场登记造册，暂时先予封存固定，责令当事人妥为保管，不得动用、转移、损毁或者隐匿，等待行政机关进一步的调查和作出处理决定。

按照本条规定，行政机关在证据可能灭失或者以后难以取得的情况下，经行政机关负责人批准，可以先行登记保存，并应当在7日内及时作出处理决定，在此期间，当事人或者有关人员不得销毁或者转移证据。之所以这样规定：一方面，证据登记保存措施是行政机关在进行检查时，为查明事实、保全证据确实需要的行政手段，对当事人有可能转移、销毁违法证据的情况，能够及时、果断地处理，以保全证据，查明事实，不给违法行为人以逃避处罚的可乘之机，确保对违法行为及时查处，维护国家利益和社会公共利益。另一方面，证据登记保存措施直接关系到当事人的权益，对社会的影响也很大，必须慎重对待。因此，采取证据登记保存措施，一定要严格依法进行。

证据登记保存措施是一种带有强制性的行政措施，应当严格依法实施。具体包括以下几方面：一是行政机关必须是在证据可能灭失或者以后难以取得的情况下，才可以采取证据登记保存措施。二是必须经行政机关负责人的批准，行政机关才可以采取证据登记保存措施。三是对当事人与行政处罚案件的证据无关的，不能采取证据登记保存措施。四是采取证据登记保存措施后，行政机关必须在7日内及时作出处理决定。否则，到期证据保存措施自行解除。

需要注意的是：行政机关依照本条规定采取证据登记保存措施，要向当事人和见证人出具由行政机关负责人签发的保存证据通知书；在现场要有见证人；要制作登记保存笔录，执法人员、当事人和见证人应当在登记保存笔录上签名或者盖章；执法人员必须将登记保存的情况及时报告行政机关；行政机关应当依照本法规定，在7日内及时作出处理决定；在行政机关采取证据登记保存措施期间，当事人或者有关人员不得销毁或者转移证据。

第五十七条　调查终结，行政机关负责人应当对调查结果进行审查，根据不同情况，分别作出如下决定：

（一）确有应受行政处罚的违法行为的，根据情节轻重及具体情况，作出行政处罚决定；

（二）违法行为轻微，依法可以不予行政处罚的，不予行政处罚；

（三）违法事实不能成立的，不予行政处罚；

（四）违法行为涉嫌犯罪的，移送司法机关。

对情节复杂或者重大违法行为给予行政处罚，行政机关负责人应当集体讨论决定。

【释义】 本条是关于作出行政处罚决定的程序和行政处罚决定内容的规定。

一、作出行政处罚决定的程序

本条对行政处罚决定程序区别两类行政处罚案件，即一般行政处罚案件、重大行政处罚案件，作出了不同的程序规定。

（一）一般行政处罚案件的决定程序

按照本条第1款的规定，调查终结，行政机关负责人应当对调查结果进行审查，根据不同情况，分别作出决定。这是对一般行政处罚案件的决定程序的规定。

一是行政机关执法人员或者行政处罚案件调查人员对案件的调查已经终结，当事人违法事实基本查清，并且可以根据事实，依据法律、法规或者规章的规定，确定行政处罚，执法人员或者调查人员应当将情况报告行政机关负责人并附有对案件的处理意见。

二是行政机关负责人对案件的调查报告和处理进行审核，行政机关负责人进行审核时，应当认真审查行政机关执法人员处理行政处罚案件是否依照法定程序进行调查，发现违反法定程序的，必须及时纠正。认真核实执法人员给予违法行为的行政处罚是否有法律、法规或者规章的规定依据，适用法律的规定是否适当，发现有不适当的，应当依照法律、法规或者规章的规定办理。认真审查违法事实是否确凿，证据是否充分，发现有不足的，应当责成执法人员予以补充。也有部门在实际工作中，先由行政机关内部的有关机构审核，如由法制部门先提出审核意见，再由行政机关负责人最后审定，作出行政处罚决定。这些都是好的做法。

三是行政机关负责人经审查后，对事实清楚、证据确凿、适用法律正确的行政处罚案件，即可以作出行政处罚决定。但是，行政机关在作出行政处罚决定之前，还应遵守一个重要程序，即应当告知当事人拟作出行政处罚的内容及事实、理由、依据，并告知当事人依法享有的陈述、申辩、要求听证等权利。当事人有权进行陈述和申辩。行政机关必须充分听取当事人的意见，对当事人提出的事实、理由和证据，应当进行复核；当事人提出的事实、理由或者证据成立的，行政机关应当采纳。对当事人无异议的，行政机关才可以作出行政处罚的决定、制作行政处罚决定书，行政机关负责人应当在行政处罚决定书上签名或者盖章。

（二）重大行政处罚案件的决定程序

为保证行政处罚决定的公正，本条第2款规定，对情节复杂或者重大违法行为给予行政处罚，行政机关负责人应当集体讨论决定。也就是说，重大、复杂的行政处罚案件的决定，除按照一般行政处罚案件的决定程序办理外，对于符合听证条件的案件，应当按照听证程序，在作出行政处罚决定之前，举行听证。重大行政处罚案件，即情节复杂或者重大违法行为给予行政处罚的案件，应当由行政机关首长召集行政机关的负责人集体讨论，作出决定。法律这样规定是表明对重大行政处罚案件的处理持极为慎重的态度，行政机关依照法定程序处理重大行政处罚案件，能够既保障行政机关依法行政，又能维护公民、法人或者其他组织的合法权益。

二、行政处罚决定内容

按照本条第1款的规定，调查终结，行政机关负责人应当对调查结果进行审查，根据不同情况，分别作出如下决定：

（一）给予行政处罚

即确有应受行政处罚的违法行为的，根据情节轻重及危害后果，作出行政处罚决定。实施行政处罚，“必须以事实为依据，与违法行为的事实、性质、情节以及社会危害程度相当”。这是行政机关在作出行政处罚决定时，必须遵循的原则。行政机关负责人对调查结果进行审查后，认定当事人确有依照法律、法规或者规章的规定应当受到行政处罚的违法行为，就应当根据违法行为情节轻重及危害后果，遵循过罚相当的原则，依照法律、法规或者规章的有关规定，作出行政处罚决定。当事人有从轻或者减轻处罚情节的，行政机关在作出行政处罚时应予以考虑。

（二）违法行为轻微，不予行政处罚

即违法行为轻微，依法可以不予行政处罚的，不予行政处罚。按照本法有关规定，不予行政处罚的情况有：一是不满14周岁的未成年人有违法行为的，不予行政处罚；二是精神病人、智力残疾人在不能辨认或者不能控制自己行为时有违法行为的，不予行政处罚；三是违法行为轻微并及时改正，没有造成危害后果的，不予行政处罚；四是初次违法且危害后果轻微并及时改正的，可以不予行政处罚；五是当事人有证据证明没有主观过错的，不予行政处罚，但法律、行政法规另有规定的，从其规定。此外，依照其他法律的规定不予行政处罚的，如治安管理处罚法规定，情节特别轻微的；主动消除或者减轻违法后果，并取得被侵害人谅解的；出于他人胁迫或者诱骗的；主动投案，向公安机关如实陈述自己的违法行为的；有立功表现的，根据情节可以不予处罚。不予行政处罚也是行政机关对于行政处罚案件作出的决定，需要当场向当事人宣告；对当事人不予行政处罚的，应当将不予行政处罚的决定送达当事人。需要注意的是，按照本法有关规定，一是对当事人的违法行为依法不予行政处罚的，行政机关应当对当事人进行教育；二是对不满 14 周岁的未成年人有违法行为，不予行政处罚的，行政机关还应当责令监护人加以管教；三是对精神病人、智力残疾人在不能辨认或者不能控制自己行为时有违法行为，不予行政处罚的，行政机关应当责令其监护人严加看管和治疗。

（三）违法事实不能成立的，不予行政处罚

这种情况不同于违法行为轻微，不予行政处罚的情况。经行政机关执法人员调查终结或者经听证，当事人的违法事实不能成立，也就是说，没有证据证明当事人有违法行为或者收集的证据不足以证明当事人有违法行为的，行政机关不能给予行政处罚，不得作出给予行政处罚的决定。同时，行政机关应当将违法事实不能成立的结论及时通知当事人。

（四）涉嫌犯罪的，移送司法机关

违法行为涉嫌犯罪的，应当移送司法机关。这类案件一般都属于案情复杂、重大的行政处罚案件，经过执法人员调查，行政机关负责人审查，或者行政机关负责人的集体讨论，认为违法行为涉嫌构成犯罪的，行政机关应当及时将案件移送司法机关，依法追究刑事责任。行政机关不得将应当移送的行政处罚案件不移送，以行政处罚代替刑事处罚。按照本法有关规定，行政机关对应当依法移交司法机关追究刑事责任的案件不移交，以行政处罚代替刑罚，由上级行政机关或者有关机关责令改正，对直接负责的主管人员和其他直接责任人员依法给予处分；情节严重构成犯罪的，依法追究刑事责任。

第五十八条　有下列情形之一，在行政机关负责人作出行政处罚的决定之前，应当由从事行政处罚决定法制审核的人员进行法制审核；未经法制审核或者审核未通过的，不得作出决定：

（一）涉及重大公共利益的；

（二）直接关系当事人或者第三人重大权益，经过听证程序的；

（三）案件情况疑难复杂、涉及多个法律关系的；

（四）法律、法规规定应当进行法制审核的其他情形。

行政机关中初次从事行政处罚决定法制审核的人员，应当通过国家统一法律职业资格考试取得法律职业资格。

【释义】本条是关于行政处罚决定法制审核的规定。

法制审核是行政处罚的重要程序性制度，有利于保障行政处罚决定的合法公正。《中共中央关于全面推进依法治国若干重大问题的决定》明确提出“全面推行重大执法决定法制审核制度”要求。行政处罚法2017年修改增加规定了法制审核，本次修改进一步完善了法制审核制度。

一、法制审核的时点

法制审核是事前审核，不能先作出行政处罚决定，事后再补办法制审核手续。根据本条第1款的规定，在行政机关负责人作出行政处罚的决定之前，应当进行法制审核。

为了强化法制审核制度的刚性，使法制审核制度发挥应有作用，本条第1款明确规定应当进行法制审核的情形，未经法制审核或者审核未通过的，不得作出决定。

二、法制审核的主体

本条第1款明确，法制审核的主体是从事行政处罚决定法制审核的人员。一方面，要求法制审核人员应当相对固定，以保障法制审核的专业性、连贯性、统一性。另一方面，没有统一要求成立法制审核机构，避免“一刀切”。

党的十八届四中全会决定中提出，完善法律职业资格准入制度，健全国家统一法律职业资格管理制度。本条第2款规定，行政机关中初次从事行政处罚决定法制审核的人员，应当通过国家统一法律职业资格考试取得法律职业资格。

这是2017年行政处罚法修改增加的规定。这里的“初次从事行政处罚决定法制审核的人员”，是指2017年修改后的行政处罚法相关条款自2018年1月1日实施以来，行政机关中第一次从事行政处罚决定法制审核的人员，不包括2018年1月1日以前已经在行政机关从事行政处罚决定法制审核的人员，对这些人员实行“老人老办法”，未取得法律职业资格的，可继续从事法制审核工作。

三、法制审核的适用情形

2017年行政处罚法修改明确“在行政机关负责人作出决定之前，应当由从事行政处罚决定审核的人员进行审核”，并没有明确法制审核的范围。2019年《国务院办公厅关于全面推行行政执法公示制度执法全过程记录制度重大执法决定法制审核制度的指导意见》明确了法制审核的范围，落脚点在重大执法决定上。根据改革新要求和各方面意见，本条第1款规定了四类情形：涉及重大公共利益的；直接关系当事人或者第三人重大权益，经过听证程序的；案件情况疑难复杂、涉及多个法律关系的；法律、法规规定应当进行法制审核的其他情形。这是从行政处罚决定涉及的利益重要程度和案情疑难程度的角度，确定了法制审核的范围。除了明确列举的前三类情形外，其他法律或者行政法规、地方性法规还可以规定应当进行法制审核的情形，属于这些情形的，也应当进行法制审核。

法制审核主要审核行政执法主体是否合法，行政执法人员是否具备执法资格；行政执法程序是否合法；案件事实是否清楚，证据是否合法、充分；适用法律、法规、规章是否准确，裁量基准运用是否适当；执法是否超越执法机关法定权限；行政执法文书是否完备、规范；违法行为是否涉嫌犯罪、需要移送司法机关等。

第五十九条　行政机关依照本法第五十七条的规定给予行政处罚，应当制作行政处罚决定书。行政处罚决定书应当载明下列事项：

（一）当事人的姓名或者名称、地址；

（二）违反法律、法规、规章的事实和证据；

（三）行政处罚的种类和依据；

（四）行政处罚的履行方式和期限；

（五）申请行政复议、提起行政诉讼的途径和期限；

（六）作出行政处罚决定的行政机关名称和作出决定的日期。

行政处罚决定书必须盖有作出行政处罚决定的行政机关的印章。

【释义】本条是关于行政处罚决定书应当载明事项的规定。

行政处罚决定书是行政机关作出的行政处罚决定的书面载体，是正式的法律文书。为了规范行政处罚决定书的制作，本条对应当制作行政处罚决定书的情形、行政处罚决定书应当载明的事项等作了规定。

一、应当制作行政处罚决定书的情形

本条第 1 款规定，行政机关依照本法第 57 条的规定给予行政处罚，应当制作行政处罚决定书。根据本法第 57 条第 1 款规定，调查终结，行政机关负责人应当对调查结果进行审查，根据不同情况，分别作出相应决定，其中包括确有应受行政处罚的违法行为的，根据情节轻重及具体情况，作出行政处罚决定。

二、行政处罚决定书应当载明的事项

根据本条第 1 款的规定，行政机关依照本法第 57 条的规定给予行政处罚，制作的行政处罚决定书应当载明以下 6 类事项：

一是当事人的姓名或者名称、地址。包括自然人的姓名、地址，法人或者其他组织的名称、地址。

二是违反法律、法规、规章的事实和证据。本法第 5 条第 2 款规定，设定和实施行政处罚必须以事实为依据，与违法行为的事实、性质、情节以及社会危害程度相当。第 40 条规定，公民、法人或者其他组织违反行政管理秩序的行为，依法应当给予行政处罚的，行政机关必须查明事实；违法事实不清、证据不足的，不得给予行政处罚。违法行为的事实及其证据，是作出行政处罚决定不可缺少的重要依据，因此，行政处罚决定书必须载明当事人违反法律、法规、规章的事实和证据。根据本法第 46 条的规定，证据包括书证、物证、视听资料、电子数据、证人证言、当事人的陈述、鉴定意见和勘验笔录、现场笔录。证据必须经查证属实，方可作为认定案件事实的根据。以非法手段取得的证据，不得作为认定案件事实的根据。

三是行政处罚的种类和依据。行政处罚的种类即本法第 9 条规定的六类：

警告、通报批评；罚款、没收违法所得、没收非法财物；暂扣许可证件、降低资质等级、吊销许可证件；限制开展生产经营活动、责令停产停业、责令关闭、限制从业；行政拘留；法律、行政法规规定的其他行政处罚。行政处罚的依据是指据以作出行政处罚决定的法律、法规、规章规定。本法第5条第3款规定，对违法行为给予行政处罚的规定必须公布；未经公布的，不得作为行政处罚的依据。

四是行政处罚的履行方式和期限。除不需要当事人履行的行政处罚决定外，行政处罚决定书应当载明行政处罚的履行方式和期限。行政处罚的履行方式应当根据行政处罚的种类合理确定。例如，罚款的履行方式，根据本法第67条的规定，除依法可以当场收缴的罚款外，当事人应当在履行期限内，到指定的银行或者通过电子支付系统缴纳罚款。行政处罚的履行期限是指当事人履行完行政处罚决定的最晚时间。本法第66条规定，行政处罚决定依法作出后，当事人应当在行政处罚决定书载明的期限内，予以履行。当事人确有经济困难，需要延期或者分期缴纳罚款的，经当事人申请和行政机关批准，可以暂缓或者分期缴纳。

五是申请行政复议、提起行政诉讼的途径和期限。申请行政复议、提起行政诉讼是当事人的重要权利。本法第7条规定，公民、法人或者其他组织对行政机关所给予的行政处罚，享有陈述权、申辩权；对行政处罚不服的，有权依法申请行政复议或者提起行政诉讼。公民、法人或者其他组织因行政机关违法给予行政处罚受到损害的，有权依法提出赔偿要求。为保障当事人申请救济的权利，行政处罚决定书应当载明申请行政复议、提起行政诉讼途径和期限，包括当事人可以在多长时间内向哪一个行政机关申请行政复议，向哪一家人民法院提起行政诉讼。

六是作出行政处罚决定的行政机关名称和作出决定的日期。行政处罚决定书必须载明作出行政处罚决定的行政机关或者具有行政主体资格的法律、法规授权组织的名称和作出决定的日期。

需要注意的是，根据本法第52条的规定，适用简易程序依法当场作出行政处罚决定的，由执法人员填写预定格式、编有号码的行政处罚决定书。这类行政处罚决定，填写的预定格式、编有号码的行政处罚决定书应当载明的事项与本条的规定有所不同，包括当事人的违法行为，行政处罚的种类和依据、罚款数额、时间、地点，申请行政复议、提起行政诉讼的途径和期限以及行政机关名称。

三、行政处罚决定书必须盖章

行政机关的印章是行政机关行使职权的重要凭证，加盖印章的行政处罚决定代表行政处罚实施机关的意志，具有法律效力。本条第 2 款规定，行政处罚决定书还必须盖有作出行政处罚决定的行政机关的印章。

关于行政处罚决定书盖章，需要注意以下三点：一是根据本法第 19 条的规定，法律、法规授权的组织依法实施行政处罚，作出的行政处罚决定书应当盖有该组织的印章。二是行政机关依照本法第 20 条的规定，在其法定权限内书面委托符合本法第 21 条规定条件的组织实施行政处罚的，受委托组织在委托范围内，以委托行政机关名义实施行政处罚，行政处罚决定书应当载明委托行政机关的名称。三是根据本法第 51 条、第 52 条规定当场作出行政处罚决定，由执法人员在预制的行政处罚决定书上签名或者盖章。

第六十条　行政机关应当自行政处罚案件立案之日起九十日内作出行政处罚决定。法律、法规、规章另有规定的，从其规定。

【释义】本条是关于行政处罚期限的规定。

为进一步补充完善行政处罚程序，总结实践经验，根据各方面意见，本次修改增加了作出行政处罚决定的期限的规定。

一、行政处罚期限的起算点

本条规定，行政处罚期限的起算点为案件立案之日。本法第 54 条规定，符合立案标准的，行政机关应当及时立案。

二、行政处罚期限

考虑到多数行政处罚案件的办理情况，本条规定的行政处罚期限为 90 日，即自行政处罚案件立案之日起 90 日内，行政机关应当根据本法第 57 条的规定，作出行政处罚决定。

考虑到一些领域行政处罚案件具有特殊性，有关法律、法规、规章对行政处罚期限作了专门规定，本条规定，法律、法规、规章另有规定的，从其规定。例如，治安管理处罚法第 99 条规定，公安机关办理治安案件的期限，自受理之日起不得超过 30 日；案情重大、复杂的，经上一级公安机关批准，可以延长 30 日。又如，市场监管总局 2018 年制定的《市场监督管理行政处罚程序暂行规定》第 57 条规定，适用一般程序办理的案件应当自立案之日起 90 日内作出处理决定；因案情复杂或者其他原因，不能在规定期限内作出处理决定的，经市场监督管理部门负责人批准，可以延长 30 日；案情特别复杂或者有其他特殊情况，经延期仍不能作出处理决定的，应当由市场监督管理部门负责人集体讨论决定是否继续延期，决定继续延期的，应当同时确定延长的合理期限。

这次修改行政处罚法，增加规定在 90 日内作出行政处罚决定的期限，是在总结了现有行政执法实践经验的基础上作出的，符合绝大多数行政执法的需要，因此，一般情况下行政处罚决定都应在立案之日起 90 日内作出。

第六十一条　行政处罚决定书应当在宣告后当场交付当事人；当事人不在场的，行政机关应当在七日内依照《中华人民共和国民事诉讼法》的有关规定，将行政处罚决定书送达当事人。

当事人同意并签订确认书的，行政机关可以采用传真、电子邮件等方式，将行政处罚决定书等送达当事人。

【释义】本条是关于行政处罚决定书交付和送达的规定。

行政处罚决定书是行政机关作出行政处罚决定的书面载体，必须向当事人交付或者送达。根据本条第 1 款的规定，行政处罚决定书应当在宣告后当场交付当事人；当事人不在场的，行政机关应当在 7 日内依照《中华人民共和国民事诉讼法》的有关规定，将行政处罚决定书送达当事人。这里的“《中华人民共和国民事诉讼法》的有关规定”包括现行民事诉讼法第 7 章第 2 节“送达”等规定以及相关司法解释关于“送达”的规定。根据民事诉讼法的规定，送达诉讼文书必须有送达回证，由受送达人在送达回证上记明收到日期，签名或者盖章。受送达人在送达回证上的签收日期为送达日期。送达诉讼文书，应当直接送交受送达人。受送达人是公民的，本人不在交他的同住成年家属签收；受送达人是法人或者其他组织的，应当由法人的法定代表人、其他组织的主要负责人或者该法人、组织负责收件的人签收；受送达人有诉讼代理人的，可以送交其代理人签收；受送达人已向人民法院指定代收人的，送交代收人签收。受送达人的同住成年家属，法人或者其他组织的负责收件的人，诉讼代理人或者代收人在送达回证上签收的日期为送达日期。受送达人或者他的同住成年家属拒绝接收诉讼文书的，送达人可以邀请有关基层组织或者所在单位的代表到场，说明情况，在送达回证上记明拒收事由和日期，由送达人、见证人签名或者盖章，把诉讼文书留在受送达人的住所；也可以把诉讼文书留在受送达人的住所，并采用拍照、录像等方式记录送达过程，即视为送达。直接送达诉讼文书有困难的，可以委托其他人民法院代为送达，或者邮寄送达。邮寄送达的，以回执上注明的收件日期为送达日期。受送达人下落不明，或者用本节规定的其他方式无法送达的，公告送达。自发出公告之日起，经过60日，即视为送达。公告送达，应当在案卷中记明原因和经过。

为了方便当事人，提高行政效率，本条第2款规定了传真、电子邮件等送达方式，即当事人同意并签订确认书的，行政机关可以采用传真、电子邮件等方式，将行政处罚决定书等送达当事人。当事人同意并签订确认书也可以通过电子方式进行。这是本次修订行政处罚法新增加的内容。根据民事诉讼法的规定，采用传真、电子邮件等方式送达的，以传真、电子邮件等到达受送达人特定系统的日期为送达日期。

第六十二条　行政机关及其执法人员在作出行政处罚决定之前，未依照本法第四十四条、第四十五条的规定向当事人告知拟作出的行政处罚内容及事实、理由、依据，或者拒绝听取当事人的陈述、申辩，不得作出行政处罚决定；当事人明确放弃陈述或者申辩权利的除外。

【释义】本条是关于未履行告知义务或者拒绝听取当事人的陈述、申辩不得作出行政处罚决定的规定。

陈述权和申辩权是行政处罚过程中当事人重要的程序权利，本法第7条明确规定当事人对行政机关所给予的行政处罚享有陈述权和申辩权。同时，本法第44条规定行政机关有告知义务，要求行政机关在作出行政处罚决定之前，应当告知当事人拟作出的行政处罚内容及事实、理由、依据，并告知当事人依法享有的陈述、申辩、要求听证等权利。第45条在再次明确当事人有权进行陈述和申辩的同时，规定行政机关有听取意见和复核义务，要求行政机关必须充分听取当事人的意见，对当事人提出的事实、理由和证据，应当进行复核；当事人提出的事实、理由或者证据成立的，行政机关应当采纳。行政机关不得因当事人陈述、申辩而给予更重的处罚。本条在前述两条规定的基础上，进一步明确行政机关及其执法人员未履行告知义务以及拒绝听取当事人陈述、申辩的不利后果，即不得作出行政处罚决定。

实施行政处罚必须以事实为依据，与违法行为的事实、性质、情节以及社会危害程度相当。告知当事人拟作出的行政处罚内容及事实、理由、依据，听取当事人的陈述、申辩，让当事人对行政机关拟作出行政处罚所认定的事实是否准确、证据是否充分、理由是否成立、适用法律是否适当、处罚是否合理等陈述自己的看法、意见，提出有利于自己的事实、理由和证据，甚至进行辩论，可使据以作出行政处罚决定的事实更准确、证据更扎实，法律适用更精准，处罚裁量更合理，有利于保证行政处罚合法、合理、公正。同时，在告知、陈述和申辩过程中，让当事人明白自己的行为违反了什么法律规定，为什么要给予这样的行政处罚，既可以让当事人心悦诚服接受处罚，有利于行政处罚的执行，也可以起到教育警示作用，有利于当事人提高法治意识、自觉守法。

行政机关及其执法人员应当依照本法规定的程序实施行政处罚。履行告知义务与听取陈述、申辩是行政机关及其执法人员实施行政处罚的必经程序，除非当事人明确放弃陈述或者申辩权利，否则未经这些程序，相当于剥夺了当事人的知情权、陈述权、申辩权，行政机关及其执法人员不得作出行政处罚决定；如果作出行政处罚决定，属于明显的程序违法，达到重大且明显违法程度的，属于行政处罚无效情形。行政机关的法制审核部门和负责人应当把好关，防止出现违法情形。

第四节 听证程序

第六十三条　行政机关拟作出下列行政处罚决定，应当告知当事人有要求听证的权利，当事人要求听证的，行政机关应当组织听证：

（一）较大数额罚款；

（二）没收较大数额违法所得、没收较大价值非法财物；

（三）降低资质等级、吊销许可证件；

（四）责令停产停业、责令关闭、限制从业；

（五）其他较重的行政处罚；

（六）法律、法规、规章规定的其他情形。

当事人不承担行政机关组织听证的费用。

【释义】本条是关于听证范围和听证费用的规定。

本法第44条中规定，行政机关在作出行政处罚决定之前，应当告知当事人依法享有的要求听证等权利。本条进一步明确举行听证的案件范围，并规定当事人要求听证的，行政机关应当组织听证，确保当事人听证权利落地落实。

听证制度是各国行政程序法的一项核心制度，要求行政机关在作出行政行为前，应当听取当事人的意见，赋予了当事人为自己申辩和质证的权利，是一项很重要的程序制度。我国1996年的行政处罚法将听证制度作为行政处罚程序的一项重要制度加以规定，这是我国法律第一次明确规定听证制度，对于规范行政处罚实施，保护当事人合法权益很有意义。随后，我国听证制度适用范围不断扩大，在行政许可、城市规划、政府价格决策、产业损害调查、保障措施调查、反倾销与反补贴调查、医疗事故技术鉴定等领域引入了听证制度。

行政行为既要追求公正，也要讲究效率。本条规定举行听证的范围为拟给予较重的行政处罚的案件，而不是所有行政处罚案件都应当进行听证。这样规定较好地平衡了公正与效率的关系，既通过听证程序查清事实、合法合理给予处罚，保障当事人的合法权益，又兼顾行政机关处理行政处罚案件的效率，减少不必要的行政资源耗费。本条还规定，当事人要求听证的，行政机关应当组织听证。属于听证范围的案件，如果当事人对案件的事实、证据、处罚等没有异议，不要求听证的，可以不组织听证。

本条列举的纳入听证范围的情形都是拟给予较重的行政处罚的案件，有的对当事人的经济、财产影响较大，如较大数额罚款、没收较大数额违法所得、没收较大价值非法财物；有的对当事人的资质能力和经营活动影响较大，如降低资质等级、吊销许可证件，责令停产停业、责令关闭、限制从业。行政处罚法是行政处罚领域的一般性法律，考虑到各地、各部门的特殊性，在听证的适用范围方面作了一些开放性规定：一是较大数额罚款、较大数额违法所得、较大价值非法财物，可以由单行法律、法规或者规章来确定。如治安管理处罚法规定公安机关作出处2000元以上罚款的治安管理处罚决定前，应当告知违反治安管理行为人有权要求举行听证。《交通运输行政执法程序规定》规定，较大数额罚款，地方执法部门按照省级人大常委会或者人民政府规定或者其授权部门规定的标准执行；海事执法部门按照对自然人处1万元以上、对法人或者其他组织处10万元以上执行。《市场监督管理行政处罚听证暂行办法》规定，听证案件的范围包括对自然人处以1万元以上、对法人或者其他组织处以10万元以上罚款，对自然人、法人或者其他组织作出没收违法所得和非法财物价值达到前述数额的行政处罚；各省、自治区、直辖市人大常委会或者人民政府对罚没数额有具体规定的，可以从其规定。《商务部行政处罚实施办法》规定，拟作出3万元以上（不含3万元）罚款的行政处罚的，应当在行政处罚告知书中告知当事人有要求举行听证的权利。《上海市行政处罚听证程序规定》明确较大数额对个人是指5000元以上（或者等值物品价值），对法人或者其他组织是指5万元以上（或者等值物品价值）。如果没有明确的规范性文件依据的，行政机关可以酌情确定。二是其他较重的行政处罚，可由单行法律、法规、规章根据实际情况予以具体规定，也可在执法实践中根据个案予以认定。三是法律、法规、规章规定的其他情形，这不限于本条规定的第1项至第5项情形。

听证是行政机关行使行政处罚权的程序，组织听证是履行行政管理职能的行为，其费用属于政府管理成本，应当由政府财政承担，不应由当事人承担。本条明确规定当事人不承担组织听证的费用，可以更好地保障当事人的听证权利。

第六十四条　听证应当依照以下程序组织：

（一）当事人要求听证的，应当在行政机关告知后五日内提出；

（二）行政机关应当在举行听证的七日前，通知当事人及有关人员听证的时间、地点；

（三）除涉及国家秘密、商业秘密或者个人隐私依法予以保密外，听证公开举行；

（四）听证由行政机关指定的非本案调查人员主持；当事人认为主持人与本案有直接利害关系的，有权申请回避；

（五）当事人可以亲自参加听证，也可以委托一至二人代理；

（六）当事人及其代理人无正当理由拒不出席听证或者未经许可中途退出听证的，视为放弃听证权利，行政机关终止听证；

（七）举行听证时，调查人员提出当事人违法的事实、证据和行政处罚建议，当事人进行申辩和质证；

（八）听证应当制作笔录。笔录应当交当事人或者其代理人核对无误后签字或者盖章。当事人或者其代理人拒绝签字或者盖章的，由听证主持人在笔录中注明。

【释义】本条是关于听证程序的规定。

本条规定的听证程序包括：

一是提出听证要求。对属于本法第63条规定范围的案件，行政机关应当在作出行政处罚决定之前告知当事人有要求听证的权利，当事人要求听证的，应当在行政机关告知后5日内提出。这次修改将当事人提出听证要求的期间由3日延长为5日，进一步发挥听证制度的作用，更好地保障当事人的听证权利。

二是听证前的准备。为了保证当事人有足够的时间准备听证，行政机关应当在举行听证的7日前，将听证时间、地点通知当事人及有关人员。

三是听证公开举行。行政处罚应当遵循公开原则，为了便于社会监督，听证一般应当公开举行。但是，为了维护国家安全、企业利益和个人权益，涉及国家秘密、商业秘密或者个人隐私依法应当保密的案件，听证不公开举行。

四是听证主持人。为了保证听证的公正，听证主持人应当是行政机关指定的非本案调查人员，已经参与案件调查的行政人员不能作为听证主持人。当事人认为主持人与本案有直接利害关系的，有权申请回避。根据本法第43条规定，当事人提出回避申请的，行政机关应当依法审查，由行政机关负责人决定是否回避。

五是听证参加人。听证是当事人陈述、申辩、质证的过程，需要出示证据、辨明事实、陈述意见、申明理由、相互辩驳，具有一定的专业性。为保证当事人更好维护自己权益，本条规定当事人可以亲自参加听证，也可以委托1至2名代理人参加听证。

六是放弃听证权利。一般而言，听证是因当事人要求而组织的，如果当事人及其代理人无正当理由拒不出席听证或者未经许可中途退出听证，相当于用实际行动否定了要求听证的请求，是对自己听证权利的处分，应当视为放弃听证权利。由于当事人不参与听证，不能再进行申辩、质证，难以发挥听证查清事实、辨明理由的作用，听证难以继续进行，也没必要继续进行，行政机关应当终止听证。

七是听证的过程。实施行政处罚必须以事实为依据，与违法行为的事实、性质、情节以及社会危害程度相当。举行听证时，调查人员就当事人的违法行为进行指控，出示当事人违法的证据，说明已经查明的事实，提出给予行政处罚的建议，当事人针对调查人员指控的事实和处罚建议发表意见、进行辩驳和质证，从而达到查清事实、辨明道理的目的。

八是制作听证笔录。听证是作出行政处罚决定的重要程序，应当制作笔录，真实完整记录听证过程中调查人员的指控和当事人的申辩、质证情况。听证笔录是行政机关作出行政处罚决定的重要根据之一，应当交当事人或者其代理人核对无误后签字或者盖章，以保证笔录的完整性、真实性、准确性。当事人或者其代理人拒绝签字或者盖章的，由听证主持人在笔录中注明。

第六十五条　听证结束后，行政机关应当根据听证笔录，依照本法第五十七条的规定，作出决定。

【释义】本条是关于听证笔录效力的规定。

从各国行政程序法关于听证制度的规定看，都对听证笔录的效力作了规定，明确其对行政机关最终决定的约束力，但各国规定的听证笔录对行政机关决定的约束力程度不一样。主要有两种做法：一种是美国的案卷排他性原则，即行政机关的决定必须根据听证案卷作出，不能在案卷之外，以当事人不知道或者没有论证的事实作为行政决定的根据，否则，行政决定无效。案卷排他性原则在美国被认为是正式听证的核心内容，其目的在于维护听证的公正性。其理由是，如果行政机关可以根据听证笔录以外的证据认定的事实作出决定，当事人的听证权就会失去意义。另一种是德国、韩国、日本和瑞士等国家规定的听证笔录对行政机关的决定有一定的约束力，行政机关应斟酌听证笔录作出行政决定，但行政机关不是必须以听证笔录为根据，只有在行政程序法之外的其他法律明确规定以听证笔录为根据的，行政机关才必须以听证笔录为根据，不能以听证笔录之外或当事人不知道或者没有听证的证据认定的事实作根据。

修改前的行政处罚法没有明确听证笔录的效力，导致一些听证会听而不证，没有真正发挥听证制度保护行政相对人重大合法权益、保证行政机关准确作出行政处罚决定的作用。这次修改明确规定听证结束后，行政机关应当根据听证笔录并依照本法第 57 条的规定作出决定，强化了听证笔录的作用。

第六章　行政处罚的执行

第六十六条　行政处罚决定依法作出后，当事人应当在行政处罚决定书载明的期限内，予以履行。

当事人确有经济困难，需要延期或者分期缴纳罚款的，经当事人申请和行政机关批准，可以暂缓或者分期缴纳。

【释义】本条是关于当事人履行行政处罚决定的义务以及可以申请暂缓或者分期缴纳罚款的规定。

一、当事人有履行行政处罚决定的义务

根据行政行为效力理论，行政行为依法作出并送达当事人即发生法律效力，对当事人具有拘束力，当事人应当履行行政行为确定的义务。行政处罚是一类减损当事人权益或者增加当事人义务的惩戒性行政行为，行政处罚决定依法作出后，当事人应当履行相应义务，否则行政机关可以依法强制执行。依照本法规定，行政处罚决定书应当载明行政处罚的履行方式和期限。当事人履行行政处罚决定：一是按时履行。当事人应当按照行政处罚决定书载明的期限及时予以履行。另外，根据本法规定，依法当场收缴的罚款当场履行；其他罚款，当事人应当自收到行政处罚决定书之日起 15 日内履行。二是按照行政处罚决定书载明的履行方式履行义务。罚款除当场缴纳外，一般到指定的银行或者通过电子支付系统缴纳。三是实际履行。行政处罚决定依法作出后，当事人应当以自己的实际行动履行行政处罚决定的义务，如缴纳罚款、主动停产停业等。当事人不能只是口头允诺，而不见诸实际行动。四是完全履行。行政处罚决定依法作出后，当事人应当全面履行行政处罚决定的内容，而不能只履行其中的一部分。比如，行政处罚决定要求当事人缴纳罚款并责令停产停业，如当事人只缴纳了罚款却没有停产停业，就属于没有完全履行行政处罚决定。

二、暂缓或者分期缴纳罚款

实践中，一些当事人有意愿按照行政处罚决定书载明的期限缴纳罚款，但因经济困难暂时没有能力按时一次性全部履行缴纳罚款的义务。针对这种情况，本条第2款规定了暂缓或者分期缴纳罚款的制度。这项制度的重点是当事人经济困难，导致没有经济实力按时一次性全部缴纳罚款，对此行政机关在作出行政处罚决定确定履行方式和期限时应当予以充分考虑，同时在作出处罚决定后当事人履行过程中也应当予以考虑。一是须由当事人向作出行政处罚决定的行政机关提出延期或者分期缴纳罚款的申请，行政机关不得自行决定。申请应当说明经济困难的具体情形。二是行政机关应当对当事人的申请严格把关，经核实当事人确有经济困难，无力按时一次性全部缴纳罚款的，应当批准申请，依法作出允许暂缓或者分期缴纳罚款的决定。决定书应当明确暂缓缴纳罚款的期限，或者分期的期数和期限等内容。

第六十七条　作出罚款决定的行政机关应当与收缴罚款的机构分离。

除依照本法第六十八条、第六十九条的规定当场收缴的罚款外，作出行政处罚决定的行政机关及其执法人员不得自行收缴罚款。

当事人应当自收到行政处罚决定书之日起十五日内，到指定的银行或者通过电子支付系统缴纳罚款。银行应当收受罚款，并将罚款直接上缴国库。

【释义】本条是关于作出罚款决定的行政机关与收缴罚款的机构分离的规定。

作出罚款决定的行政机关应当与收缴罚款的机构分离，即“罚缴分离”制度，是行政处罚制度的重要内容。“罚缴分离”克服了“自罚自收”的弊端，如曾经有一些行政机关将罚款收入与行政经费挂钩，把罚款作为创收的手段，为了增加所谓的收入而多罚款或者乱罚款，侵犯公民、法人和其他组织的合法权益，损害行政机关的权威和形象，影响行政执法的公平正义。我国1996年制定行政处罚法时就确立了“罚缴分离”制度，明确了相应要求。

一、罚款机关与收缴罚款机构相分离

按照本条第1款规定，作出罚款决定的行政机关应当与收缴罚款的机构分离。行政处罚机关不得设立收缴罚款的机构，也不得与收缴罚款的机构有关联

关系，这是“罚缴分离”制度的组织保障。“收缴罚款的机构”是指具体承担收取罚款业务的机构，实践中主要是经中国人民银行批准有代理收付款业务的商业银行、信用合作社等。

二、行政处罚机关及其执法人员不得收取罚款

根据本条第 2 款规定，除依法可以当场收缴的罚款外，作出行政处罚决定的行政机关及其执法人员不得自行收缴罚款。也就是说，行政处罚机关既不能主动要求当事人向其缴纳罚款，也不能接受当事人缴纳的罚款。行政处罚机关应当在处罚决定书中明确履行缴纳罚款义务的方式，告知当事人向收缴罚款的机构缴纳。行政机关违反本款规定自行收缴罚款的，由上级行政机关或者有关机关责令改正，对直接负责的主管人员和其他直接责任人员依法给予处分。本法第 79 条还对行政机关截留、私分或者变相私分罚款，执法人员利用职务上的便利将收缴罚款据为己有等违法行为规定了相应法律责任。

三、当事人应当按时向收缴罚款的机构缴纳罚款

当事人有缴纳罚款的义务，应当自收到行政处罚决定书之日起 15 日内，到指定的银行或者通过电子支付系统缴纳罚款。银行应当在代收网点、营业时间、服务设施、缴款手续等方面为当事人缴纳罚款提供方便，当事人也可以通过电子支付系统联接银行财政专户缴纳罚款。受指定银行有收受罚款的义务，不得拒绝，收到罚款后应当将罚款直接上缴国库。当事人可以通过电子支付系统缴纳罚款，是本次修订行政处罚法新增的内容，以方便当事人，确认在实践中大量使用的这一支付方式的合法性。

例外情形是当场缴纳罚款。根据本条第 2 款规定，依照本法第 68 条、第 69 条的规定当场收缴的罚款除外。一是依照本法第 51 条规定当场作出给予 100 元以下罚款的，或者不当场收缴事后难以执行的；二是在边远、水上、交通不便地区，当事人到指定的银行或者通过电子支付系统缴纳罚款确有困难，经当事人提出当场收缴罚款的。上述两种情况主要从方便当事人缴纳罚款、减轻当事人负担、有利于罚款的收缴等方面来考虑。对于当场收缴罚款的，行政处罚机关及其执法人员应当及时将罚款上缴国库。

第六十八条　依照本法第五十一条的规定当场作出行政处罚决定，有下列情形之一，执法人员可以当场收缴罚款：

（一）依法给予一百元以下罚款的；

（二）不当场收缴事后难以执行的。

【释义】本条是关于当场处罚当场收缴罚款的规定。

当场收缴罚款，即作出罚款决定的行政机关或者其执法人员，在作出罚款决定的同时，一并收缴处罚决定所确定的罚款。当场收缴罚款是“罚缴分离”制度的例外情况，有严格的条件限制。本条规定的当场收缴罚款只适用于按照简易程序当场作出的部分行政处罚决定，即依照本法第51条的规定当场作出行政处罚决定时，如有以下两种情形，执法人员可以当场收缴罚款。

一、依法给予100元以下的罚款

在该种情况下，当事人违法事实简单、违法行为轻微，行政机关对其处以的罚款数额较小，实行当场收缴比较切实可行。一方面对当事人权益影响较小，另一方面方便当事人缴纳罚款，同时提高了行政效率。修订前的行政处罚法规定当场收缴的罚款数额为20元以下，这次修订将这一标准提高至100元。

二、不当场收缴事后难以执行

在行政执法实践中，行政机关查处流动人员或者没有固定经营场所经营者实施的违法行为时，可能会遇到不当场收缴罚款事后难以执行或者无法执行的情况。比如，道路交通安全法第108条第2款规定，对行人、乘车人和非机动车驾驶人的罚款，当事人无异议的，可以当场予以收缴罚款。该种情况就属于不当场收缴可能事后难以执行的情况。因此，基于有利于罚款收缴，提高行政处罚效率的考虑，本条将“不当场收缴事后难以执行”规定为可以当场收缴罚款的一种情形。需要注意的是，该种情形下，执法人员当场收缴罚款的数额受到一定的限制，其应当符合本法第51条关于罚款数额的规定，即对公民处以200元以下、对法人或者其他组织处以3000元以下的罚款。

当场收缴罚款有其必要性和现实性，但是当场收缴罚款，客观上也使行政机关及其执法人员有机会直接接触或者掌握罚款款项。为避免行政机关及其执法人员当场收缴罚款后截留、私分款项，本法第70条、第71条对当场收缴罚款的程序作了规定，要求行政机关及其执法人员向当事人出具财政部门统一制发的专用票据，并在规定的期限内上缴罚款。如果行政机关及其执法人员不依法出具相关专用票据，当事人有权拒绝缴纳罚款。

第六十九条　在边远、水上、交通不便地区，行政机关及其执法人员依照本法第五十一条、第五十七条的规定作出罚款决定后，当事人到指定的银行或者通过电子支付系统缴纳罚款确有困难，经当事人提出，行政机关及其执法人员可以当场收缴罚款。

【释义】本条是关于在特定地区因当事人要求可当场收缴罚款的规定。

除本法第 68 条规定外，本条对当场收缴罚款的另一种情况作了规定，即在边远、水上、交通不便地区，行政机关及其执法人员作出罚款决定后，当事人到指定的银行或者通过电子支付系统缴纳罚款确有困难，经当事人提出，行政机关及其执法人员可以当场收缴罚款。

本条的规定，包含以下的含义：一是本条规定当场收缴罚款的前提条件是在边远、水上、交通不便地区，当事人到指定的银行或者通过电子支付系统缴纳罚款确有困难，并且当事人主动提出当场缴纳罚款的要求，以上条件缺一不可。这也是基于方便当事人缴纳罚款的考虑而作出的规定。当事人未提出当场缴纳罚款的要求，行政机关及其执法人员不得当场收缴罚款。二是不同于本法第 68 条规定的当场收缴罚款只能适用于按照简易程序当场作出行政处罚决定的情况，本条规定的当场收缴罚款适用于行政处罚的简易程序和普通程序，即当场收缴的罚款是行政机关及其执法人员依照本法第 51 条、第 57 条规定作出的罚款决定。本法第 51 条、第 57 条分别对适用于简易程序、普通程序的行政处罚决定作了规定。三是本条规定当场收缴罚款的主体是行政机关及其执法人员。

本法第 70 条、第 71 条对当场收缴罚款的程序作了规定，要求行政机关及其执法人员向当事人出具财政部门统一制发的专用票据，并在规定的期限内上缴罚款。如果行政机关及其执法人员不依法出具相关专用票据，当事人有权拒绝缴纳罚款。

第七十条　行政机关及其执法人员当场收缴罚款的，必须向当事人出具国务院财政部门或者省、自治区、直辖市人民政府财政部门统一制发的专用票据；

不出具财政部门统一制发的专用票据的，当事人有权拒绝缴纳罚款。

【释义】本条是关于当场收缴罚款应当出具财政部门统一制发的专用票据的规定。

行政处罚法确立了罚缴分离制度，当场收缴罚款是罚缴分离制度的例外情形。为规范当场收缴罚款行为，加强对行政机关及其执法人员当场收缴罚款的监督管理，保证收缴到的罚款能够如数上缴国库，防止出现个别行政机关或者执法人员将当场收缴的罚款截留、私分或者据为己有等情况，本条规定当场收缴罚款的，必须向当事人出具国务院财政部门或者省、自治区、直辖市人民政府财政部门统一制发的专用票据，否则当事人有权拒绝缴纳罚款。

根据本法的规定，可以当场收缴罚款的情况包括以下三种：一是依照本法第68条规定，当场作出的依法给予100元以下罚款的行政处罚决定；二是依照本法第68条规定，虽然罚款数额高于100元，但如果不当场收缴事后难以执行的当场作出的行政处罚决定；三是依照本法第69条规定，在边远、水上、交通不便地区，当事人到指定的银行或者通过电子支付系统缴纳罚款确有困难，并明确提出当场缴纳罚款的行政处罚决定。当场收缴罚款的情况，更容易出现监管缺少、执法腐败等问题，所以本条对当场收缴罚款的票据作出专门规定。

专用票据由国务院财政部门或者省、自治区、直辖市人民政府财政部门统一制发，其他行政机关无权制发罚款票据。根据《财政票据管理办法》的规定，财政票据由省级以上财政部门按照管理权限分别监（印）制。财政部门是财政票据的主管部门。财政部负责全国财政票据管理工作，承担中央单位财政票据的印制、发放、核销、销毁和监督检查等工作，指导地方财政票据管理工作。省、自治区、直辖市人民政府财政部门负责本行政区域财政票据的印制、发放、核销、销毁和监督检查等工作，指导下级财政部门财政票据管理工作。省级以下财政部门负责本行政区域财政票据的申领、发放、核销、销毁和监督检查等工作，但无权制发票据。

行政机关及其执法人员当场收缴罚款，但不出具国务院财政部门或者省、自治区、直辖市人民政府财政部门统一制发票据的，或者使用其他票据的，当事人有权拒绝缴纳。行政机关及其执法人员当场收缴罚款，但不依法出具财政部门统一制发票据的，属于违法行为，当事人不但有权拒绝，还可以根据本法第77条的规定予以检举，由上级行政机关或者有关机关对使用的非法单据予以收缴销毁，对直接负责的主管人员和其他直接责任人员依法给予处分。

第七十一条　执法人员当场收缴的罚款，应当自收缴罚款之日起二日内，交至行政机关；在水上当场收缴的罚款，应当自抵岸之日起二日内交至行政机关；行政机关应当在二日内将罚款缴付指定的银行。

【释义】本条是关于当场收缴罚款的上交程序和期限的规定。

行政处罚以罚缴分离为原则，作出行政处罚决定的行政机关及其执法人员不得自行收缴罚款；在法律规定的特殊情形下，可由执法人员进行当场收缴。当场收缴在实质上是一种代收罚款的行为，为规范当场收缴罚款行为，本条明确规定了当场收缴罚款后的上交程序和期限。

一、执法人员二日内交至行政机关

一般情况下，执法人员当场收缴罚款后，应当自收缴罚款之日起二日内，交至行政机关。执法人员在当场收缴罚款后应当尽快上交至行政机关，但考虑到执法人员可能执法任务比较重，工作量比较大，要求他们在代收罚款的当日就交付行政机关，在实际操作中要求过高，因此规定执法人员应当自收缴罚款之日起二日内，交至行政机关。

针对水上执法情况作出特别规定，执法人员在水上当场收缴的罚款，应当自抵岸之日起，而不是当场收缴之日起二日内交至行政机关。这一规定主要是考虑到水上执法时，执法人员可能需要在水上工作时间较长，无法在短期内赶回行政机关，所以明确规定水上当场收缴的罚款交付行政机关的起算点为抵岸之日。

二、行政机关二日内缴付指定银行

行政机关在收到执法人员上交的当场收缴的罚款后，应当及时上缴国库。根据本条的规定，行政机关应当在二日内将罚款缴付指定的银行，不得将罚款长时间扣留在行政机关，更不得将罚款挪作他用，如充作办公经费、发放福利等。为了防止行政机关截留、私分或者变相私分罚款，本法还规定了相应的法律责任。

第七十二条　当事人逾期不履行行政处罚决定的，作出行政处罚决定的行政机关可以采取下列措施：

（一）到期不缴纳罚款的，每日按罚款数额的百分之三加处罚款，加处罚款的数额不得超出罚款的数额；

（二）根据法律规定，将查封、扣押的财物拍卖、依法处理或者将冻结的存款、汇款划拨抵缴罚款；

（三）根据法律规定，采取其他行政强制执行方式；

（四）依照《中华人民共和国行政强制法》的规定申请人民法院强制执行。

行政机关批准延期、分期缴纳罚款的，申请人民法院强制执行的期限，自暂缓或者分期缴纳罚款期限结束之日起计算。

【释义】本条是关于当事人逾期不履行行政处罚决定行政机关实施行政强制执行的规定。

一、当事人逾期不履行行政处罚决定的，行政机关可以采取的措施

行政机关依法作出行政处罚决定后，当事人应当按照行政处罚决定书载明的期限自觉履行缴纳罚款等处罚决定。当事人逾期不履行行政处罚决定的，行政机关依法强制执行或者申请人民法院强制执行。

一是加处罚款。当事人不按照行政处罚决定载明的期限缴纳罚款的，行政机关按照每日按罚款数额的百分之三加处罚款，加处罚款的数额不得超出罚款的数额。加处罚款，从学理上来说是属于执行罚，是间接强制的执行方式，通过对不及时履行行政罚款义务的当事人，加以新的金钱给付义务，促使当事人履行原罚款义务。加处罚款的数额每日按罚款数额的百分之三计算，但加处罚款的总额不得超出罚款的数额。与行政强制法规定相衔接，明确加处罚款的限额。主要是考虑到：一方面，加处罚款按日计算，如果不规定限额，可能会出现加处罚款的数额远远超过原罚款数额的情况，这样将大大加重当事人的负担，可能导致当事人在巨额加处罚款的压力下更怠于履行原罚款决定。另一方面，加处罚款后，如果当事人在这期间仍未履行罚款决定，加处罚款数额在33天后就会超过原罚款数额，这说明加处罚款没有达到督促当事人及时缴纳罚款的目的，没有实现该制度应有的效果，行政机关再继续实施加处罚款也没有太大意义，应当及时选择其他有效的执行方式，避免影响行政效率。

需要注意的有三个问题：首先，加处罚款的性质，是一种间接强制执行方式，不是一种新的行政处罚。其次，实施加处罚款不需要法律法规的特别规定，所有依法作出行政罚款决定的行政机关，都有权依照本条的规定作出加处罚款的决定。最后，行政机关实施加处罚款，应当告知当事人加处罚款的计算标准，既便于当事人了解具体情况，明确义务，也能对当事人产生心理压力，督促其早日履行缴纳罚款的行政处罚决定。

在审议过程中，也有意见提出，对一些大额罚款，每日按罚款数额的百分之三加处罚款标准过高，建议适当降低加处罚款标准。考虑到实践中各领域罚款的情况差别较大，为了保障加处罚款的威慑力，对加处罚款标准未作修改，在罚款数额较大的领域，行政机关应当适时采取必要措施，及时收缴罚款，避免加处罚款数额过高。

二是拍卖、依法处理查封、扣押的财物或者划拨冻结的存款、汇款以抵缴罚款。查封、扣押财物和冻结存款、汇款都属于行政强制措施，是行政机关为查处违法行为或者防止危害扩大而采取的措施。当事人在法定期限内不申请行政复议或者提起行政诉讼，经催告仍不履行的，在实施行政管理过程中已经采取查封、扣押措施的行政机关，可以将查封、扣押的财物依法拍卖或者依法处理。拍卖查封、扣押的财物，应当由行政机关委托拍卖机构依照拍卖法的规定办理。根据行政强制法的规定，行政机关查封、扣押财物需要有法律法规的特别规定，法律法规没有规定行政机关具有查封、扣押权的，行政机关无权查封、扣押财物，当然就更不可能拍卖或者处理查封、扣押的财物。划拨冻结的存款、汇款，更需要有法律的特别规定，法律规定以外的其他行政机关或者组织不得向金融机构要求划拨当事人的存款、汇款。划拨存款、汇款由法律规定的有权机关依法作出划拨决定，并书面通知金融机构。金融机构接到行政机关依法作出划拨存款、汇款的决定后，应当立即划拨。划拨的存款、汇款，以及拍卖或者依法处理查封、扣押财物所得的款项，应当上缴国库用以抵缴罚款，不得以任何形式截留、私分或者变相私分。

三是根据法律规定，采取其他行政强制执行方式。根据行政强制法等法律规定，当事人不履行行政处罚决定的，行政机关根据法律规定，采取排除妨碍、恢复原状、代履行等行政强制执行方式。

四是依照行政强制法的规定申请人民法院强制执行。根据行政强制法的规定，我国实行行政机关执行和行政机关申请法院执行并行的模式。行政强制执行由法律设定，法律没有规定行政机关有强制执行权的，作出行政处罚决定的行政机关应当申请人民法院强制执行。

二、延期、分期缴纳罚款情形下，申请行政强制执行期限的计算

依照行政强制法第53条的规定，当事人在法定期限内不申请行政复议或者提起行政诉讼，又不履行行政决定的，没有行政强制执行权的行政机关可以自期限届满之日起3个月内，申请人民法院强制执行。为保障行政处罚决定的依法履行，完善行政处罚执行制度，本条第2款明确规定，行政机关批准延期、分期缴纳罚款的，当事人未按期缴纳罚款的，申请人民法院强制执行的期限，自暂缓或者分期缴纳罚款期限结束之日起计算。需要注意的是，由于当事人已经申请延期或者分期缴纳罚款并得到行政机关批准，即已经明确表示同意履行行政罚款决定，所以，行政机关申请人民法院强制执行不再需要等待申请行政复议或者提起行政诉讼法定期限届满。

第七十三条　当事人对行政处罚决定不服，申请行政复议或者提起行政诉讼的，行政处罚不停止执行，法律另有规定的除外。

当事人对限制人身自由的行政处罚决定不服，申请行政复议或者提起行政诉讼的，可以向作出决定的机关提出暂缓执行申请。符合法律规定情形的，应当暂缓执行。

当事人申请行政复议或者提起行政诉讼的，加处罚款的数额在行政复议或者行政诉讼期间不予计算。

【释义】本条是关于行政复议、行政诉讼不停止执行行政处罚的规定。

一、关于行政处罚的不停止执行

行政复议和行政诉讼是对行政机关行政行为的一种事后救济手段，目的是使公民、法人或者其他组织遭受行政行为侵害所受到的损失，通过行政和司法救济的途径，及时地予以恢复和补偿。当事人在受到行政处罚后，如果对处罚决定不服，可以依法向复议机关申请行政复议或向人民法院提起行政诉讼。为了保障行政效率，维护国家利益和社会公共利益，根据行政行为效力理论，行政复议法和行政诉讼法均规定，在行政复议和行政诉讼期间，行政行为原则上不停止执行。

行政复议法和行政诉讼法对复议和诉讼期间停止行政行为执行的情形作了规定。根据行政复议法第 21 条的规定，有下列情形之一的，可以停止执行：（1）被申请人认为需要停止执行的；（2）行政复议机关认为需要停止执行的；（3）申请人申请停止执行，行政复议机关认为其要求合理，决定停止执行的；（4）法律规定停止执行的。根据行政诉讼法第 56 条规定，有下列情形之一的，裁定停止执行：（1）被告认为需要停止执行的；（2）原告或者利害关系人申请停止执行，人民法院认为该行政行为的执行会造成难以弥补的损失，并且停止执行不损害国家利益、社会公共利益的；（3）人民法院认为该行政行为的执行会给国家利益、社会公共利益造成重大损害的；（4）法律、法规规定停止执行的。

二、关于限制人身自由处罚的暂缓执行

由于限制人身自由的行政处罚具有难以执行回转的特殊性，当事人对限制人身自由的行政处罚决定不服，申请行政复议或者提起行政诉讼的，可以向作出决定的机关提出暂缓执行申请。符合法律规定情形的，可以暂缓执行。根据治安管理处罚法的规定，公安机关认为暂缓执行行政拘留不致发生社会危险的，由被处罚人或者其近亲属提出符合规定条件的担保人，或者按每日行政拘留 200 元的标准交纳保证金，行政拘留的处罚决定暂缓执行。

三、关于行政复议、行政诉讼期间加处罚款数额的计算

由于行政复议法、行政诉讼法未对复议或者诉讼期间加处罚款是否继续计算作出明确规定，实际中对这一问题存在不同理解。

此次行政处罚法修改考虑到：一是加处罚款作为间接强制执行方式，目的是通过加强原处罚决定的效力督促当事人履行，当事人申请复议或者提起诉讼，明确表示对原处罚决定不服，因此，加处罚款已难以实现该制度原有的目的；二是加处罚款加重了被处罚人的经济负担，具有一定的惩罚性，实践中，行政复议和行政诉讼案件审理期限往往较长，如果复议或者诉讼期间继续计算加处罚款，当事人可能因提起复议或者诉讼而承担高额的加处罚款，不利于当事人

通过复议或者诉讼维护自己的合法权益；三是如确有必要，行政机关在复议或者诉讼期间还可以依法采取其他行政强制执行方式执行原处罚决定。因此，本次行政处罚法修改明确规定，当事人申请行政复议或者提起行政诉讼的，加处罚款的数额在行政复议或者行政诉讼期间不予计算。

第七十四条　除依法应当予以销毁的物品外，依法没收的非法财物必须按照国家规定公开拍卖或者按照国家有关规定处理。

罚款、没收的违法所得或者没收非法财物拍卖的款项，必须全部上缴国库，任何行政机关或者个人不得以任何形式截留、私分或者变相私分。

罚款、没收的违法所得或者没收非法财物拍卖的款项，不得同作出行政处罚决定的行政机关及其工作人员的考核、考评直接或者变相挂钩。除依法应当退还、退赔的外，财政部门不得以任何形式向作出行政处罚决定的行政机关返还罚款、没收的违法所得或者没收非法财物拍卖的款项。

【释义】本条是关于罚款、没收的违法所得以及非法财物处理的规定。

一、非法财物的处理

没收非法财物是指行政机关依法对违反行政管理秩序的公民、法人或者其他组织的非法财物予以没收的一种行政处罚。一般情况下，行政机关没收的非法财物主要包括：不属于当事人所有，而是被其非法占有的财物；财物虽系当事人所有，但因其用于非法活动而被没收，例如用作赌资的金钱等；违禁品，即国家法律、法规明文禁止生产、加工、保管、运输、销售的物品及在某些场所禁止携带的物品，如危险品、淫秽书刊、毒品等。2020 年 12 月财政部制定了《罚没财物管理办法》，对罚没财物处置等作了规定。根据该办法规定，罚没财物的处置应当遵循公开、公平、公正原则，依法分类、定期处置，提高处置效率，降低仓储成本和处置成本，实现处置价值最大化。

对依法没收的非法财物的处理，主要包括几种方式：一是销毁。《罚没财物管理办法》对罚没财物销毁作了具体规定。对淫秽、反动物品，非法出版物，有毒有害的食品药品及其原材料，危害国家安全以及其他有社会危害性的物品，以及法律法规规定应当销毁的，应当由执法机关予以销毁。对难以变卖且无经济价值或者其他价值的，可以由执法机关或者对罚没物品实行集中管理的政府公物仓予以销毁。属于应销毁的物品经无害化或者合法化处理，丧失原有功能后尚有经济价值的，可以由执法机关、政府公物仓作为废旧物品变卖。二是依照国家有关规定进行拍卖。拍卖，是指以公开竞价的形式，将特定物品或者与财产权有关的权利转让或者出让给最高应价者的买卖方式，具有竞争性强、透明度高等特点，有利于公众对行政机关进行监督，促进廉政建设。对非法财物的拍卖，应当依照拍卖法等有关规定进行。三是依照国家有关规定进行处理。根据《罚没财物管理办法》，可以移交相关主管部门处置，如对依法没收的文物，应当移交国家或者省级文物行政管理部门，由其指定的国有博物馆、图书馆等文物收藏单位收藏或者按国家有关规定处置；对武器、弹药、管制刀具、毒品、毒具、赌具、禁止流通的易燃易爆危险品等，应当移交同级公安部门或者其他有关部门处置，或者经公安部门、其他有关部门同意，由有关执法机关依法处置；对依法没收的野生动植物及其制品，应当交由野生动植物保护主管部门、海洋执法部门或者有关保护区域管理机构按规定处置，或者经有关主管部门同意，交由相关科研机构用于科学研究。此外，还可以捐赠。如罚没物品难以变卖或者变卖成本大于收入，且具有经济价值或者其他价值的，执法机关应当报送同级财政部门，经同级财政部门同意后，可以赠送有关公益单位用于公益事业；没有捐赠且能够继续使用的，由同级财政部门统一管理。

二、罚没款项上缴国库

罚没款项属于政府非税收入，应当按照国库集中收缴管理有关规定，全额上缴国库，纳入一般公共预算管理。任何行政机关或者个人不得以任何形式截留、私分或者变相私分罚款、没收的违法所得以及没收非法财物拍卖的款项。

三、罚没款项不得同考核、考评挂钩

行政执法评议考核是评价行政执法工作情况、检验行政执法部门和行政执法人员是否正确行使执法职权和全面履行法定义务的重要机制，是推行行政执法责任制的重要环节。评议考核的主要内容是行政执法部门和行政执法人员行使行政执法职权和履行法定义务的情况，包括行政执法的主体资格是否符合规定，行政执法行为是否符合执法权限，适用执法依据是否规范，行政执法程序是否合法，行政执法决定的内容是否合法、适当，行政执法决定的行政复议和

行政诉讼结果，案卷质量情况等。不得将罚款、没收的违法所得或者没收非法财物拍卖的款项与作出行政处罚决定的行政机关及其工作人员的考核、考评直接或者变相挂钩。

四、不得向行政机关返还罚没收入

罚没收入与执法机关行政经费实行“收支两条线”政策，即罚没收入全部由执法机关上缴国库，执法机关所需经费由财政部门另行拨给。为了解决实践中可能存在的变相返还问题，本条第3款中明确规定，除依法应当退还、退赔的外，财政部门不得以任何形式向作出行政处罚决定的行政机关返还罚款、没收的违法所得或者没收非法财物拍卖的款项。

第七十五条　行政机关应当建立健全对行政处罚的监督制度。县级以上人民政府应当定期组织开展行政执法评议、考核，加强对行政处罚的监督检查，规范和保障行政处罚的实施。

行政机关实施行政处罚应当接受社会监督。公民、法人或者其他组织对行政机关实施行政处罚的行为，有权申诉或者检举；行政机关应当认真审查，发现有错误的，应当主动改正。

【释义】 本条是关于行政处罚监督制度的规定。

行政处罚涉及公民、法人或者其他组织的权益减损或者义务增加，为了保证行政处罚正确实施，有必要加强对行政处罚的监督。党的十八届四中全会决定提出，全面落实行政执法责任制，严格确定不同部门及机构、岗位执法人员执法责任和责任追究机制，加强执法监督，坚决排除对执法活动的干预，防止和克服地方和部门保护主义，惩治执法腐败现象。《法治政府建设纲要(2015—2020年)》提出，全面落实行政执法责任制，严格确定不同部门及机构、岗位执法人员的执法责任，建立健全常态化的责任追究机制；加强执法监督，加快建立统一的行政执法监督网络平台，建立健全投诉举报、情况通报等制度，坚决排除对执法活动的干预，防止和克服部门利益和地方保护主义，防止和克服执法工作中的利益驱动，惩治执法腐败现象。《国务院办公厅关于推行行政执法责任制的若干意见》对行政执法责任制作了规范，包括依法界定执法职责、建立健全行政执法评议考核机制以及明确奖惩措施。这次修订行政处罚法，贯彻落实党中央有关加强执法监督的决策部署，增加了对行政处罚加强监督的相关内容。

一、行政机关建立健全行政处罚监督制度

本条第1款开宗明义规定了“行政机关应当建立健全对行政处罚的监督制度”，这对转变政府职能、加强法治政府建设意义深远。在我国，各级国家行政机关及其工作人员在日常工作中是否坚持依法办事和廉洁奉公，都应当接受来自上级行政机关及其工作人员的监督，或根据民主集中制的原则，依法接受来自下级行政机关及其工作人员的监督。这种由国家行政机关内部的上级或下级机关所实施的行政法治监督，称作行政机关内部的监督。行政处罚法规定的就是这类监督，是指在行政机关系统内，上级人民政府对下级人民政府，上级政府部门对下级政府部门，以及各级人民政府对所属的行政执法部门的行政处罚情况进行的监督，这是对行政处罚活动进行监督的重要方式。此外，本条还规定了“县级以上人民政府应当定期组织开展行政执法评议、考核，加强对行政处罚的监督检查，规范和保障行政处罚的实施”。关于开展行政执法评议、考核，根据《国务院办公厅关于推行行政执法责任制的若干意见》的规定，评议考核的主要内容是行政执法部门和行政执法人员行使行政执法职权和履行法定义务的情况，包括行政执法的主体资格是否符合规定，行政执法行为是否符合执法权限，适用执法依据是否规范，行政执法程序是否合法，行政执法决定的内容是否合法、适当，行政执法决定的行政复议和行政诉讼结果，案卷质量情况等。

二、实施行政处罚接受社会监督

在审议过程中，一些意见提出，新闻媒体等对行政处罚实施具有较好的监督作用，应当充分发挥全社会的监督作用，保障行政处罚的依法公正实施。因此，本次修订行政处罚法增加了社会监督的内容，本条第2款规定了行政机关实施行政处罚应当接受社会监督。同时，宪法规定，中华人民共和国公民对于任何国家机关和国家工作人员，有提出批评和建议的权利；对于任何国家机关和国家工作人员的违法失职行为，有向有关国家机关提出申诉、控告或者检举的权利，但是不得捏造或者歪曲事实进行诬告陷害。对于公民的申诉、控告或

者检举，有关国家机关必须查清事实，负责处理。任何人不得压制和打击报复。由于国家机关和国家工作人员侵犯公民权利而受到损失的人，有依照法律规定取得赔偿的权利。根据上述规定，公民、法人或者其他组织对行政机关实施行政处罚的行为，有权申诉或者检举；对于公民、法人或者其他组织的申诉或者检举，行政机关应当认真审查，发现有错误的，应当主动改正。

第七章　法律责任

第七十六条　行政机关实施行政处罚，有下列情形之一，由上级行政机关或者有关机关责令改正，对直接负责的主管人员和其他直接责任人员依法给予处分：

（一）没有法定的行政处罚依据的；

（二）擅自改变行政处罚种类、幅度的；

（三）违反法定的行政处罚程序的；

（四）违反本法第二十条关于委托处罚的规定的；

（五）执法人员未取得执法证件的。

行政机关对符合立案标准的案件不及时立案的，依照前款规定予以处理。

【释义】本条是关于没有法定依据等违法实施行政处罚的法律责任的规定。

法律责任是法律得以有效实施的保障机制。如果违反了法律而不承担任何不利后果，那么这部法律就不可能真正发挥规范行为、调节社会关系的功能和作用。行政处罚制度的有效运行，离不开法律责任的保障。本条分两款规定了没有法定依据等违法实施处罚的法律责任。

本条第 1 款规定了五种违法行为，分别为：

一是没有法定依据实施行政处罚的。行政处罚涉及对公民的人身权、财产权和法人、其他组织的财产权的限制或剥夺，这些权利都是受宪法和法律保护的，没有法定依据，任何机关和组织不得剥夺。处罚法定是行政处罚应遵循的一项基本原则。本法第 4 条规定，公民、法人或者其他组织违反行政管理秩序的行为，应当给予行政处罚的，依照本法由法律、法规、规章规定，并由行政机关依照本法规定的程序实施。第 38 条第 1 款规定，行政处罚没有依据或实施主体不具有行政主体资格的，行政处罚无效。因此，行政机关实施行政处罚，必须有法律、法规或者规章作为依据。法律、法规或者规章没有明文规定行政处罚的，行政机关不得对公民、法人或者其他组织实施行政处罚。

二是擅自改变行政处罚种类、幅度实施行政处罚。擅自改变行政处罚种类、幅度，是指行政机关在实施行政处罚时，擅自改变法律、法规或者规章规定的行政处罚的种类或者幅度。例如根据法律、法规或者规章的规定，应当给予罚款处罚的，给予了吊销许可证处罚；又如法律、法规或者规章规定的罚款幅度是5万元以上10万元以下，实施处罚时给予20万元的罚款处罚。行政机关在实施行政处罚的过程中，必须按照法律、法规或者规章规定的处罚种类和幅度进行处罚，不得随意变更处罚的种类和幅度，否则作出的处罚决定违法。

三是关于违反法定的行政处罚程序实施行政处罚。对违法者实施行政处罚，不仅要严格按照法律、法规和规章规定的种类和幅度进行，还应当遵守法定的程序，即不仅要符合实体法，还要符合程序法。处罚程序是行政机关合法、公正地实施处罚的有效保障。本法对行政处罚的实施规定了很多程序性的要求，如回避制度、陈述和申辩制度、调查制度、听证制度等，这些行政处罚程序性的规定是行政机关合法、公正、规范实施行政处罚的有效保障。还有其他法律、法规、规章也规定了实施某种行政处罚的特别程序，只要不与本法相冲突，也是有效的，行政机关也应遵守。同时，本法第38条第2款对违反法定程序规定了相应法律后果，明确违反法定程序构成重大且明显违法的，行政处罚无效。

四是关于违反委托处罚规定实施行政处罚。本法第20条对行政机关委托受委托组织实施行政处罚作出了规定，明确行政处罚委托从严把握，防止滥处罚，明确委托应当采用书面形式，委托书应当载明委托的具体事项、权限、期限等内容，并向社会公布。如果行政机关没有法律、法规、规章依据自行委托其他组织实施行政处罚，或者委托不符合本法第21条规定条件的组织实施行政处罚等，都属于违反本法第20条关于委托处罚的规定的行为，应当承担相应法律责任。

五是执法人员未取得执法证件实施行政处罚。执法证件是执法人员从事行政执法工作的身份证明。本法第55条第1款规定，执法人员在调查或者进行检查时，应当主动向当事人或者有关人员出示执法证件；当事人或者有关人员有权要求执法人员出示执法证件；执法人员不出示执法证件的，当事人或者有关人员有权拒绝接受调查或者检查。执法人员未取得执法证件，也就谈不上出示执法证件，因此应当承担相应法律责任。

根据本条规定，行政机关实施行政处罚，有上述情形之一，由上级行政机关或者有关机关责令改正，对直接负责的主管人员和其他直接责任人员依法给予处分。“依法”主要是指依照公务员法、公职人员政务处分法以及《行政机关公务员处分条例》等法律、法规和规章等规定执行。处分和政务处分的种类有警告、记过、记大过、降级、撤职、开除。根据公务员法规定，受处分期间不得晋升职务、职级和级别，其中受记过、记大过、降级、撤职处分的，不得晋升工资档次；受撤职处分的，按照规定降低级别。上级行政机关或者有关机关应当根据违法实施行政处罚的情节、危害程度等情况，对直接负责的主管人员和其他直接责任人员依法给予处分。

根据本条第 2 款的规定，行政机关对符合立案标准的案件不及时立案的，依照本条第 1 款规定予以处理。本法第 54 条第 2 款规定，符合立案标准的，行政机关应当及时立案。这一规定的目的是防止行政不作为，有案不立、有案不查，同时明确立案依据等信息应当公示。本条第 2 款是本次修订行政处罚法新增加的内容，对应当立案不及时立案的，设定了相应的法律责任，加大了追责力度。“依照前款规定予以处理”，是指由上级行政机关或者有关机关责令改正，对直接负责的主管人员和其他直接责任人员依法给予处分。

第七十七条　行政机关对当事人进行处罚不使用罚款、没收财物单据或者使用非法定部门制发的罚款、没收财物单据的，当事人有权拒绝，并有权予以检举，由上级行政机关或者有关机关对使用的非法单据予以收缴销毁，对直接负责的主管人员和其他直接责任人员依法给予处分。

【释义】本条是关于实施罚款、没收财物处罚不使用或者使用非法单据的法律责任的规定。

罚款、没收财物的单据是行政机关收取被处罚人金钱、财物的法定凭证，也是行政机关向财政部门缴纳罚款和没收财物拍卖所得款项的凭证。本法第 70 条明确规定，行政机关及其执法人员当场收缴罚款的，必须向当事人出具国务院财政部门或者省、自治区、直辖市人民政府财政部门统一制发的专用票据；不出具财政部门统一制发的专用票据的，当事人有权拒绝缴纳罚款。由此可见，收缴罚款、没收财物是要式行为，行政机关必须作出正式处罚决定，并开具收缴罚款、没收财物的单据。收缴罚款、没收财物的单据只能由法定部门制发，其他任何个人、组织都无权印制。收缴罚款、没收财物不使用法定部门制发的罚款、没收财物单据或者使用非法定部门制发的罚款、没收财物单据，财政部门无法收取行政机关应上缴国库的罚款和没收财物拍卖所得款项，造成国家财产流失。同时，这些金钱和财物落入行政机关“小金库”或执法人员手中，致使行政机关滥发财物、执法人员贪污腐化。因此，本条对此类违法行为的法律责任作出规定，具体可以分为两种情况：一是行政机关对当事人进行处罚不使用罚款、没收财物单据的；二是使用非法定部门制发的罚款、没收财物单据的。对这两种情况，当事人都有权拒绝，并有权予以检举，由上级行政机关或者有关机关对直接负责的主管人员和其他直接责任人员依法给予处分。同时，对第二种情况，由上级行政机关或者有关机关对使用的非法单据予以收缴销毁。

第七十八条　行政机关违反本法第六十七条的规定自行收缴罚款的，财政部门违反本法第七十四条的规定向行政机关返还罚款、没收的违法所得或者拍卖款项的，由上级行政机关或者有关机关责令改正，对直接负责的主管人员和其他直接责任人员依法给予处分。

【释义】本条是关于违法收缴罚款、违法返还罚款或者拍卖款项的法律责任的规定。

一、关于行政机关违法自行收缴罚款的法律责任

罚款是行政管理活动中运用得最为普遍的一种处罚措施，存在的问题也最多。历史上，一些行政机关将罚款作为创收的一种手段，用来解决本单位经费不足问题，或者用于发放奖金、福利。由于受经济利益的驱动，导致个别行政机关滥罚款，侵害了公民、法人或者其他组织的合法权益，腐化了干部队伍，破坏了政府形象，影响了政府和群众的关系。为了防止行政机关及其执法人员在行政管理活动中受经济利益驱动而滥施处罚，杜绝行政管理活动中的不正之风，本法第 67 条规定，作出罚款决定的行政机关应当与收缴罚款的机构分离；除依照本法第 68 条、第 69 条的规定当场收缴的罚款外，作出行政处罚决定的行政机关及其执法人员不得自行收缴罚款；当事人应当自收到行政处罚决定书之日起 15 日内，到指定的银行或者通过电子支付系统缴纳罚款；银行应当收受罚款，并将罚款直接上缴国库。行政机关违反本法第 67 条的规定自行收缴罚款的，由上级行政机关或者有关机关责令改正，对直接负责的主管人员和其他直接责任人员依法给予处分。

二、财政部门违法返还款项的法律责任

罚款、没收的违法所得或者没收的非法财物归国家所有，罚款、没收的非法所得和非法财物的拍卖款项应当全部上缴国库。实践中，有的地方为了解决行政机关经费不足问题，将行政机关的罚款、没收违法所得和非法财物的拍卖款项按一定比例返还给行政机关。在这种做法下，行政处罚对行政机关有利可图，罚得越多，得到的返还也就越多，形成了收支挂钩、互相推动的格局，助长了滥处罚的问题。本法第 74 条第 1 款规定，除依法应当予以销毁的物品外，依法没收的非法财物必须按照国家规定公开拍卖或者按照国家有关规定处理。第 74 条第 3 款规定，罚款、没收的违法所得或者没收非法财物拍卖的款项，不得同作出行政处罚决定的行政机关及其工作人员的考核、考评直接或者变相挂钩；除依法应当退还、退赔的外，财政部门不得以任何形式向作出行政处罚决定的行政机关返还罚款、没收的违法所得或者没收非法财物拍卖的款项。财政部门违反本法第 74 条的规定向行政机关返还罚款、没收的违法所得或者拍卖款项的，由上级行政机关或者有关机关责令改正，对直接负责的主管人员和其他直接责任人员依法给予处分。

第七十九条　行政机关截留、私分或者变相私分罚款、没收的违法所得或者财物的，由财政部门或者有关机关予以追缴，对直接负责的主管人员和其他直接责任人员依法给予处分；情节严重构成犯罪的，依法追究刑事责任。

执法人员利用职务上的便利，索取或者收受他人财物、将收缴罚款据为己有，构成犯罪的，依法追究刑事责任；情节轻微不构成犯罪的，依法给予处分。

【释义】本条是关于行政机关截留、私分罚没款项、财物以及执法人员索取或者收受他人财物、私吞罚款的法律责任的规定。

一、关于行政机关截留、私分罚没款项、财物的法律责任

本条第 1 款规定了行政机关截留、私分或者变相私分罚款、没收的违法所得或者财物的法律责任。本法第 74 条第 2 款规定，罚款、没收的违法所得或者没收非法财物拍卖的款项，必须全部上缴国库，任何行政机关或者个人不得以任何形式截留、私分或者变相私分。罚款、没收违法所得和没收非法财物拍卖所得款项是国有财产，应当全部上缴国库，行政机关或者个人不得截留、私分或者变相私分。根据本条第1款规定，行政机关截留、私分或者变相私分罚款、没收的违法所得或者财物的，由财政部门或者有关机关予以追缴，对直接负责的主管人员和其他直接责任人员依法给予处分。情节严重构成犯罪的，依法追究刑事责任。刑事责任是指违反刑事法律规定而承担的法律后果。刑法第382条第1款规定，国家工作人员利用职务上的便利，侵吞、窃取、骗取或者以其他手段非法占有公共财物的，是贪污罪。第383条第1款规定，对犯贪污罪的，根据情节轻重，分别依照下列规定处罚：（1）贪污数额较大或者有其他较重情节的，处三年以下有期徒刑或者拘役，并处罚金。（2）贪污数额巨大或者有其他严重情节的，处三年以上十年以下有期徒刑，并处罚金或者没收财产。（3）贪污数额特别巨大或者有其他特别严重情节的，处十年以上有期徒刑或者无期徒刑，并处罚金或者没收财产；数额特别巨大，并使国家和人民利益遭受特别重大损失的，处无期徒刑或者死刑，并处没收财产。

二、关于执法人员索取或者收受他人财物、私吞罚款的法律责任

本条第2款规定了执法人员利用职务上的便利，索取或者收受他人财物、私吞罚款的法律责任。执法人员行使职权，应当公正无私，不得以手中的权力谋取私利。如果执法人员利用职务上的便利，索取或者收受他人财物、将收缴罚款据为已有，构成犯罪的，依法追究刑事责任；情节轻微不构成犯罪的，依法给予处分。关于执法人员利用职务上的便利，索取或者收受他人财物，刑法第385条第1款规定，国家工作人员利用职务上的便利，索取他人财物的，或者非法收受他人财物，为他人谋取利益的，是受贿罪。第386条规定，对犯受贿罪的，根据受贿所得数额及情节，依照刑法第383条的规定处罚；索贿的从重处罚。关于执法人员利用职务上的便利，将收缴罚款据为已有，刑法第382条第1款规定，国家工作人员利用职务上的便利，侵吞、窃取、骗取或者以其他手段非法占有公共财物的，是贪污罪。如果上述行为，依据刑法第13条有关"情节显著轻微危害不大的，不认为是犯罪"的规定，不构成犯罪的，依法给予处分。

第八十条　行政机关使用或者损毁查封、扣押的财物，对当事人造成损失的，应当依法予以赔偿，对直接负责的主管人员和其他直接责任人员依法给予处分。

【释义】本条是关于使用或者损毁查封、扣押财物的法律责任的规定。

关于查封、扣押的财物。（1）查封是行政机关限制当事人对其财产的使用和处分的强制措施，主要是对不动产或者其他不便移动的财产，由行政机关以加贴封条的方式限制当事人对财产的移动或者使用。查封在法律、法规中规定得比较多，实践中也比较常用。法律、法规中除使用“查封”外，还经常使用“封存”一词，如职业病防治法第64条中规定的“封存造成职业病危害事故或者可能导致职业病危害事故发生的材料和设备”。还有一些情况下使用“封闭”“关闭或者限制使用场所”“禁止或者限制使用设备、设施”。（2）扣押是行政机关解除当事人对其财物的占有，并限制其处分的强制措施。扣押主要是针对可移动的财产。扣押在法律、法规中规定得比较多，实践中也比较常用。除了使用“扣押”外，法律、法规中还经常使用“暂扣”“扣留”等。

对被查封、扣押的财物，行政机关应当妥善保管，不得使用或者损毁。行政机关使用或者损毁查封、扣押的财物，对当事人造成损失的，应当依法予以赔偿，对直接负责的主管人员和其他直接责任人员依法给予处分。

第八十一条　行政机关违法实施检查措施或者执行措施，给公民人身或者财产造成损害、给法人或者其他组织造成损失的，应当依法予以赔偿，对直接负责的主管人员和其他直接责任人员依法给予处分；情节严重构成犯罪的，依法追究刑事责任。

【释义】本条是关于违法实施检查、执行措施造成当事人损害、损失的法律责任的规定。

一、关于违法实施检查措施或者执行措施

（一）关于检查措施

行政机关实施行政处罚，必须查明事实，违法事实不清的，不得给予处罚。为了查明事实，需要调查、收集有关证据。行政机关在调查、收集有关证据时，需要采取相应的检查措施。根据本法规定，除本法第51条规定的可以当场作出的行政处罚外，行政机关发现公民、法人或者其他组织有依法应当给予行政处罚的行为的，必须全面、客观、公正地调查，收集有关证据；必要时，依照法律、法规的规定，可以进行检查。执法人员在调查或者进行检查时，应当主动向当事人或者有关人员出示执法证件；当事人或者有关人员有权要求执法人员出示执法证件。询问或者检查应当制作笔录。行政机关在收集证据时，可以采取抽样取证的方法；在证据可能灭失或者以后难以取得的情况下，经行政机关负责人批准，可以先行登记保存，并应当在 7 日内及时作出处理决定，在此期间，当事人或者有关人员不得销毁或者转移证据。

（二）关于执行措施

根据本法规定，当事人逾期不履行行政处罚决定的，作出行政处罚决定的行政机关可以采取下列措施：（1）到期不缴纳罚款的，每日按罚款数额的 3% 加处罚款，加处罚款的数额不得超出罚款的数额；（2）根据法律规定，将查封、扣押的财物拍卖、依法处理或者将冻结的存款、汇款划拨抵缴罚款；（3）根据法律规定，采取其他行政强制执行方式；（4）依照行政强制法的规定申请人民法院强制执行。实施检查措施或者执行措施，是为了行政机关更好地履行法定职责。行政机关实施这些措施时，应当遵守法律规定的权限和程序。

二、关于法律责任

一是关于赔偿。根据本条规定，行政机关违法实施检查措施或者执行措施，给公民人身或者财产造成损害、给法人或者其他组织造成损失的，应当依法予以赔偿。根据国家赔偿法的规定，国家机关和国家机关工作人员行使职权，有该法规定的侵犯公民、法人和其他组织合法权益的情形，造成损害的，受害人有依照该法取得国家赔偿的权利。

二是关于赔偿程序。根据国家赔偿法的规定，赔偿请求人要求赔偿，应当先向赔偿义务机关提出，也可以在申请行政复议或者提起行政诉讼时一并提出。要求赔偿应当递交申请书，申请书应当载明下列事项：（1）受害人的姓名、性别、年龄、工作单位和住所，法人或者其他组织的名称、住所和法定代表人或者主要负责人的姓名、职务；（2）具体的要求、事实根据和理由；（3）申请的年、月、日。赔偿义务机关应当自收到申请之日起 2 个月内，作出是否赔偿的决定。赔偿义务机关作出赔偿决定，应当充分听取赔偿请求人的意见，并可以与赔偿请求人就赔偿方式、赔偿项目和赔偿数额依照国家赔偿法第四章的规定进行协商。赔偿义务机关在规定期限内未作出是否赔偿的决定，赔偿请求人可以自期限届满之日起3个月内，向人民法院提起诉讼。

三是关于依法给予处分。行政机关违法实施检查措施或者执行措施，给公民人身或者财产造成损害、给法人或者其他组织造成损失的，对直接负责的主管人员和其他直接责任人员依法给予处分。

四是关于追究刑事责任。行政机关违法实施检查措施或者执行措施，给公民人身或者财产造成损害、给法人或者其他组织造成损失，情节严重构成犯罪的，依法追究刑事责任。

第八十二条　行政机关对应当依法移交司法机关追究刑事责任的案件不移交，以行政处罚代替刑事处罚，由上级行政机关或者有关机关责令改正，对直接负责的主管人员和其他直接责任人员依法给予处分；情节严重构成犯罪的，依法追究刑事责任。

【释义】本条是关于不移交涉嫌犯罪案件，以罚代刑应当承担法律责任的规定。

行政处罚和刑罚是性质不同的两种处罚措施，所依据的法律规范，产生的社会效果也不一样。我国实行行政权与司法权并行的制度，根据行政权与司法权的分工原则，对一般的违法行为的查处，属行政机关的职权范围，由行政机关管辖，适用行政法的相关规定。如果违法行为构成犯罪的，则属于司法权的范围，由司法机关适用刑事法律的相关规定追究法律责任。实践中，有的行政执法机关将应向司法机关移送的涉嫌构成犯罪的案件而不移送，以行政处罚代替刑事处罚，对一些涉嫌犯罪的违法行为给予行政处罚后便放行。这种做法，不仅严重损害了社会主义法制的尊严，同时也影响了行政机关执法效果，而且使有些犯罪分子得不到及时的惩处，这对维护公共利益和社会秩序以及保护公民、法人或者其他组织的合法权益是十分不利的，必须予以坚决制止。那么，哪些行政机关处理的哪些违法行为应当移送司法机关呢？对此，本法第27条对行刑衔接作了原则性规定，即违法行为涉嫌犯罪的，行政机关应当及时将案件移送司法机关，依法追究刑事责任。为保证行政执法机关及时向公安机关移送涉嫌犯罪的案件，2020年8月《国务院关于修改〈行政执法机关移送涉嫌犯罪案件的规定〉的决定》中规定，行政执法机关在依法查处违法行为过程中，发现违法事实涉及的金额、违法事实的情节、违法事实造成的后果等，根据刑法关于破坏社会主义市场经济秩序罪、妨害社会管理秩序罪等罪的规定和最高人民法院、最高人民检察院关于破坏社会主义市场经济秩序罪、妨害社会管理秩序罪等罪的司法解释以及最高人民检察院、公安部关于经济犯罪案件的追诉标准等规定，涉嫌构成犯罪，依法需要追究刑事责任的，必须向公安机关移送。知识产权领域的违法案件，行政执法机关根据调查收集的证据和查明的案件事实，认为存在犯罪的合理嫌疑，需要公安机关采取措施进一步获取证据以判断是否达到刑事案件立案追诉标准的，应当向公安机关移送。

在审议过程中，有的提出，应当加大以罚代刑违法行为的法律责任，降低追责门槛，因此，本次修订行政处罚法删去了“为牟取本单位私利”“拒不纠正”“徇私舞弊、包庇纵容违法行为”等追责的前置情形。行政机关在行使行政处罚权的过程中，应当遵守本法关于管辖的规定，对属于司法机关查处的案件，应当及时移送有管辖权的司法机关，不得以行政处罚代替刑罚。违反这一规定，对应当依法移送司法机关的案件不及时移送，以行政处罚代替刑事处罚的，首先由上级行政机关或者有关机关责令改正，同时本条还规定了以下法律责任：

一、处分

本条对行政机关对应当依法移交司法机关追究刑事责任的案件不移交，以行政处罚代替刑事处罚的，对直接负责的主管人员和其他直接责任人员规定了处分的责任。这里的“处分”，既包括上级行政机关、任免机关、本单位对违法的公职人员给予的“处分”，也包括监察机关作为行使国家监察职能的专责机关对公职人员作出的“政务处分”。依据公务员法、监察法、公职人员政务处分法的规定，处分和政务处分的种类包括警告、记过、记大过、降级、撤职、开除。处分的期间为警告 6 个月，记过 12 个月，记大过 18 个月，降级、撤职 24 个月。

公职人员政务处分法第 33 条对贪污贿赂的公职人员予以警告、记过或者记大过；情节较重的，予以降级或者撤职；情节严重的，予以开除。第 39 条对滥用职权，危害国家利益、社会公共利益或者侵害公民、法人、其他组织合法权益的，造成不良后果或者影响的，予以警告、记过或者记大过；情节较重的，予以降级或者撤职；情节严重的，予以开除。此外，公职人员政务处分法第10条规定，有关机关、单位、组织集体作出的决定违法或者实施违法行为的，对负有责任的领导人员和直接责任人员中的公职人员依法给予政务处分。本条规定的处分对象是“行政机关的直接负责的主管人员和其他直接责任人员”。直接负责的主管人员和直接责任人员在上述违法行为中起到了关键性和决定性作用，对其予以处分是必要的。

二、刑事责任

对应当移交司法机关追究刑事责任的案件不移交，以行政处罚代替刑罚，情节严重构成犯罪的，应当根据刑法的规定追究刑事责任。刑法第402条规定，行政执法人员徇私舞弊，对依法应当移交司法机关追究刑事责任的不移交，情节严重的，处3年以下有期徒刑或者拘役；造成严重后果的，处3年以上7年以下有期徒刑。第408条之一中规定，负有食品药品安全监督管理职责的国家机关工作人员，滥用职权或者玩忽职守，对依法应当移交司法机关追究刑事责任不移交的，造成严重后果或者有其他严重情节的，处5年以下有期徒刑或者拘役；造成特别严重后果或者有其他特别严重情节的，处5年以上10年以下有期徒刑。

此外，需要注意的，行政执法人员如果在履行职务过程中，因收受他人贿赂，对应当依法移送司法机关追究刑事责任的案件不移交，同时又构成了受贿罪。根据刑法第385条的规定，国家工作人员利用职务上的便利，索取他人财物的，或者非法收受他人财物，为他人谋取利益的，是受贿罪。2012年《最高人民法院、最高人民检察院关于办理渎职刑事案件适用法律若干问题的解释（一）》中对如何理解适用渎职犯罪作了进一步细化，其第3条规定，国家机关人员实施渎职犯罪并收受贿赂，同时构成受贿罪的，除刑法另有规定外，以渎职犯罪和受贿罪数罪并罚。

第八十三条　行政机关对应当予以制止和处罚的违法行为不予制止、处罚，致使公民、法人或者其他组织的合法权益、公共利益和社会秩序遭受损害的，对直接负责的主管人员和其他直接责任人员依法给予处分；情节严重构成犯罪的，依法追究刑事责任。

【释义】 本条是关于行政机关不作为法律责任的规定。

行政处罚领域中，行政机关不作为有多种表现形式，包括该制止违法行为未制止，该给予行政处罚未给予，该给予较重的行政处罚给予了较轻的行政处罚等。在审议过程中，有的提出目前实践中一些行政机关在实施行政处罚过程中存在不同程度上的推诿、不作为问题，应当进一步加大追责力度。因此，本次修订行政处罚法删去了追究行政不作为法律责任中“玩忽职守”等追责前置情形。根据本条规定，行政机关应当履行法律赋予的行政职权，对应当予以制止和处罚的违法行为不予制止、处罚，致使公民、法人或者其他组织的合法权益、公共利益和社会秩序遭受损害的，需承担相应的法律责任。

一、处分

本条规定对行政机关应当予以制止和处罚的违法行为不予制止、处罚，致使公民、法人或者其他组织的合法权益、公民利益和社会秩序遭受损害的，对直接负责的主管人员和其他直接责任人员依法给予处分。这里的“处分”，既包括上级行政机关、任免机关、本单位对违法的公职人员给予的“处分”，也包括作为行使国家监察职能的专责机关的监察机关对公职人员作出的“政务处分”。公务员法、监察法、政务处分法对处分的适用情节、种类及程序作出了规定，是对公职人员实施处分的主要法律依据。依据公务员法、监察法、政务处分法的规定，处分和政务处分的种类包括警告、记过、记大过、降级、撤职、开除。处分的期间为警告 6 个月，记过 12 个月，记大过 18 个月，降级、撤职 24 个月。根据公职人员政务处分法第 39 条的规定，不履行或者不正当履行职责，玩忽职守，贻误工作行为的，造成不良后果或者影响的，予以警告、记过或者记大过；情节较重的，予以降级或者撤职；情节严重的，予以开除。

二、刑事责任

行政机关对应当予以制止和处罚的违法行为不予制止、处罚，致使公民、法人或者其他组织的合法权益、公共利益和社会秩序遭受损害的，属于失职渎职行为，对于情节严重构成犯罪的，本条规定应当依法追究刑事责任。

刑法第九章对渎职犯罪作了专章规定。刑法第 397 条规定，国家机关工作人员滥用职权或者玩忽职守，致使公共财产、国家和人民利益遭受重大损失的，处 3 年以下有期徒刑或者拘役；情节特别严重的，处 3 年以上 7 年以下有期徒刑。同时，刑法还对一些重点领域，针对行政机关工作人员的失职渎职行为作了具体规定，如刑法第 408 条规定，负有环境保护监督管理职责的国家机关工作人员严重不负责任，导致发生重大环境污染事故，致使公私财产遭受重大损失或者造成人身伤亡的严重后果的，处 3 年以下有期徒刑或者拘役。刑法第 408 条之一中规定，负有食品药品安全监督管理职责的国家机关工作人员，滥用职权或者玩忽职守，对发现的严重食品药品安全违法行为未按规定查处，造成严重后果或者其他严重情节的，处 5 年以下有期徒刑或者拘役；造成特别严重后果或者有其他特别严重情节的，处 5 年以上 10 年以下有期徒刑。刑法第 409 条规定，从事传染病防治的政府卫生行政部门的工作人员严重不负责任，导致传染病传播或者流行，情节严重的，处 3 年以下有期徒刑或者拘役。

此外，需要注意的，行政执法人员如果在执法履行职务过程中，因收受他人贿赂，对应当予以制止和处罚的违法行为不予制止、处罚，致使公民、法人或者其他组织的合法权益、公共利益和社会秩序遭受损害的，同时又构成了受贿罪。根据 2012 年《最高人民法院、最高人民检察院关于办理渎职刑事案件适用法律若干问题的解释（一）》的规定，国家机关人员实施渎职犯罪并收受贿赂，同时构成受贿罪的，除刑法另有规定外，以渎职犯罪和受贿罪数罪并罚。

第八章　附　　则

第八十四条　外国人、无国籍人、外国组织在中华人民共和国领域内有违法行为，应当给予行政处罚的，适用本法，法律另有规定的除外。

【释义】本条是关于外国人、无国籍人、外国组织在我国领域内违法应依照本法给予行政处罚的规定。

我国宪法第32条第1款规定："中华人民共和国保护在中国境内的外国人的合法权利和利益，在中国境内的外国人必须遵守中华人民共和国的法律。"根据这一规定：一方面外国人、无国籍人、外国组织在我国境内的合法权利和利益受我国法律保护，这体现了国际法上"国民待遇"原则。另一方面在我国境内的外国人、无国籍人、外国组织应当遵守我国的法律，这体现了国际法上的国家主权原则。在行政管理领域，遵循上述宪法规定精神，作了具体规定，很多法律明确规定了对外国人、无国籍人、外国组织的合法权益的保护，同时也明确规定外国人、无国籍人、外国组织应遵守我国法律。如外商投资法第5条规定，国家依法保护外国投资者在中国境内的投资、收益和其他合法权益；第6条规定，在中国境内进行投资活动的外国投资者、外商投资企业，应当遵守中国法律法规，不得危害中国国家安全、损害社会公共利益。

本条规定是宪法第32条规定在行政处罚领域的具体化，明确外国人、无国籍人、外国组织在我国境内有违法行为应当给予行政处罚的，适用本法的规定。一是外国人、无国籍人、外国组织在我国领域内有违法行为，违反的是我国的法律，因此这类案件属于域内涉外案件，不属于域外管辖案件。二是此类案件全面适用行政处罚法的实体和程序规定，保护外国当事人陈述申辩等权利，同时外国当事人也要履行配合等义务。三是法律另有规定的除外，是指其他法律对外国当事人有特别规定的，优先适用特别规定。如《中华人民共和国外交特权与豁免条例》对外交人员享有行政管辖豁免作了规定，其第12条规定，外交代表享有民事管辖和行政管理管辖豁免。但有下列情形的，仍将受到我国行政法的管辖：（1）派遣国政府明确表示放弃豁免权的；（2）外交代表在中国境内为私人利益从事任何职业或者商业活动的；（3）使馆行政技术人员和与其共同生活的配偶及未成年子女如果不是中国公民并且不是在中国永久居留的超越公务的行为。此外，还有一些法律规定了对等原则，如出境入境管理法第7条第2款规定，外国政府对中国公民签发签证、出境入境管理有特别规定的，中国政府可以根据情况采取相应的对等措施。

第八十五条 本法中“二日”“三日”“五日”“七日”的规定是指工作日，不含法定节假日。

【释义】 本条是关于日期含义的规定。

一、关于工作日和法定节假日

工作日，通俗地说就是需要工作、上班的日子，是与休息日相对的概念。根据1995年修改的《国务院关于职工工作时间的规定》，职工每日工作8小时、每周工作40小时。据此，实践中每周一至周五为工作日，每周六、周日为休息日。法定节假日是指根据国家、民族的风俗习惯或纪念要求，由国家法律统一规定的用以进行庆祝及度假的休息时间。根据2013年修订的《全国年节及纪念日放假办法》规定，我国全国年节及纪念日的假期包括三类。第一类是全体公民放假的节日，包括：（1）新年，放假1天（1月1日）；（2）春节，放假3天（农历正月初一、初二、初三）；（3）清明节，放假1天（农历清明当日）；（4）劳动节，放假1天（5月1日）；（5）端午节，放假1天（农历端午当日）；（6）中秋节，放假1天（农历中秋当日）；（7）国庆节，放假3天（10月1日、2日、3日）。第二类是部分公民放假的节日及纪念日，包括：（1）妇女节（3月8日），妇女放假半天；（2）青年节（5月4日），14周岁以上的青年放假半天；（3）儿童节（6月1日），不满14周岁的少年儿童放假1天；（4）中国人民解放军建军纪念日（8月1日），现役军人放假半天。第三类是少数民族习惯的节日，由各少数民族聚居地区的地方人民政府，按照各该民族习惯，规定放假日期。

全体公民放假的假日，如果适逢周六、周日，应当在工作日补假。部分公民放假的假日，如果适逢周六、周日，则不补假。本条中的法定节假日，主要包括全体公民放假的节日以及正常情况下每周的周六、周日。在少数民族地区，地方人民政府确定的少数民族习惯节日也属于本条所指的法定节假日。

二、关于期限的计算

在行政处罚中，行政机关、执法人员以及当事人的行为应当在一定时间内完成，这就是所谓的期限。法律对期限作出明确规定，有利于督促行政机关、执法人员等提高效率，及时作出有关决定，依法履行职责，切实保护公民、法人和其他组织的合法权益。本法中“二日”“三日”“五日”“七日”的规定是指工作日，不含法定节假日，主要把握两点：一是7日以内（含7日）的期限本身时间就比较短，如果含法定节假日，在实际执行中就可能存在一定的困难。因此，对于本法中7日以内（含7日）的期限进行具体列举，明确是指工作日，不含法定节假日。二是本法中7日以上的期限，包括法定节假日。如本法第67条第3款规定，“当事人应当自收到行政处罚决定书之日起十五日内，到指定的银行或者通过电子支付系统缴纳罚款”。对于当事人缴纳罚款而言，15日的期限较为充足，含法定节假日不会对其造成时间紧张等不便。所以，该条中的“十五日”不适用本条的规定，即含法定节假日。

期限的计算，还需要注意以下几点：一是期限的开始日不计算在期限内，从次日起算。二是期限届满的最后一日是法定节假日的，以法定节假日后的第一个工作日为期限届满的日期。三是期限不包括在途时间，执法文书在期满前交邮的，不算过期。确定期满前是否交邮，应当以邮局的邮戳为准，只要邮戳上的时间证明在期限届满前已交付邮局，就不算过期。

第八十六条　本法自2021年7月15日起施行。

【释义】本条是关于本法施行时间的规定。

一、法律施行时间的含义

法律施行时间，即法律的生效时间，是法律开始实施并产生法律效力的时间。法律效力包括时间效力、空间效力和对人的效力三个方面。其中，法律的时间效力，是指法律效力的起始和终止的时限以及对法律实施以前的事件和行为是否具有溯及力的问题。法律施行时间就是法律开始具有约束力，开始生效的标志。立法法第 57 条规定："法律应当明确规定施行日期。"

二、我国法律对施行时间规定的方式

目前，我国法律生效的时间一般都单独写一条，放在附则最后一条，本法就属于这种情形。没有附则的法律，施行时间一般放在该法律的最后一条中规定。法律的施行时间是由该法律的性质和实际需要所决定的，通常有以下两种方式：

一是由该法律明确规定具体的施行日期。如行政复议法第 43 条规定："本法自 1999 年 10 月 1 日起施行。"这是目前法律规定施行日期采用比较普遍的一种方式，本法也是采用了这种方式。

二是法律自公布之日起施行。如全国人民代表大会常务委员会议事规则第 36 条规定："本规则自公布之日起施行。"采用这种方式，一般是因为形势急需，或者法律公布后不立即施行将会产生有碍施行等不良影响。

三、法律溯及力问题

行政处罚法是行政法领域中的一部重要法律，涉及面广，对行政机关及行政相对人的日常工作和生活有着重要的影响。因此，本法自 2021 年 1 月 22 日通过，到 2021 年 7 月 15 日起施行，预留了一段时间，以便有足够的时间进行宣传、制定配套规定、清理不一致规定等，也方便大家学习和了解这部法律。那么本法施行后，对以前的行为是否具有约束力呢？这就涉及法律溯及力问题。

法律溯及力，又称法律的溯及既往的效力，是指新法对其生效前发生的行为和事件是否适用的问题。如果不适用，就没有溯及力；如果适用，就有溯及力。"法不溯及既往"是法治的一般原则，在世界大多数国家，法律一般都是不溯及既往的。在我国法律不溯及既往是一般原则，本法原则上也没有溯及既往的效力。同时也有例外，即从轻例外，即新的法律规定减轻行为人的责任或者增加公民的权利时，作为法律不溯及既往原则的一种例外，新法可以溯及既往，以便能够更好地保护公民、法人和其他组织的权利。本法第 37 条规定："实施行政处罚，适用违法行为发生时的法律、法规、规章的规定。但是，作出行政处罚决定时，法律、法规、规章已被修改或者废止，且新的规定处罚较轻或者不认为是违法的，适用新的规定。"这一规定就是"从旧兼从轻"的适用规则，是本法不溯及既往原则的例外和补充。

第三部分

附　录

附录一　相关立法资料

关于《中华人民共和国行政处罚法（修订草案）》的说明

——2020 年 6 月 28 日在第十三届全国人民代表大会常务委员会第二十次会议上

全国人大常委会法制工作委员会副主任　许安标

委员长、各位副委员长、秘书长、各位委员：

我受委员长会议的委托，作关于《中华人民共和国行政处罚法（修订草案）》的说明。

一、修改的必要性和起草过程

行政处罚是行政机关有效实施行政管理，保障法律、法规贯彻施行的重要手段。现行行政处罚法于 1996 年由第八届全国人大第四次会议通过，2009 年和 2017 年先后两次作了个别条文修改，对行政处罚的种类、设定和实施作了基本规定。该法颁布施行以来，对增强行政机关及其工作人员依法行政理念，依法惩处各类行政违法行为，推动解决乱处罚问题，保护公民、法人和其他组织合法权益发挥了重要作用，积累了宝贵经验，同时，执法实践中也提出了一些新问题。党的十八大以来，以习近平同志为核心的党中央推进全面依法治国，深化行政执法体制改革，建立权责统一、权威高效的行政执法体制；完善行政执法程序，坚持严格规范公正文明执法。为贯彻落实党中央重大改革决策部署，推进国家治理体系和治理能力现代化，加强法治政府建设，完善行政处罚制度，解决执法实践中遇到的突出问题，有必要修改行政处罚法。

党的十八大以来，先后有近两百名全国人大代表、政协委员提出修改行政处罚法的议案、建议和提案，有关方面也陆续提出修改行政处罚法的意见和建议。行政处罚法修改列入十三届全国人大常委会立法规划。法制工作委员会于2018年启动行政处罚法的修改工作，先后到北京、江西、广东、内蒙古、天津、河南等地进行调研，多次召开国务院部门、地方人大、政府法制机构、专家学者、律师和企业座谈会，听取各方面的意见和建议。通过上海虹桥街道基层立法联系点走访基层执法部门了解实际情况，委托部分国务院部门、地方人大、基层立法联系点收集法律实施过程中存在的突出问题。通过课题委托、专题研究等方式，认真研究相关问题。在广泛征求意见和深入研究的基础上，2019年10月形成修改草案征求意见稿，书面征求国务院部门、31个省（区、市）和部分设区的市人大常委会法制工作机构，以及基层立法联系点、部分高等院校、科研单位的意见。召开座谈会，专门听取部分省、直辖市人大常委会法制工作机构主要负责同志意见。2020年1月，分别召开中央政法委、中央改革办、中央依法治国办、中央编办以及部分国务院部门、法院系统同志参加的座谈会，再次征求意见。根据各方面意见，对征求意见稿进一步修改完善，形成了行政处罚法修订草案。

二、修改的指导思想和主要考虑

修改工作坚持以习近平新时代中国特色社会主义思想为指导，深入贯彻党的十九大和十九届二中、三中、四中全会精神，全面贯彻习近平总书记全面依法治国新理念新思想新战略，适应推进全面依法治国的需要，落实完善行政执法体制、严格规范公正文明执法的改革要求，推进国家治理体系和治理能力现代化。

根据各方面意见，修改工作把握以下几点：一是贯彻落实党中央重大决策部署，立法主动适应改革需要，体现和巩固行政执法领域中取得的重大改革成果。二是坚持问题导向，适应实践需要，扩大地方的行政处罚设定权限，加大重点领域行政处罚力度。三是坚持权由法定的法治原则，增加综合行政执法，赋予乡镇街道行政处罚权，完善行政处罚程序，严格行政执法责任，更好地保障严格规范公正文明执法。四是把握通用性，从行政处罚法是行政处罚领域的通用规范出发，认真总结实践经验，发展和完善行政处罚的实体和程序规则，为单行法律、法规设定行政处罚和行政机关实施行政处罚提供基本遵循。

三、修改的主要内容

（一）关于行政处罚的定义和种类

现行行政处罚法第八条列举了七项行政处罚种类。一些意见反映，行政处罚法未对行政处罚进行界定，所列举的处罚种类较少，不利于行政执法实践和法律的实施。据此，作以下修改：一是增加行政处罚的定义，明确行政处罚是指行政机关在行政管理过程中，对违反行政管理秩序的公民、法人或者其他组织，以依法减损权利或者增加义务的方式予以惩戒的行为。二是将现行单行法律、法规中已经明确规定，行政执法实践中常用的行政处罚种类纳入本法，增加规定通报批评、降低资质等级、不得申请行政许可、限制开展生产经营活动、限制从业、责令停止行为、责令作出行为等行政处罚种类。

（二）关于地方性法规设定行政处罚的权限

现行行政处罚法第十一条规定："地方性法规可以设定除限制人身自由、吊销企业营业执照以外的行政处罚。""法律、行政法规对违法行为已经作出行政处罚规定，地方性法规需要作出具体规定的，必须在法律、行政法规规定的给予行政处罚的行为、种类和幅度的范围内规定。"多年来，一些地方人大同志反映，现行行政处罚法中有关地方性法规设定行政处罚的规定限制过严，地方保障法律法规实施的手段受限，建议扩大地方性法规的行政处罚设定权限。为充分发挥地方性法规在地方治理中的作用，增加规定：地方性法规为实施法律、行政法规，对法律、行政法规未规定的违法行为可以补充设定行政处罚。地方性法规拟补充设定行政处罚的，应当通过听证会、论证会等形式听取意见，并向制定机关作出说明。

（三）关于行政处罚实施主体

根据党和国家机构改革和行政执法体制改革要求，明确综合行政执法的法律地位，增加规定：国家在城市管理、市场监管、生态环境、文化市场、交通运输、农业等领域实行综合行政执法，相对集中行政处罚权，由一个行政机关统一实施相关领域的行政处罚。同时，根据基层整合审批服务执法力量改革要求，推进行政执法权限和力量向基层延伸和下沉，增加规定：省、自治区、直辖市根据当地实际情况，可以决定符合条件的乡镇人民政府、街道办事处对其管辖区域内的违法行为行使有关县级人民政府部门的部分行政处罚权。

（四）关于行政处罚的适用

经过多年的执法实践，行政处罚的适用规则不断发展完善，在总结实践经验基础上，作以下补充完善：一是明确行政机关实施行政处罚时，有违法所得的，应当予以没收。二是规范行政处罚自由裁量权行使，完善从轻、减轻的法定情形，增加规定当事人有证据证明没有主观过错的，不予行政处罚，法律、行政法规有特别规定的，依照其规定；行政机关可以依法制定行政处罚裁量基准。三是加大重点领域执法力度，涉及公民生命健康安全的违法行为的追责期限由两年延长至五年。四是增加“从旧兼从轻”适用规则，行政处罚的依据适用违法行为发生时的法律、法规和规章的规定，但是新的法律、法规和规章的规定更有利于当事人的，适用新的法律、法规和规章的规定。五是完善行政处罚决定无效制度，行政处罚没有法定依据或者实施主体不具有行政主体资格的，行政处罚无效；不遵守法定程序构成重大且明显违法的，行政处罚无效。六是明确行政处罚证据种类和适用规则，规定证据必须经查证属实，方可作为认定案件事实的根据；以非法手段取得的证据，不得作为认定案件事实的根据。七是进一步明确适用范围，外国人、无国籍人、外国组织在中华人民共和国领域内有违法行为，应当给予行政处罚的，适用本法，法律另有规定的除外。

（五）关于行政处罚的程序

为推进严格规范公正文明执法，巩固行政执法公示制度、行政执法全过程记录制度、重大执法决定法制审核制度“三项制度”改革成果，进一步完善行政处罚程序，作以下修改：一是明确公示要求，增加规定行政处罚的实施机关、立案依据、实施程序和救济渠道等信息应当公示；行政处罚决定应当依法公开。二是体现全程记录，增加规定行政机关应当依法以文字、音像等形式，对行政处罚的启动、调查取证、审核、决定、送达、执行等进行全过程记录，归档保存。三是细化法制审核程序，列明适用情形，明确未经法制审核或者审核未通过的不得作出行政处罚决定。四是规范非现场执法，增加规定行政机关依照法律、行政法规规定利用电子技术监控设备收集、固定违法事实的，应当经过法制和技术审核，确保设置合理、标准合格、标志明显，设置地点应当向社会公布，并对记录内容和方便当事人查询作出相应规定。五是进一步完善回避制度，细化回避情形，明确对回避申请应当依法审查，但不停止调查或者实施行政处罚。六是增加规定发生重大传染病疫情等突发事件，为了控制、减轻和消除突发事件引起的社会危害，行政机关对违反突发事件应对措施的行为，依法从重处罚，并可以简化程序。七是适应行政执法实际需要，将适用简易程序的罚款数额由五十元以下和一千元以下，分别提高至二百元以下和三千元以下。八是增加立案程序，除当场作出的行政处罚外，行政机关认为符合立案标准的，应当立案。九是完善听证程序，扩大适用范围，适当延长申请期限，明确行政机关应当结合听证笔录作出决定。

（六）关于行政处罚的执行

为保障行政处罚决定的依法履行，补充完善执行制度，作以下修改：一是适应行政执法实际需要，将行政机关当场收缴的罚款数额由二十元以下提高至一百元以下。二是与行政强制法相衔接，完善行政处罚的强制执行程序，规定当事人逾期不履行行政处罚决定的，行政机关可以根据法律规定实施行政强制执行。三是明确行政机关批准延期、分期缴纳罚款的，申请人民法院强制执行的期限，自暂缓或者分期缴纳罚款期限结束之日起计算。四是明确当事人申请行政复议或者提起行政诉讼的，加处罚款的数额在行政复议或者行政诉讼期间不予计算。

（七）关于执法监督

为贯彻落实行政执法责任制和责任追究制度，强化对行政处罚行为的监督，作以下修改：一是增加规定罚款、没收违法所得或者没收非法财物拍卖的款项，不得同作出行政处罚决定的行政机关及其工作人员的考核、考评直接或者变相挂钩。二是增加规定县级以上人民政府应当定期组织开展行政执法评议、考核，加强对行政处罚的监督检查，规范和保障行政处罚的实施。

此外，修订草案对管辖、行政执法协助、行政执法资格等规定也作了补充完善。

行政处罚法修订草案和以上说明是否妥当，请审议。

全国人民代表大会宪法和法律委员会关于《中华人民共和国行政处罚法（修订草案）》修改情况的汇报

全国人民代表大会常务委员会：

常委会第二十次会议对行政处罚法修订草案进行了初次审议。会后，法制工作委员会将修订草案印发各省（区、市）、立法联系点和中央有关部门等征求意见，在中国人大网公布修订草案全文，征求社会公众意见。宪法和法律委员会、法制工作委员会联合召开座谈会，听取部分全国人大代表和有关部门、专家、企业、行业协会等的意见；到辽宁、四川和广东等地调研，召开专题座谈会，听取地方人大、行政机关和企业的意见，实地了解综合行政执法实施情况；并就修订草案中的主要问题与有关部门交换意见，共同研究。宪法和法律委员会于9月15日召开会议，根据常委会组成人员的审议意见和各方面意见，对修订草案进行了逐条审议。司法部、最高人民法院的有关负责同志列席了会议。9月29日，宪法和法律委员会召开会议，再次进行了审议。现将行政处罚法修订草案主要问题修改情况汇报如下：

一、修订草案第九条列举了六项行政处罚种类。有些常委委员、部门、地方和专家提出，有的常用的行政处罚种类尚未纳入，有些行政处罚种类与其他行政管理措施的边界不够清晰，建议进一步完善行政处罚种类的规定。宪法和法律委员会经研究，建议适当调整行政处罚种类：一是增加“责令关闭”的行政处罚种类；二是删去“不得申请行政许可”“责令停止行为”“责令作出行为”的行政处罚种类。

二、修订草案第十二条第三款对地方性法规补充设定行政处罚作了规定。有些常委委员、地方和社会公众提出，适当扩大地方性法规设定行政处罚的权限是必要的，建议进一步明确范围、完善程序，增加约束性要求。同时，司法部建议对行政法规补充设定行政处罚也作出相应规定。宪法和法律委员会经研究，建议增加规定："法律对违法行为未作出行政处罚规定，行政法规为实施法律，可以补充设定行政处罚。拟补充设定行政处罚的，应当通过听证会、论证会等形式广泛听取意见，并向制定机关作出书面说明。行政法规报送备案时，应当说明补充设定行政处罚的情况。"并对地方性法规补充设定行政处罚的规定作相应完善。

三、中央编办提出，为了简政放权、优化营商环境，应当定期对已经设定的行政处罚进行评估，减少不必要的行政处罚事项。宪法和法律委员会经研究，建议增加规定："国务院部门和省、自治区、直辖市人民政府及其有关部门应当定期组织评估行政处罚的实施情况和必要性，对不适当的行政处罚事项，应当提出修改或者废止的建议。"

四、修订草案第十七条第一款对综合行政执法作了规定。有些常委委员、部门、地方和社会公众提出，综合行政执法改革正在推进过程中，需要根据实践总结完善，立法应当为改革探索留有空间。宪法和法律委员会经研究，建议修改为："国家在城市管理、市场监管、生态环境、文化市场、交通运输、农业等领域推行建立综合行政执法制度，相对集中行政处罚权。"

五、修订草案第二十二条第二款对行政处罚权下放乡镇、街道作了规定。有些常委会组成人员、部门、地方和社会公众提出，为满足基层执法需求，保障行政处罚权"放得下、接得住、管得好"，应当进一步明确下放行政处罚权的条件和情形。宪法和法律委员会经研究，建议修改为："省、自治区、直辖市根据当地实际情况，可以决定将基层管理迫切需要的县级人民政府部门的行政处罚权交由能够有效承接且符合条件的乡镇人民政府、街道办事处行使。"

六、有些常委会组成人员、部门、地方和专家学者提出，行政处罚法的重要内容是规范行政处罚程序，建议进一步完善相关程序。宪法和法律委员会经研究，建议作以下修改：一是完善立案程序，规定符合立案标准的，行政机关应当及时立案。同时，对应当立案不及时立案的，设定相应法律责任。二是明确行政处罚期限，增加规定行政机关应当自行政处罚案件立案之日起九十日内作出行政处罚决定，法律、法规、规章另有规定的除外。三是完善听证程序，在听证范围中增加"降低资质等级"的行政处罚种类；明确听证结束后，行政机关应当根据听证笔录作出行政处罚决定。四是增加文明执法内容，执法人员应当文明执法，尊重和保护当事人合法权益。五是完善回避程序，增加规定执法人员的回避由行政机关负责人决定。六是细化行政处罚决定公开要求，明确行政处罚决定应当按照政府信息公开的有关规定予以公开。

此外，还对修订草案作了一些文字修改。

修订草案二次审议稿已按上述意见作了修改，宪法和法律委员会建议提请本次常委会会议继续审议。

修订草案二次审议稿和以上汇报是否妥当，请审议。

全国人民代表大会宪法和法律委员会

2020 年 10 月 13 日

全国人民代表大会宪法和法律委员会关于《中华人民共和国行政处罚法（修订草案）》审议结果的报告

全国人民代表大会常务委员会：

常委会第二十二次会议对行政处罚法修订草案进行了二次审议。会后，法制工作委员会在中国人大网全文公布修订草案二次审议稿，再次征求社会公众的意见；到北京、河北、上海调研，召开专题座谈会，听取部分全国人大代表和行政执法机关、乡镇街道、基层立法联系点、专家学者、企业等的意见，实地了解综合行政执法、乡镇街道行使行政处罚权、行政处罚信息化建设等情况；就修订草案中的主要问题与有关部门交换意见，共同研究。宪法和法律委员会于2020年12月30日召开会议，根据常委会组成人员的审议意见和各方面的意见，对修订草案进行了审议。司法部、最高人民法院的有关负责同志列席了会议。2021年1月13日，宪法和法律委员会召开会议，再次进行了审议。宪法和法律委员会认为，为了深入贯彻习近平法治思想，贯彻落实党中央关于全面依法治国重大决策部署，完善行政处罚制度，推进国家治理体系和治理能力现代化，对行政处罚法进行修订是必要的，修订草案经过两次审议修改，已经比较成熟。同时，提出以下主要修改意见：

一、修订草案二次审议稿第十八条第三款规定，限制人身自由的行政处罚权只能由公安机关行使。有的部门、地方提出，根据反间谍法和国家情报法的规定，国家安全机关也可以行使限制人身自由的行政处罚权，需要做好衔接。宪法和法律委员会经研究，建议修改为："限制人身自由的行政处罚权只能由公安机关和法律规定的其他机关行使。"

二、修订草案二次审议稿第二十三条第二款对行政处罚权下放乡镇街道作了规定。有的常委委员、地方和社会公众提出，行政处罚权下放乡镇街道是必要的，但需要进一步规范，防止出现问题。宪法和法律委员会经研究，建议增加以下规定：一是省、自治区、直辖市将行政处罚权下放乡镇街道的决定应当公布。二是承接行政处罚权的乡镇人民政府、街道办事处应当加强执法能力建设，按照规定范围、依照法定程序实施行政处罚。三是有关地方人民政府及其部门应当加强组织协调、监督指导，建立健全行政处罚协调配合机制，完善评议、考核制度。

三、有的常委委员、地方、专家学者和社会公众建议完善行政处罚和刑事司法衔接机制，推动解决案件移送中的问题。宪法和法律委员会经研究，建议增加以下规定：一是对依法不需要追究刑事责任或者免予刑事处罚，但应当给予行政处罚的，司法机关应当及时将案件移送有关行政机关。二是行政处罚实施机关与司法机关之间应当加强协调配合，建立健全案件移送制度，加强证据材料移交、接收衔接，完善案件处理信息通报机制。三是违法行为构成犯罪判处罚金的，行政机关尚未给予当事人罚款的，不再给予罚款。

四、有的常委委员、地方和社会公众建议进一步细化过罚相当原则，强化行政处罚的教育功能。宪法和法律委员会经研究，建议增加以下规定：一是尚未完全丧失辨认或者控制自己行为能力的精神病人有违法行为的，可以从轻或者减轻行政处罚。二是初次违法且危害后果轻微并及时改正的，可以不予行政处罚。三是对当事人的违法行为不予行政处罚的，行政机关应当对当事人进行教育。

五、有的常委委员、部门、专家学者和社会公众提出，对运用信息化等手段实施行政处罚应当加强规范，在提高行政效率的同时，也要体现便民原则，保护当事人的陈述、申辩等权利。宪法和法律委员会经研究，建议作以下修改：一是进一步要求行政机关及时告知当事人电子技术监控设备记录的违法事实，并采取信息化手段或者其他措施，为当事人查询、陈述和申辩提供便利。不得限制或者变相限制当事人享有的陈述权、申辩权。二是增加规定当事人同意并签订确认书的，行政机关可以采用传真、电子邮件等方式，将行政处罚决定书等送达当事人。三是明确当事人可以通过电子支付系统缴纳罚款。

六、有的常委委员、代表、地方、专家学者和社会公众建议进一步完善行政处罚程序，健全行政处罚执行制度。宪法和法律委员会经研究，建议作以下修改：一是明确行政处罚决定公开的适当范围，要求具有一定社会影响的行政处罚决定依法公开。二是扩大听证范围，明确将其他较重的行政处罚纳入听证范围。三是增加规定当事人对限制人身自由的行政处罚决定不服，申请行政复议或者提起行政诉讼的，可以向作出决定的机关提出暂缓执行申请。符合法律规定情形的，应当暂缓执行。

七、有的常委委员、部门、地方、专家学者和社会公众建议完善行政处罚的适用规则，加强对行政处罚的社会监督。宪法和法律委员会经研究，建议作以下修改：一是增加规定违法所得是指实施违法行为所取得的款项，法律、行政法规、部门规章另有规定的除外。二是明确违法行为涉及公民生命健康安全、金融安全且有危害后果的，追责期限延长至五年。三是明确行政机关实施行政处罚应当接受社会监督。

此外，还对修订草案二次审议稿作了一些文字修改。

2021 年 1 月 12 日，法制工作委员会召开会议，邀请部分全国人大代表和行政执法机关、乡镇街道、专家学者、企业等就修订草案中主要制度规范的可行性、出台时机、实施的社会效果和可能出现的问题等进行评估。与会人员普遍认为，完善行政处罚制度，是法治政府建设的重要内容，修改行政处罚法是必要和及时的。修订草案坚持以习近平法治思想为指导，巩固行政执法领域重大改革成果，回应人民群众期待和实践需求，健全行政处罚实体和程序规则，制度规范可行。修订草案充分吸收了各方面意见，已经比较成熟，建议尽快通过实施。与会人员还对修订草案提出了一些具体修改意见，宪法和法律委员会进行了认真研究，对有的意见予以采纳。

修订草案三次审议稿已按上述意见作了修改，宪法和法律委员会建议提请本次常委会会议审议通过。

修订草案三次审议稿和以上报告是否妥当，请审议。

全国人民代表大会宪法和法律委员会

2021 年 1 月 20 日

全国人民代表大会宪法和法律委员会关于《中华人民共和国行政处罚法（修订草案三次审议稿）》修改意见的报告

全国人民代表大会常务委员会：

本次常委会会议于1月20日下午对行政处罚法修订草案三次审议稿进行了分组审议。普遍认为，修订草案已经比较成熟，建议进一步修改后，提请本次常委会会议表决通过。同时，有些常委会组成人员和列席人员还提出了一些修改意见和建议。宪法和法律委员会于1月21日上午召开会议，逐条研究了常委会组成人员的审议意见，对修订草案进行了审议。司法部有关负责同志列席了会议。宪法和法律委员会认为，修订草案是可行的，同时，提出以下修改意见：

一、有的常委会组成人员提出，行政处罚应当以行政机关实施为主，委托其他组织实施应当从严，坚持依法委托。宪法和法律委员会经研究，建议增加规定：委托应当采用书面形式；委托书应当载明委托的具体事项、权限、期限等内容；委托书应当公布。

二、有的常委委员建议进一步规范乡镇街道行使行政处罚权，实行定期评估，强化执法监督。宪法和法律委员会经研究，建议采纳这一意见。

三、修订草案三次审议稿第四十五条第二款规定，行政机关不得因当事人申辩而加重处罚。有的常委委员提出，陈述权与申辩权都是重要的程序性权利，都不得因当事人陈述、申辩而给予更重的处罚。宪法和法律委员会经研究，建议修改为：“行政机关不得因当事人陈述、申辩而给予更重的处罚。”

四、有的常委委员、列席人员建议完善集体讨论制度，明确逾期不缴纳罚款而加处罚款数额的上限。宪法和法律委员会经研究，建议作以下修改：一是要求对情节复杂或者重大违法行为给予行政处罚，行政机关负责人应当集体讨论决定。二是增加规定加处罚款的数额不得超出罚款的数额。

五、有的常委委员提出，实践中有案不移、有案不立等不作为问题较为突出，应当结合相关法律、行政法规规定，完善法律责任。宪法和法律委员会经研究，建议对依法应当移交追究刑事责任而不移交的，或者依法应当予以制止和处罚的违法行为不予制止、处罚的，加大追责力度，作相应规定。

在常委会审议中，有些常委会组成人员还就完善行政处罚种类、明确限制人身自由的行政处罚权行使主体、进一步细化行政处罚相关程序等提出了一些具体意见。有些常委会组成人员建议有关方面抓紧制定配套规定，及时开展法规、规章和其他规范性文件清理工作，加强法律宣传和指导，强化行政执法人财物保障。宪法和法律委员会经研究认为，上述意见涉及的问题，有的已在相关法律中作出规定，有的可在制定相关法律时作出规定，有的需要在配套规定中进一步细化，建议有关方面认真研究落实，抓紧完善配套规定，及时开展清理工作，做好法律宣传，加强行政执法保障，切实做好法律的贯彻实施。

经与有关部门研究，建议将修订后的行政处罚法的施行时间确定为2021年7月15日。

此外，根据常委会组成人员的审议意见，还对修订草案三次审议稿作了一些文字修改。

修订草案建议表决稿已按上述意见作了修改，宪法和法律委员会建议本次常委会会议审议通过。

修订草案建议表决稿和以上报告是否妥当，请审议。

全国人民代表大会宪法和法律委员会

2021年1月22日

附录二

《中华人民共和国行政处罚法》修订前后对照表

（阴影部分为删去，加框部分为移动，黑体部分为修改）

修订前	修订后
目　录 第一章　总　　则 第二章　行政处罚的种类和设定 第三章　行政处罚的实施机关 第四章　行政处罚的管辖和适用 第五章　行政处罚的决定 第一节　简易程序 第二节　一般程序 第三节　听证程序 第六章　行政处罚的执行 第七章　法律责任 第八章　附　　则	目　录 第一章　总　　则 第二章　行政处罚的种类和设定 第三章　行政处罚的实施机关 第四章　行政处罚的管辖和适用 第五章　行政处罚的决定 **第一节　一般规定** 第二节　简易程序 第三节　**普通**程序 第**四**节　听证程序 第六章　行政处罚的执行 第七章　法律责任 第八章　附　　则
第一章　总　　则	**第一章　总　　则**
第一条　为了规范行政处罚的设定和实施，保障和监督行政机关有效实施行政管理，维护公共利益和社会秩序，保护公民、法人或者其他组织的合法权益，根据宪法，制定本法。	**第一条**　为了规范行政处罚的设定和实施，保障和监督行政机关有效实施行政管理，维护公共利益和社会秩序，保护公民、法人或者其他组织的合法权益，根据宪法，制定本法。
	第二条　行政处罚是指行政机关依法对违反行政管理秩序的公民、法人或者其他组织，以减损权益或者增加义务的方式予以惩戒的行为。

续表

修订前	修订后
第二条　行政处罚的设定和实施，适用本法。	**第三条**　行政处罚的设定和实施，适用本法。
第三条　公民、法人或者其他组织违反行政管理秩序的行为，应当给予行政处罚的，依照本法由法律、法规或者规章规定，并由行政机关依照本法规定的程序实施。 没有法定依据或者不遵守法定程序的，行政处罚无效。（移至第三十八条）	**第四条**　公民、法人或者其他组织违反行政管理秩序的行为，应当给予行政处罚的，依照本法由法律、法规、规章规定，并由行政机关依照本法规定的程序实施。
第四条　行政处罚遵循公正、公开的原则。 设定和实施行政处罚必须以事实为依据，与违法行为的事实、性质、情节以及社会危害程度相当。 对违法行为给予行政处罚的规定必须公布；未经公布的，不得作为行政处罚的依据。	**第五条**　行政处罚遵循公正、公开的原则。 设定和实施行政处罚必须以事实为依据，与违法行为的事实、性质、情节以及社会危害程度相当。 对违法行为给予行政处罚的规定必须公布；未经公布的，不得作为行政处罚的依据。
第五条　实施行政处罚，纠正违法行为，应当坚持处罚与教育相结合，教育公民、法人或者其他组织自觉守法。	**第六条**　实施行政处罚，纠正违法行为，应当坚持处罚与教育相结合，教育公民、法人或者其他组织自觉守法。
第六条　公民、法人或者其他组织对行政机关所给予的行政处罚，享有陈述权、申辩权；对行政处罚不服的，有权依法申请行政复议或者提起行政诉讼。 公民、法人或者其他组织因行政机关违法给予行政处罚受到损害的，有权依法提出赔偿要求。	**第七条**　公民、法人或者其他组织对行政机关所给予的行政处罚，享有陈述权、申辩权；对行政处罚不服的，有权依法申请行政复议或者提起行政诉讼。 公民、法人或者其他组织因行政机关违法给予行政处罚受到损害的，有权依法提出赔偿要求。
第七条　公民、法人或者其他组织因违法受到行政处罚，其违法行为对他人造成损害的，应当依法承担民事责任。 违法行为构成犯罪，应当依法追究刑事责任，不得以行政处罚代替刑事处罚。	**第八条**　公民、法人或者其他组织因违法**行为**受到行政处罚，其违法行为对他人造成损害的，应当依法承担民事责任。 违法行为构成犯罪，应当依法追究刑事责任**的**，不得以行政处罚代替刑事处罚。

续表

修订前	修订后
第二章　行政处罚的种类和设定	**第二章　行政处罚的种类和设定**
第八条　行政处罚的种类： （一）警告； （二）罚款； （三）没收违法所得、没收非法财物； （四）责令停产停业； （五）暂扣或者吊销许可证、暂扣或者吊销执照； （六）行政拘留； （七）法律、行政法规规定的其他行政处罚。	**第九条**　行政处罚的种类： （一）警告**、通报批评**； （二）罚款、没收违法所得、没收非法财物； **（三）**暂扣**许可证件、降低资质等级、**吊销许可证**件**； （四）**限制开展生产经营活动**、责令停产停业**、责令关闭、限制从业**； （五）行政拘留； **（六）**法律、行政法规规定的其他行政处罚。
第九条　法律可以设定各种行政处罚。 限制人身自由的行政处罚，只能由法律设定。	**第十条**　法律可以设定各种行政处罚。 限制人身自由的行政处罚，只能由法律设定。
第十条　行政法规可以设定除限制人身自由以外的行政处罚。 法律对违法行为已经作出行政处罚规定，行政法规需要作出具体规定的，必须在法律规定的给予行政处罚的行为、种类和幅度的范围内规定。	**第十一条**　行政法规可以设定除限制人身自由以外的行政处罚。 法律对违法行为已经作出行政处罚规定，行政法规需要作出具体规定的，必须在法律规定的给予行政处罚的行为、种类和幅度的范围内规定。 **法律对违法行为未作出行政处罚规定，行政法规为实施法律，可以补充设定行政处罚。拟补充设定行政处罚的，应当通过听证会、论证会等形式广泛听取意见，并向制定机关作出书面说明。行政法规报送备案时，应当说明补充设定行政处罚的情况。**
第十一条　地方性法规可以设定除限制人身自由、吊销企业营业执照以外的行政处罚。 法律、行政法规对违法行为已经作出行政处罚规定，地方性法规需要作出具体规定的，必须在法律、行政法规规定的给予行政处罚的行为、种类和幅度的范围内规定。	**第十二条**　地方性法规可以设定除限制人身自由、吊销营业执照以外的行政处罚。 法律、行政法规对违法行为已经作出行政处罚规定，地方性法规需要作出具体规定的，必须在法律、行政法规规定的给予行政处罚的行为、种类和幅度的范围内规定。

续表

修订前	修订后
	法律、行政法规对违法行为未作出行政处罚规定，地方性法规为实施法律、行政法规，可以补充设定行政处罚。拟补充设定行政处罚的，应当通过听证会、论证会等形式广泛听取意见，并向制定机关作出书面说明。地方性法规报送备案时，应当说明补充设定行政处罚的情况。
第十二条　国务院部、委员会制定的规章可以在法律、行政法规规定的给予行政处罚的行为、种类和幅度的范围内作出具体规定。 尚未制定法律、行政法规的，前款规定的国务院部、委员会制定的规章对违反行政管理秩序的行为，可以设定警告或者一定数量罚款的行政处罚。罚款的限额由国务院规定。 国务院可以授权具有行政处罚权的直属机构依照本条第一款、第二款的规定，规定行政处罚。	**第十三条**　国务院部**门**规章可以在法律、行政法规规定的给予行政处罚的行为、种类和幅度的范围内作出具体规定。 尚未制定法律、行政法规的，国务院部**门**规章对违反行政管理秩序的行为，可以设定警告、**通报批评**或者一定数**额**罚款的行政处罚。罚款的限额由国务院规定。
第十三条　省、自治区、直辖市人民政府和省、自治区人民政府所在地的市人民政府以及经国务院批准的较大的市人民政府制定的规章可以在法律、法规规定的给予行政处罚的行为、种类和幅度的范围内作出具体规定。 尚未制定法律、法规的，前款规定的人民政府制定的规章对违反行政管理秩序的行为，可以设定警告或者一定数量罚款的行政处罚。罚款的限额由省、自治区、直辖市人民代表大会常务委员会规定。	**第十四条**　**地方**政府规章可以在法律、法规规定的给予行政处罚的行为、种类和幅度的范围内作出具体规定。 尚未制定法律、法规的，**地方**政府规章对违反行政管理秩序的行为，可以设定警告、**通报批评**或者一定数**额**罚款的行政处罚。罚款的限额由省、自治区、直辖市人民代表大会常务委员会规定。
	第十五条　**国务院部门和省、自治区、直辖市人民政府及其有关部门应当定期组织评估行政处罚的实施情况和必要性，对不适当的行政处罚事项及种类、罚款数额等，应当提出修改或者废止的建议。**

续表

修订前	修订后
第十四条　除本法第九条、第十条、第十一条、第十二条以及第十三条的规定外，其他规范性文件不得设定行政处罚。	**第十六条**　除**法律、法规、规章**外，其他规范性文件不得设定行政处罚。
第三章　行政处罚的实施机关	**第三章　行政处罚的实施机关**
第十五条　行政处罚由具有行政处罚权的行政机关在法定职权范围内实施。	**第十七条**　行政处罚由具有行政处罚权的行政机关在法定职权范围内实施。
第十六条　国务院或者经国务院授权的省、自治区、直辖市人民政府可以决定一个行政机关行使有关行政机关的行政处罚权，但限制人身自由的行政处罚权只能由公安机关行使。	**第十八条　国家在城市管理、市场监管、生态环境、文化市场、交通运输、应急管理、农业等领域推行建立综合行政执法制度，相对集中行政处罚权。** 国务院或者省、自治区、直辖市人民政府可以决定一个行政机关行使有关行政机关的行政处罚权。 限制人身自由的行政处罚权只能由公安机关**和法律规定的其他机关**行使。
第十七条　法律、法规授权的具有管理公共事务职能的组织可以在法定授权范围内实施行政处罚。	**第十九条**　法律、法规授权的具有管理公共事务职能的组织可以在法定授权范围内实施行政处罚。
第十八条　行政机关依照法律、法规或者规章的规定，可以在其法定权限内委托符合本法第十九条规定条件的组织实施行政处罚。行政机关不得委托其他组织或者个人实施行政处罚。 委托行政机关对受委托的组织实施行政处罚的行为应当负责监督，并对该行为的后果承担法律责任。 受委托组织在委托范围内，以委托行政机关名义实施行政处罚；不得再委托其他任何组织或者个人实施行政处罚。	**第二十条**　行政机关依照法律、法规、规章的规定，可以在其法定权限内**书面**委托符合本法第**二十一**条规定条件的组织实施行政处罚。行政机关不得委托其他组织或者个人实施行政处罚。 **委托书应当载明委托的具体事项、权限、期限等内容。委托行政机关和受委托组织应当将委托书向社会公布。** 委托行政机关对受委托组织实施行政处罚的行为应当负责监督，并对该行为的后果承担法律责任。 受委托组织在委托范围内，以委托行政机关名义实施行政处罚；不得再委托其他组织或者个人实施行政处罚。

续表

修订前	修订后
第十九条　受委托组织必须符合以下条件： （一）依法成立的管理公共事务的事业组织； （二）具有熟悉有关法律、法规、规章和业务的工作人员； （三）对违法行为需要进行技术检查或者技术鉴定的，应当有条件组织进行相应的技术检查或者技术鉴定。	**第二十一条**　受委托组织必须符合以下条件： （一）依法成立**并具有**管理公共事务职能； （二）有熟悉有关法律、法规、规章和业务**并取得行政执法资格**的工作人员； （三）需要进行技术检查或者技术鉴定的，应当有条件组织进行相应的技术检查或者技术鉴定。
第四章　行政处罚的管辖和适用	**第四章　行政处罚的管辖和适用**
第二十条　行政处罚由违法行为发生地的县级以上地方人民政府具有行政处罚权的行政机关管辖。法律、行政法规另有规定的除外。	**第二十二条**　行政处罚由违法行为发生地的行政机关管辖。法律、行政法规、**部门规章**另有规定的，**从其规定**。 **第二十三条**　行政处罚由县级以上地方人民政府具有行政处罚权的行政机关管辖。法律、行政法规另有规定的，**从其规定**。
	第二十四条　省、自治区、直辖市根据当地实际情况，可以决定将基层管理迫切需要的县级人民政府部门的行政处罚权交由能够有效承接的乡镇人民政府、街道办事处行使，并定期组织评估。决定应当公布。 **承接行政处罚权的乡镇人民政府、街道办事处应当加强执法能力建设，按照规定范围、依照法定程序实施行政处罚。** **有关地方人民政府及其部门应当加强组织协调、业务指导、执法监督，建立健全行政处罚协调配合机制，完善评议、考核制度。**
第二十一条　对管辖发生争议的，报请共同的上一级行政机关指定管辖。	**第二十五条　两个以上行政机关都有管辖权的，由最先立案的行政机关管辖。** 对管辖发生争议的，**应当协商解决，协商不成的，**报请共同的上一级行政机关指定管辖；**也可以直接由共同的上一级行政机关指定管辖。**

续表

修订前	修订后
	第二十六条　行政机关因实施行政处罚的需要，可以向有关机关提出协助请求。协助事项属于被请求机关职权范围内的，应当依法予以协助。
第二十二条　违法行为构成犯罪的，行政机关必须将案件移送司法机关，依法追究刑事责任。	**第二十七条**　违法行为**涉嫌**犯罪的，行政机关**应当及时**将案件移送司法机关，依法追究刑事责任。**对依法不需要追究刑事责任或者免予刑事处罚，但应当给予行政处罚的，司法机关应当及时将案件移送有关行政机关。** **行政处罚实施机关与司法机关之间应当加强协调配合，建立健全案件移送制度，加强证据材料移交、接收衔接，完善案件处理信息通报机制。**
第二十三条　行政机关实施行政处罚时，应当责令当事人改正或者限期改正违法行为。	**第二十八条**　行政机关实施行政处罚时，应当责令当事人改正或者限期改正违法行为。 **当事人有违法所得，除依法应当退赔的外，应当予以没收。违法所得是指实施违法行为所取得的款项。法律、行政法规、部门规章对违法所得的计算另有规定的，从其规定。**
第二十四条　对当事人的同一个违法行为，不得给予两次以上罚款的行政处罚。	**第二十九条**　对当事人的同一个违法行为，不得给予两次以上罚款的行政处罚。**同一个违法行为违反多个法律规范应当给予罚款处罚的，按照罚款数额高的规定处罚。**
第二十五条　不满十四周岁的人有违法行为的，不予行政处罚，责令监护人加以管教；已满十四周岁不满十八周岁的人有违法行为的，从轻或者减轻行政处罚。	**第三十条**　不满十四周岁的**未成年**人有违法行为的，不予行政处罚，责令监护人加以管教；已满十四周岁不满十八周岁的**未成年**人有违法行为的，**应当**从轻或者减轻行政处罚。

续表

修订前	修订后
第二十六条 精神病人在不能辨认或者不能控制自己行为时有违法行为的，不予行政处罚，但应当责令其监护人严加看管和治疗。间歇性精神病人在精神正常时有违法行为的，应当给予行政处罚。	**第三十一条** 精神病人、**智力残疾人**在不能辨认或者不能控制自己行为时有违法行为的，不予行政处罚，但应当责令其监护人严加看管和治疗。间歇性精神病人在精神正常时有违法行为的，应当给予行政处罚。**尚未完全丧失辨认或者控制自己行为能力的精神病人、智力残疾人有违法行为的，可以从轻或者减轻行政处罚。**
第二十七条 当事人有下列情形之一的，应当依法从轻或者减轻行政处罚： （一）主动消除或者减轻违法行为危害后果的； （二）受他人胁迫有违法行为的； （三）配合行政机关查处违法行为有立功表现的； （四）其他依法从轻或者减轻行政处罚的。 违法行为轻微并及时纠正，没有造成危害后果的，不予行政处罚。	**第三十二条** 当事人有下列情形之一，应当从轻或者减轻行政处罚： （一）主动消除或者减轻违法行为危害后果的； （二）受他人胁迫**或者诱骗实施**违法行为的； **（三）主动供述行政机关尚未掌握的违法行为的；** **（四）**配合行政机关查处违法行为有立功表现的； **（五）法律、法规、规章规定**其他**应当**从轻或者减轻行政处罚的。 **第三十三条** 违法行为轻微并及时**改**正，没有造成危害后果的，不予行政处罚。**初次违法且危害后果轻微并及时改正的，可以不予行政处罚。** **当事人有证据足以证明没有主观过错的，不予行政处罚。法律、行政法规另有规定的，从其规定。** **对当事人的违法行为依法不予行政处罚的，行政机关应当对当事人进行教育。**
	第三十四条 行政机关可以依法制定行政处罚裁量基准，规范行使行政处罚裁量权。行政处罚裁量基准应当向社会公布。

续表

修订前	修订后
第二十八条 违法行为构成犯罪，人民法院判处拘役或者有期徒刑时，行政机关已经给予当事人行政拘留的，应当依法折抵相应刑期。 违法行为构成犯罪，人民法院判处罚金时，行政机关已经给予当事人罚款的，应当折抵相应罚金。	**第三十五条** 违法行为构成犯罪，人民法院判处拘役或者有期徒刑时，行政机关已经给予当事人行政拘留的，应当依法折抵相应刑期。 违法行为构成犯罪，人民法院判处罚金时，行政机关已经给予当事人罚款的，应当折抵相应罚金；**行政机关尚未给予当事人罚款的，不再给予罚款。**
第二十九条 违法行为在二年内未被发现的，不再给予行政处罚。法律另有规定的除外。 前款规定的期限，从违法行为发生之日起计算；违法行为有连续或者继续状态的，从行为终了之日起计算。	**第三十六条** 违法行为在二年内未被发现的，不再给予行政处罚；**涉及公民生命健康安全、金融安全且有危害后果的，上述期限延长至五年。**法律另有规定的除外。 前款规定的期限，从违法行为发生之日起计算；违法行为有连续或者继续状态的，从行为终了之日起计算。
	第三十七条　实施行政处罚，适用违法行为发生时的法律、法规、规章的规定。但是，作出行政处罚决定时，法律、法规、规章已被修改或者废止，且新的规定处罚较轻或者不认为是违法的，适用新的规定。
第三条第二款　没有法定依据或者不遵守法定程序的，行政处罚无效。	**第三十八条　行政处罚**没有依据或者**实施主体不具有行政主体资格**的，行政处罚无效。 **违反**法定程序**构成重大且明显违法**的，行政处罚无效。
第五章　行政处罚的决定	**第五章　行政处罚的决定**
	第一节　一般规定
	第三十九条　行政处罚的实施机关、立案依据、实施程序和救济渠道等信息应当公示。

续表

修订前	修订后
第三十条 公民、法人或者其他组织违反行政管理秩序的行为，依法应当给予行政处罚的，行政机关必须查明事实；违法事实不清的，不得给予行政处罚。	**第四十条** 公民、法人或者其他组织违反行政管理秩序的行为，依法应当给予行政处罚的，行政机关必须查明事实；违法事实不清、**证据不足**的，不得给予行政处罚。
	第四十一条 行政机关依照法律、行政法规规定利用电子技术监控设备收集、固定违法事实的，应当经过法制和技术审核，确保电子技术监控设备符合标准、设置合理、标志明显，设置地点应当向社会公布。 **电子技术监控设备记录违法事实应当真实、清晰、完整、准确。行政机关应当审核记录内容是否符合要求；未经审核或者经审核不符合要求的，不得作为行政处罚的证据。** **行政机关应当及时告知当事人违法事实，并采取信息化手段或者其他措施，为当事人查询、陈述和申辩提供便利。不得限制或者变相限制当事人享有的陈述权、申辩权。**
第三十七条第一款部分内容 执法人员不得少于两人。	**第四十二条 行政处罚应当由具有行政执法资格的执法人员实施。**执法人员不得少于两人，**法律另有规定的除外。** **执法人员应当文明执法，尊重和保护当事人合法权益。**
第三十七条第三款 执法人员与当事人有直接利害关系的，应当回避。	**第四十三条** 执法人员与**案件**有直接利害关系**或者有其他关系可能影响公正执法**的，应当回避。 **当事人认为执法人员与案件有直接利害关系或者有其他关系可能影响公正执法的，有权申请回避。** **当事人提出回避申请的，行政机关应当依法审查，由行政机关负责人决定。决定作出之前，不停止调查。**

续表

修订前	修订后
第三十一条 行政机关在作出行政处罚决定之前，应当告知当事人作出行政处罚决定的事实、理由及依据，并告知当事人依法享有的权利。	**第四十四条** 行政机关在作出行政处罚决定之前，应当告知当事人**拟**作出**的**行政处罚**内容及**事实、理由、依据，并告知当事人依法享有的**陈述、申辩、要求听证等**权利。
第三十二条 当事人有权进行陈述和申辩。行政机关必须充分听取当事人的意见，对当事人提出的事实、理由和证据，应当进行复核；当事人提出的事实、理由或者证据成立的，行政机关应当采纳。 行政机关不得因当事人申辩而加重处罚。	**第四十五条** 当事人有权进行陈述和申辩。行政机关必须充分听取当事人的意见，对当事人提出的事实、理由和证据，应当进行复核；当事人提出的事实、理由或者证据成立的，行政机关应当采纳。 行政机关不得因当事人**陈述**、申辩而**给予更**重**的**处罚。
	第四十六条 证据包括： **（一）书证；** **（二）物证；** **（三）视听资料；** **（四）电子数据；** **（五）证人证言；** **（六）当事人的陈述；** **（七）鉴定意见；** **（八）勘验笔录、现场笔录。** **证据必须经查证属实，方可作为认定案件事实的根据。** **以非法手段取得的证据，不得作为认定案件事实的根据。**
	第四十七条 行政机关应当依法以文字、音像等形式，对行政处罚的启动、调查取证、审核、决定、送达、执行等进行全过程记录，归档保存。
	第四十八条 具有一定社会影响的行政处罚决定应当依法公开。 **公开的行政处罚决定被依法变更、撤销、确认违法或者确认无效的，行政机关应当在三日内撤回行政处罚决定信息并公开说明理由。**

续表

修订前	修订后
	第四十九条 发生重大传染病疫情等突发事件，为了控制、减轻和消除突发事件引起的社会危害，行政机关对违反突发事件应对措施的行为，依法快速、从重处罚。
	第五十条 行政机关及其工作人员对实施行政处罚过程中知悉的国家秘密、商业秘密或者个人隐私，应当依法予以保密。
第一节 简易程序	**第二节 简易程序**
第三十三条 违法事实确凿并有法定依据，对公民处以五十元以下、对法人或者其他组织处以一千元以下罚款或者警告的行政处罚的，可以当场作出行政处罚决定。当事人应当依照本法第四十六条、第四十七条、第四十八条的规定履行行政处罚决定。 （移至第五十三条）	**第五十一条** 违法事实确凿并有法定依据，对公民处以**二百**元以下、对法人或者其他组织处以**三**千元以下罚款或者警告的行政处罚的，可以当场作出行政处罚决定。**法律另有规定的，从其规定。**
第三十四条 执法人员当场作出行政处罚决定的，应当向当事人出示执法身份证件，填写预定格式、编有号码的行政处罚决定书。行政处罚决定书应当当场交付当事人。 前款规定的行政处罚决定书应当载明当事人的违法行为、行政处罚依据、罚款数额、时间、地点以及行政机关名称，并由执法人员签名或者盖章。 执法人员当场作出的行政处罚决定，必须报所属行政机关备案。 第三十五条 当事人对当场作出的行政处罚决定不服的，可以依法申请行政复议或者提起行政诉讼。	**第五十二条** 执法人员当场作出行政处罚决定的，应当向当事人出示执法证件，填写预定格式、编有号码的行政处罚决定书，**并**当场交付当事人。**当事人拒绝签收的，应当在行政处罚决定书上注明。** 前款规定的行政处罚决定书应当载明当事人的违法行为，行政处罚**的种类和**依据、罚款数额、时间、地点，申请行政复议、提起行政诉讼**的途径和期限**以及行政机关名称，并由执法人员签名或者盖章。 执法人员当场作出的行政处罚决定，**应当**报所属行政机关备案。
第三十三条部分内容 当事人应当依照本法第四十六条、第四十七条、第四十八条的规定履行行政处罚决定。	**第五十三条 对当场作出的行政处罚决定，**当事人应当依照本法第**六十七**条**至**第**六十九**条的规定履行。

续表

修订前	修订后
第三十五条 当事人对当场作出的行政处罚决定不服的，可以依法申请行政复议或者提起行政诉讼。（移至第五十二条）	
第二节　一般程序	**第三节　普通程序**
第三十六条 除本法第三十三条规定的可以当场作出的行政处罚外，行政机关发现公民、法人或者其他组织有依法应当给予行政处罚的行为的，必须全面、客观、公正地调查，收集有关证据；必要时，依照法律、法规的规定，可以进行检查。	**第五十四条** 除本法第**五十一**条规定的可以当场作出的行政处罚外，行政机关发现公民、法人或者其他组织有依法应当给予行政处罚的行为的，必须全面、客观、公正地调查，收集有关证据；必要时，依照法律、法规的规定，可以进行检查。 **符合立案标准的，行政机关应当及时立案。**
第三十七条 行政机关在调查或者进行检查时，执法人员不得少于两人，并应当向当事人或者有关人员出示证件。当事人或者有关人员应当如实回答询问，并协助调查或者检查，不得阻挠。询问或者检查应当制作笔录。 行政机关在收集证据时，可以采取抽样取证的方法；在证据可能灭失或者以后难以取得的情况下，经行政机关负责人批准，可以先行登记保存，并应当在七日内及时作出处理决定，在此期间，当事人或者有关人员不得销毁或者转移证据。 执法人员与当事人有直接利害关系的，应当回避。（移至第四十二条、第四十三条）	**第五十五条** **执法人员**在调查或者进行检查时，应当**主动**向当事人或者有关人员出示**执法**证件。**当事人或者有关人员有权要求执法人员出示执法证件。执法人员不出示执法证件的，当事人或者有关人员有权拒绝接受调查或者检查。** 当事人或者有关人员应当如实回答询问，并协助调查或者检查，不得**拒绝或者**阻挠。询问或者检查应当制作笔录。 **第五十六条** 行政机关在收集证据时，可以采取抽样取证的方法；在证据可能灭失或者以后难以取得的情况下，经行政机关负责人批准，可以先行登记保存，并应当在七日内及时作出处理决定，在此期间，当事人或者有关人员不得销毁或者转移证据。

续表

修订前	修订后
第三十八条 调查终结，行政机关负责人应当对调查结果进行审查，根据不同情况，分别作出如下决定： （一）确有应受行政处罚的违法行为的，根据情节轻重及具体情况，作出行政处罚决定； （二）违法行为轻微，依法可以不予行政处罚的，不予行政处罚； （三）违法事实不能成立的，不得给予行政处罚； （四）违法行为已构成犯罪的，移送司法机关。 对情节复杂或者重大违法行为给予较重的行政处罚，行政机关的负责人应当集体讨论决定。 在行政机关负责人作出决定之前，应当由从事行政处罚决定审核的人员进行审核。行政机关中初次从事行政处罚决定审核的人员，应当通过国家统一法律职业资格考试取得法律职业资格。	**第五十七条** 调查终结，行政机关负责人应当对调查结果进行审查，根据不同情况，分别作出如下决定： （一）确有应受行政处罚的违法行为的，根据情节轻重及具体情况，作出行政处罚决定； （二）违法行为轻微，依法可以不予行政处罚的，不予行政处罚； （三）违法事实不能成立的，不予行政处罚； （四）违法行为**涉嫌**犯罪的，移送司法机关。 对情节复杂或者重大违法行为给予行政处罚，行政机关负责人应当集体讨论决定。 **第五十八条 有下列情形之一，**在行政机关负责人作出**行政处罚的**决定之前，应当由从事行政处罚决定**法制**审核的人员进行**法制**审核；**未经法制审核或者审核未通过的，不得作出决定：** **（一）涉及重大公共利益的；** **（二）直接关系当事人或者第三人重大权益，经过听证程序的；** **（三）案件情况疑难复杂、涉及多个法律关系的；** **（四）法律、法规规定应当进行法制审核的其他情形。** 行政机关中初次从事行政处罚决定**法制**审核的人员，应当通过国家统一法律职业资格考试取得法律职业资格。

续表

修订前	修订后
第三十九条 行政机关依照本法第三十八条的规定给予行政处罚，应当制作行政处罚决定书。行政处罚决定书应当载明下列事项： （一）当事人的姓名或者名称、地址； （二）违反法律、法规或者规章的事实和证据； （三）行政处罚的种类和依据； （四）行政处罚的履行方式和期限； （五）不服行政处罚决定，申请行政复议或者提起行政诉讼的途径和期限； （六）作出行政处罚决定的行政机关名称和作出决定的日期。 行政处罚决定书必须盖有作出行政处罚决定的行政机关的印章。	**第五十九条** 行政机关依照本法第**五十七**条的规定给予行政处罚，应当制作行政处罚决定书。行政处罚决定书应当载明下列事项： （一）当事人的姓名或者名称、地址； （二）违反法律、法规、规章的事实和证据； （三）行政处罚的种类和依据； （四）行政处罚的履行方式和期限； （五）申请行政复议、提起行政诉讼的途径和期限； （六）作出行政处罚决定的行政机关名称和作出决定的日期。 行政处罚决定书必须盖有作出行政处罚决定的行政机关的印章。
	第六十条　行政机关应当自行政处罚案件立案之日起九十日内作出行政处罚决定。法律、法规、规章另有规定的，从其规定。
第四十条 行政处罚决定书应当在宣告后当场交付当事人；当事人不在场的，行政机关应当在七日内依照民事诉讼法的有关规定，将行政处罚决定书送达当事人。	**第六十一条** 行政处罚决定书应当在宣告后当场交付当事人；当事人不在场的，行政机关应当在七日内依照《**中华人民共和国**民事诉讼法》的有关规定，将行政处罚决定书送达当事人。 **当事人同意并签订确认书的，行政机关可以采用传真、电子邮件等方式，将行政处罚决定书等送达当事人。**
第四十一条 行政机关及其执法人员在作出行政处罚决定之前，不依照本法第三十一条、第三十二条的规定向当事人告知给予行政处罚的事实、理由和依据，或者拒绝听取当事人的陈述、申辩，行政处罚决定不能成立；当事人放弃陈述或者申辩权利的除外。	**第六十二条** 行政机关及其执法人员在作出行政处罚决定之前，**未**依照本法第**四十四**条、第**四十五**条的规定向当事人告知**拟作出的**行政处罚**内容及**事实、理由、依据，或者拒绝听取当事人的陈述、申辩，**不得作出**行政处罚决定；当事人**明确**放弃陈述或者申辩权利的除外。

续表

修订前	修订后
第三节　听证程序	**第四节　听证程序**
第四十二条　行政机关作出责令停产停业、吊销许可证或者执照、较大数额罚款等行政处罚决定之前，应当告知当事人有要求举行听证的权利；当事人要求听证的，行政机关应当组织听证。当事人不承担行政机关组织听证的费用。听证依照以下程序组织： （一）当事人要求听证的，应当在行政机关告知后三日内提出； （二）行政机关应当在听证的七日前，通知当事人举行听证的时间、地点； （三）除涉及国家秘密、商业秘密或者个人隐私外，听证公开举行； （四）听证由行政机关指定的非本案调查人员主持；当事人认为主持人与本案有直接利害关系的，有权申请回避； （五）当事人可以亲自参加听证，也可以委托一至二人代理； （六）举行听证时，调查人员提出当事人违法的事实、证据和行政处罚建议；当事人进行申辩和质证； （七）听证应当制作笔录；笔录应当交当事人审核无误后签字或者盖章。 当事人对限制人身自由的行政处罚有异议的，依照治安管理处罚法有关规定执行。	**第六十三条**　行政机关**拟**作出**下列**行政处罚决定，应当告知当事人有要求听证的权利，当事人要求听证的，行政机关应当组织听证： **（一）**较大数额罚款； **（二）没收较大数额违法所得、没收较大价值非法财物；** **（三）降低资质等级**、吊销许可证**件；** **（四）**责令停产停业**、责令关闭、限制从业；** **（五）其他较重的行政处罚；** **（六）法律、法规、规章规定的其他情形。** 当事人不承担行政机关组织听证的费用。
	第六十四条　听证**应当**依照以下程序组织： （一）当事人要求听证的，应当在行政机关告知后**五**日内提出； （二）行政机关应当在**举行**听证的七日前，通知当事人**及有关人员**听证的时间、地点； （三）除涉及国家秘密、商业秘密或者个人隐私**依法予以保密**外，听证公开举行； （四）听证由行政机关指定的非本案调查人员主持；当事人认为主持人与本案有直接利害关系的，有权申请回避； （五）当事人可以亲自参加听证，也可以委托一至二人代理； **（六）当事人及其代理人无正当理由拒不出席听证或者未经许可中途退出听证的，视为放弃听证权利，行政机关终止听证；** **（七）**举行听证时，调查人员提出当事人违法的事实、证据和行政处罚建议，当事人进行申辩和质证； **（八）**听证应当制作笔录。笔录应当交当事人**或者其代理人**核**对**无误后签字或者盖章。**当事人或者其代理人拒绝签字或者盖章的，由听证主持人在笔录中注明。**

续表

修订前	修订后
第四十三条 听证结束后，行政机关依照本法第三十八条的规定，作出决定。	**第六十五条** 听证结束后，行政机关**应当根据听证笔录，**依照本法第**五十七**条的规定，作出决定。
第六章 行政处罚的执行	**第六章 行政处罚的执行**
第四十四条 行政处罚决定依法作出后，当事人应当在行政处罚决定的期限内，予以履行。 **第五十二条** 当事人确有经济困难，需要延期或者分期缴纳罚款的，经当事人申请和行政机关批准，可以暂缓或者分期缴纳。	**第六十六条** 行政处罚决定依法作出后，当事人应当在行政处罚决定**书载明**的期限内，予以履行。 当事人确有经济困难，需要延期或者分期缴纳罚款的，经当事人申请和行政机关批准，可以暂缓或者分期缴纳。
第四十五条 当事人对行政处罚决定不服申请行政复议或者提起行政诉讼的，行政处罚不停止执行，法律另有规定的除外。（移至第七十三条）	
第四十六条 作出罚款决定的行政机关应当与收缴罚款的机构分离。 除依照本法第四十七条、第四十八条的规定当场收缴的罚款外，作出行政处罚决定的行政机关及其执法人员不得自行收缴罚款。 当事人应当自收到行政处罚决定书之日起十五日内，到指定的银行缴纳罚款。银行应当收受罚款，并将罚款直接上缴国库。	**第六十七条** 作出罚款决定的行政机关应当与收缴罚款的机构分离。 除依照本法第**六十八**条、第**六十九**条的规定当场收缴的罚款外，作出行政处罚决定的行政机关及其执法人员不得自行收缴罚款。 当事人应当自收到行政处罚决定书之日起十五日内，到指定的银行**或者通过电子支付系统**缴纳罚款。银行应当收受罚款，并将罚款直接上缴国库。
第四十七条 依照本法第三十三条的规定当场作出行政处罚决定，有下列情形之一的，执法人员可以当场收缴罚款： （一）依法给予二十元以下的罚款的； （二）不当场收缴事后难以执行的。	**第六十八条** 依照本法第**五十一**条的规定当场作出行政处罚决定，有下列情形之一，执法人员可以当场收缴罚款： （一）依法给予**一百**元以下罚款的； （二）不当场收缴事后难以执行的。

续表

修订前	修订后
第四十八条 在边远、水上、交通不便地区，行政机关及其执法人员依照本法第三十三条、第三十八条的规定作出罚款决定后，当事人向指定的银行缴纳罚款确有困难，经当事人提出，行政机关及其执法人员可以当场收缴罚款。	**第六十九条** 在边远、水上、交通不便地区，行政机关及其执法人员依照本法第**五十一**条、第**五十七**条的规定作出罚款决定后，当事人**到**指定的银行**或者通过电子支付系统**缴纳罚款确有困难，经当事人提出，行政机关及其执法人员可以当场收缴罚款。
第四十九条 行政机关及其执法人员当场收缴罚款的，必须向当事人出具省、自治区、直辖市财政部门统一制发的罚款收据；不出具财政部门统一制发的罚款收据的，当事人有权拒绝缴纳罚款。	**第七十条** 行政机关及其执法人员当场收缴罚款的，必须向当事人出具**国务院财政部门或者**省、自治区、直辖市**人民政府**财政部门统一制发的**专用票**据；不出具财政部门统一制发的**专用票**据的，当事人有权拒绝缴纳罚款。
第五十条 执法人员当场收缴的罚款，应当自收缴罚款之日起二日内，交至行政机关；在水上当场收缴的罚款，应当自抵岸之日起二日内交至行政机关；行政机关应当在二日内将罚款缴付指定的银行。	**第七十一条** 执法人员当场收缴的罚款，应当自收缴罚款之日起二日内，交至行政机关；在水上当场收缴的罚款，应当自抵岸之日起二日内交至行政机关；行政机关应当在二日内将罚款缴付指定的银行。
第五十一条 当事人逾期不履行行政处罚决定的，作出行政处罚决定的行政机关可以采取下列措施： （一）到期不缴纳罚款的，每日按罚款数额的百分之三加处罚款； （二）根据法律规定，将查封、扣押的财物拍卖或者将冻结的存款划拨抵缴罚款； （三）申请人民法院强制执行。	**第七十二条** 当事人逾期不履行行政处罚决定的，作出行政处罚决定的行政机关可以采取下列措施： （一）到期不缴纳罚款的，每日按罚款数额的百分之三加处罚款，**加处罚款的数额不得超出罚款的数额**； （二）根据法律规定，将查封、扣押的财物拍卖、**依法处理**或者将冻结的存款、**汇款**划拨抵缴罚款； **（三）根据法律规定，采取其他行政强制执行方式；** **（四）依照《中华人民共和国行政强制法》的规定**申请人民法院强制执行。 **行政机关批准延期、分期缴纳罚款的，申请人民法院强制执行的期限，自暂缓或者分期缴纳罚款期限结束之日起计算。**

续表

修订前	修订后
第五十二条　当事人确有经济困难，需要延期或者分期缴纳罚款的，经当事人申请和行政机关批准，可以暂缓或者分期缴纳。（移至第六十六条）	
第四十五条　当事人对行政处罚决定不服申请行政复议或者提起行政诉讼的，行政处罚不停止执行，法律另有规定的除外。	**第七十三条**　当事人对行政处罚决定不服，申请行政复议或者提起行政诉讼的，行政处罚不停止执行，法律另有规定的除外。 **当事人对限制人身自由的行政处罚决定不服，申请行政复议或者提起行政诉讼的，可以向作出决定的机关提出暂缓执行申请。符合法律规定情形的，应当暂缓执行。** **当事人申请行政复议或者提起行政诉讼的，加处罚款的数额在行政复议或者行政诉讼期间不予计算。**
第五十三条　除依法应当予以销毁的物品外，依法没收的非法财物必须按照国家规定公开拍卖或者按照国家有关规定处理。 罚款、没收违法所得或者没收非法财物拍卖的款项，必须全部上缴国库，任何行政机关或者个人不得以任何形式截留、私分或者变相私分；财政部门不得以任何形式向作出行政处罚决定的行政机关返还罚款、没收的违法所得或者返还没收非法财物的拍卖款项。	**第七十四条**　除依法应当予以销毁的物品外，依法没收的非法财物必须按照国家规定公开拍卖或者按照国家有关规定处理。 罚款、没收**的**违法所得或者没收非法财物拍卖的款项，必须全部上缴国库，任何行政机关或者个人不得以任何形式截留、私分或者变相私分。 **罚款、没收的违法所得或者没收非法财物拍卖的款项，不得同作出行政处罚决定的行政机关及其工作人员的考核、考评直接或者变相挂钩。除依法应当退还、退赔的外，**财政部门不得以任何形式向作出行政处罚决定的行政机关返还罚款、没收的违法所得或者没收非法财物拍卖的款项。

续表

修订前	修订后
第五十四条　行政机关应当建立健全对行政处罚的监督制度。县级以上人民政府应当加强对行政处罚的监督检查。 公民、法人或者其他组织对行政机关作出的行政处罚，有权申诉或者检举；行政机关应当认真审查，发现行政处罚有错误的，应当主动改正。	**第七十五条**　行政机关应当建立健全对行政处罚的监督制度。县级以上人民政府应当**定期组织开展行政执法评议、考核，**加强对行政处罚的监督检查，**规范和保障行政处罚的实施**。 **行政机关实施行政处罚应当接受社会监督**。公民、法人或者其他组织对行政机关**实施**行政处罚**的行为**，有权申诉或者检举；行政机关应当认真审查，发现有错误的，应当主动改正。
第七章　法律责任	**第七章　法律责任**
第五十五条　行政机关实施行政处罚，有下列情形之一的，由上级行政机关或者有关部门责令改正，可以对直接负责的主管人员和其他直接责任人员依法给予行政处分： （一）没有法定的行政处罚依据的； （二）擅自改变行政处罚种类、幅度的； （三）违反法定的行政处罚程序的； （四）违反本法第十八条关于委托处罚的规定的。	**第七十六条**　行政机关实施行政处罚，有下列情形之一，由上级行政机关或者有关**机关**责令改正，对直接负责的主管人员和其他直接责任人员依法给予处分： （一）没有法定的行政处罚依据的； （二）擅自改变行政处罚种类、幅度的； （三）违反法定的行政处罚程序的； （四）违反本法第**二十**条关于委托处罚的规定的； **（五）执法人员未取得执法证件的**。 **行政机关对符合立案标准的案件不及时立案的，依照前款规定予以处理**。
第五十六条　行政机关对当事人进行处罚不使用罚款、没收财物单据或者使用非法定部门制发的罚款、没收财物单据的，当事人有权拒绝处罚，并有权予以检举。上级行政机关或者有关部门对使用的非法单据予以收缴销毁，对直接负责的主管人员和其他直接责任人员依法给予行政处分。	**第七十七条**　行政机关对当事人进行处罚不使用罚款、没收财物单据或者使用非法定部门制发的罚款、没收财物单据的，当事人有权拒绝，并有权予以检举，**由**上级行政机关或者有关**机关**对使用的非法单据予以收缴销毁，对直接负责的主管人员和其他直接责任人员依法给予处分。

续表

修订前	修订后
第五十七条 行政机关违反本法第四十六条的规定自行收缴罚款的，财政部门违反本法第五十三条的规定向行政机关返还罚款或者拍卖款项的，由上级行政机关或者有关部门责令改正，对直接负责的主管人员和其他直接责任人员依法给予行政处分。	**第七十八条** 行政机关违反本法第**六十七**条的规定自行收缴罚款的，财政部门违反本法第**七十四**条的规定向行政机关返还罚款**、没收的违法所得**或者拍卖款项的，由上级行政机关或者有关**机关**责令改正，对直接负责的主管人员和其他直接责任人员依法给予处分。
第五十八条 行政机关将罚款、没收的违法所得或者财物截留、私分或者变相私分的，由财政部门或者有关部门予以追缴，对直接负责的主管人员和其他直接责任人员依法给予行政处分；情节严重构成犯罪的，依法追究刑事责任。 执法人员利用职务上的便利，索取或者收受他人财物、收缴罚款据为己有，构成犯罪的，依法追究刑事责任；情节轻微不构成犯罪的，依法给予行政处分。	**第七十九条** 行政机关截留、私分或者变相私分罚款、没收的违法所得或者财物的，由财政部门或者有关**机关**予以追缴，对直接负责的主管人员和其他直接责任人员依法给予处分；情节严重构成犯罪的，依法追究刑事责任。 执法人员利用职务上的便利，索取或者收受他人财物、**将**收缴罚款据为己有，构成犯罪的，依法追究刑事责任；情节轻微不构成犯罪的，依法给予处分。
第五十九条 行政机关使用或者损毁扣押的财物，对当事人造成损失的，应当依法予以赔偿，对直接负责的主管人员和其他直接责任人员依法给予行政处分。	**第八十条** 行政机关使用或者损毁**查封、**扣押的财物，对当事人造成损失的，应当依法予以赔偿，对直接负责的主管人员和其他直接责任人员依法给予处分。
第六十条 行政机关违法实行检查措施或者执行措施，给公民人身或者财产造成损害、给法人或者其他组织造成损失的，应当依法予以赔偿，对直接负责的主管人员和其他直接责任人员依法给予行政处分；情节严重构成犯罪的，依法追究刑事责任。	**第八十一条** 行政机关违法实**施**检查措施或者执行措施，给公民人身或者财产造成损害、给法人或者其他组织造成损失的，应当依法予以赔偿，对直接负责的主管人员和其他直接责任人员依法给予处分；情节严重构成犯罪的，依法追究刑事责任。
第六十一条 行政机关为牟取本单位私利，对应当依法移交司法机关追究刑事责任的不移交，以行政处罚代替刑罚，由上级行政机关或者有关部门责令纠正；拒不纠正的，对直接负责的主管人员给予行政处分；徇私舞弊、包庇纵容违法行为的，依照刑法有关规定追究刑事责任。	**第八十二条** 行政机关对应当依法移交司法机关追究刑事责任的**案件**不移交，以行政处罚代替刑**事处**罚，由上级行政机关或者有关**机关**责令**改**正，对直接负责的主管人员**和其他直接责任人员依法**给予处分；**情节严重构成犯罪**的，依法追究刑事责任。

续表

修订前	修订后
第六十二条　执法人员玩忽职守，对应当予以制止和处罚的违法行为不予制止、处罚，致使公民、法人或者其他组织的合法权益、公共利益和社会秩序遭受损害的，对直接负责的主管人员和其他直接责任人员依法给予行政处分；情节严重构成犯罪的，依法追究刑事责任。	**第八十三条**　**行政机关**对应当予以制止和处罚的违法行为不予制止、处罚，致使公民、法人或者其他组织的合法权益、公共利益和社会秩序遭受损害的，对直接负责的主管人员和其他直接责任人员依法给予处分；情节严重构成犯罪的，依法追究刑事责任。
第八章　附　　则	**第八章　附　　则**
	第八十四条　外国人、无国籍人、外国组织在中华人民共和国领域内有违法行为，应当给予行政处罚的，适用本法，法律另有规定的除外。
	第八十五条　本法中“二日”“三日”“五日”“七日”的规定是指工作日，不含法定节假日。
第六十三条　本法第四十六条罚款决定与罚款收缴分离的规定，由国务院制定具体实施办法。	
第六十四条　本法自1996年10月1日起施行。 本法公布前制定的法规和规章关于行政处罚的规定与本法不符合的，应当自本法公布之日起，依照本法规定予以修订，在1997年12月31日前修订完毕。	**第八十六条**　本法自**2021**年**7**月**15**日起施行。